Belle de Nuit

Sonia Frisco

Bibliographie

L'Être de Sable, Éditions Isca, octobre 2001 et
Éditions Equivox, février 2002

Et moi alors !, Éditions Equivox, décembre 2001

Les Nouvellaires, Éditions Equivox, avril 2002

L'Être de Sable, Éditions Slatkine, janvier 2014 réédition

Le Portail de l'Ange, Éditions Slatkine, janvier 2014

ISBN : 978-2-8399-2203-6

www.soniafrisco.com

Avec tout mon amour, à ma fille, ma si belle Lisa.

À ma Mia bien sûr, et pour toujours.

Aux femmes, et à celles et ceux qui les aiment.

De tout mon cœur, maman / S.F.

Note de l'auteur

« Lire, c'est aller à l'encontre d'une chose qui va exister,
mais dont personne encore ne sait ce qu'elle sera. »
Italo Calvino

Souvent, pour moi, écrire l'est aussi...

Écrire est ma demeure, mon refuge, mon lieu de paix. Je ne force rien, je n'écoute que mon cœur.

Chaque livre a son histoire personnelle... sa naissance, son enfance, sa crise d'adolescence et son grand envol vers le monde.

Un livre est une véritable entité unique, avec personnalité et existence. Vous écrire celui-ci n'a pas été simple, ni anodin. Mais j'ai fait une promesse et le moment de la tenir est arrivé... Parce que les livres arrivent toujours dans notre vie au bon moment, quand on est prêt à les recevoir... quand on est prêt à les lire ou à les écrire.

On devrait être dans un livre comme dans une poésie. On devrait pouvoir s'y lover, s'y perdre et se retrouver... Un livre peut transformer nos vies. La littérature est le lieu de tous les possibles.

Il est parfois des nécessités, des idées et des rêves qui naissent un jour dans notre tête et notre cœur.

Avec le temps, beaucoup s'en vont, mais quelques-uns demeurent. Ils deviennent alors notre point d'ancrage au monde, comme un bateau a son port, comme un oiseau a son nid, pour nous relier aux autres et à la vie.

Plus la tempête est forte, plus le rêve qui s'ensuit est puissant. Plus le ciel est bleu, mieux l'idée se distingue et s'intensifie. Ainsi, bourrasque ou accalmie, toutes deux peuvent être amies.

J'ai souvent raconté que le vide n'est pas du néant, que le silence est un lieu de connaissance. Et avec mon cœur je vous ai parlé dans son langage simple, pour qu'un jour, tous, nous puissions voir que le bonheur est en nous et tout autour de nous. Nous ne sommes jamais seuls sur les chemins de nos vies. Il y a toujours quelqu'un, quelque part, qui croit en nous, ne serait-ce que nous-mêmes. Alors peu importe les chemins que nous avons choisis ou les voies que nous avons suivies, ils ont été les nôtres et, à chaque pas, nous ont amené un bagage, une main, une leçon, un sourire, un souvenir.

Nos chemins, bons ou mauvais, sont les lieux de départ de nos rêves... nos premiers espaces de liberté. Et notre liberté est sacrée, nous l'avons si durement gagnée. Depuis des siècles, nous nous sommes battus pour notre droit à l'expression, à l'existence et à l'indépendance, ou en un mot à la liberté, et chacun de nous, un jour ou l'autre, a été amené à livrer bataille pour elle.

Ainsi, il est des histoires que l'on doit raconter et, plus que jamais, le moment de vous livrer celle-ci est arrivé.

Alors, au nom de notre indépendance sacrée et de notre liberté, au nom du droit d'être et d'aimer, au nom de tout ce qu'on ne peut pas « dire », mais qu'on peut écrire pour raconter, pour témoigner, car « énoncer, c'est dénoncer », et surtout au nom d'un bien si précieux nommé amitié, je vous offre aujourd'hui les pages de *Belle de Nuit*.

Mais pour préserver l'intégrité de Mia, sa tendre identité comme son anonymat, pour lui permettre enfin espace et liberté, malgré tout, et pour que nul, plus jamais, ne puisse nuire à ses rêves, à son image, ou faire outrage à son nom, et pour une raison autre que vous découvrirez au fil des pages, je vais lui prêter en partie, pour la raconter, mon décor, la scène de ma vie...

Cette histoire est une histoire vraie, seuls les noms des personnes et des lieux ont été changés, pour la protection des innocents.

Partie I

« Bien sûr je te ferai mal.
Bien sûr tu me feras mal.
Bien sûr nous aurons mal.
Mais ça, c'est la condition de l'existence.
Se faire printemps, c'est prendre le risque de l'hiver.
Se faire présent, c'est prendre le risque de l'absence…
C'est à mon risque de peine que je connais ma joie. »

Antoine de Saint-Exupéry, *Lettre à Natalie Paley*

Préface

« Un feu qui ne peut être éteint est un feu sacré. »
Sainte Jeanne

Il était une fois une petite fille qui tous les crépuscules de chaque été allait prier la mer sur un grand rocher. Posé en diagonale face à l'immense étendue bleue, il semblait que quelqu'un l'avait placé là, un jour, exprès pour elle, pauvre douce enfant qui n'avait que cette liberté. Pendant que tous s'amusaient et riaient, que les bandes d'amis se retrouvaient gaiement et les adultes se parlaient allégrement, elle restait cloîtrée dans des croyances millénaires, isolée dans la maison qu'elle ne pouvait quitter, prisonnière de ceux qui pensaient que certaines filles devaient être sacrifiées aux idéaux des familles.

Mais avant que le soleil ne se couche, quand il ne se trouvait plus une âme sur la rive rocheuse, elle avait le droit de descendre un moment sur ce merveilleux rivage. Et là, sur ce rocher qui était devenu le sien, elle pouvait en paix pleurer, prier, rêver et, enfin, à nouveau espérer.

Quand elle avait terminé, sur sa roche face à la mer, elle se laissait alors émerveiller par les mille délicates lueurs des ondes qui, à pareille heure, entre jour et nuit, devenaient une bonne âme qui doucement conversait. Et de temps à autre il lui semblait apercevoir quelque chose…

Peut-être étaient-ce les nymphes qui, à pareil moment, se réappropriaient leur élément ?

Telle heure est une heure magique, une sorte de porte entre les mondes, une petite brèche de chance, qui chaque jour se représente à nous…

Alors, au coucher du soleil et à la naissance de la nuit, si elle priait de tout son cœur et avec toute la force de sa petite grande âme, elle restait convaincue que quelqu'un, un jour, l'aurait entendue et que l'univers entier viendrait l'aider.

Ces nymphes devant elle transportaient son âme d'enfant. Étincelles de noblesse, elles étaient les divinités riantes de la mer, des êtres purs, délicats et enchanteurs, des déesses charmeuses ou redoutables, les génies de l'eau qui adoraient jouer et aussi plaisanter, des êtres fabuleux à qui elle exprimait ses rêves les plus simples et les plus chers.

Et elle, petite fille au cœur pur, avait toujours cru au monde des bonnes fées, car il ne pouvait pas ne rien exister… à part la fatalité.

Les blessures pansées, le cœur secouru, l'âme apaisée pour un temps, elle s'en retournait ainsi chez elle, nouvellement pourvue de poésie pour supporter les assauts incessants, avec un nouveau sourire dans ses yeux encore embués et toujours, au fond d'elle, même en grandissant, elle garda cette grande particularité qui la faisait briller, une dose phénoménale d'Espoir.

Le bonheur est une aptitude.

Quand on veut être heureux, on a besoin de si peu.

Chapitre I

« Chacun pense aussi loin qu'il a le courage de penser. »
Friedrich Nietzsche

Seule dans sa boutique de prêt-à-porter, Mia regarda sa vie et la maudit.

Il fallait qu'elle fasse quelque chose ! Il fallait qu'elle trouve une solution, qu'elle se démène, qu'elle sorte de ce guêpier pour rencontrer enfin sa liberté…

Il fallait qu'elle contribue à son indépendance !

Cette fois ou jamais, elle allait devoir prendre sa vie en main. Rester là où on l'avait placée était devenu une prison insupportable. Quelque chose en elle s'était mis à crier, à gronder et à grandir telle une ondée phénoménale de forces qui risquait de déborder, de tout emporter, qu'elle ne pouvait plus ne plus voir, ne plus entendre. Sans y réfléchir à deux fois, elle repensa à l'annonce lue auparavant, décrocha le téléphone et agit.

Le soleil brillait de tous ses éclats en cet étrange premier jour de septembre 1997. C'était un lundi.

Au n° 83 de la rue de Carouge, dans l'impassible Genève, Mia raccrocha le combiné et s'abîma à regarder ses rayons inonder son commerce, dont les recoins chatouillés semblaient en rire. Noyée dans cette chaleur surprenante, elle n'arrivait pas à émerger de la conversation qu'elle venait de conclure. En quelques minutes, en une phrase, en une ligne, une vie peut changer. En quelques minutes elle avait obtenu un rendez-vous pour l'après-midi même, à dix-sept heures.

Le dix-sept, en Italie, est le chiffre porte-malheur par excellence, concurrencé férocement par son contraire le treize, un porte-bonheur. Mais quand il s'agissait du rendez-vous de sa vie, il n'y avait qu'une porte ! et elle la franchirait.

En pénétrant dans sa boutique durant ce temps suspendu dans les limbes du tout est possible, sa mère bouscula sa rêverie. Elle était la dernière personne qu'elle souhaitait voir ce jour-là. Aussitôt qu'elle la reconnut, elle la congédia en lui opposant une mauvaise humeur bien sentie, qui ne laissa à la femme aucune envie de recommencer l'expérience.

De-ci de-là dans la ville en feu, d'autres mères passaient sans leurs petits qu'elles avaient laissés aux bons soins des écoles. La rentrée scolaire demandait la présence de tous les habitants. Elle requérait matériel, renouvellement, garde-robe, aussi plusieurs femmes entrèrent pour se parer d'un nouveau pull, d'un tailleur ou d'un vêtement à la dernière teinte, tentant d'accaparer l'attention de Mia qui la déversait tout ailleurs, dans une sorte de silencieux dialogue intérieur, n'en revenant toujours pas de ce qu'elle avait fait.

Sa première réaction, après avoir raccroché le combiné, avait été d'appeler Marina, sa meilleure amie. Mais elle avait résisté. Avant d'alerter la planète par un scandale, elle voulait être certaine que scandale serait !

Elle ne bougea donc pas et ne téléphona à personne, tentant tant bien que mal de se concentrer sur les belles ventes de ce jour-là. Son oncle Santo, homme de ventes aguerri, lui avait souvent rabâché, comme si elle en avait eu besoin, que « c'est quand il y a du travail qu'il faut travailler » et, malgré sa répulsion pour ses conseils souvent hasardeux, force était de constater que celui-ci était bon. Un point pour lui, sans véritable honneur aux yeux de celle qu'il s'était depuis toujours ingénié à plier... sans grand succès apparent.

Mais, en réalité, qui dit pli dit froissure, sinuosité, meurtrissure... et ces marques demeurent, même si on ne les voit pas de l'extérieur.

Combien de fois avait-elle ouvert sa boutique pour rien ? Combien de fois s'était-elle trouvée seule dans son antre de la mode *Made in Italy*, durant des heures qui se succédaient à n'en plus finir ? Combien de fois avait-elle attendu ces clientes qui se bousculaient précisément aujourd'hui, comme alarmées par les achats des autres femmes, alors qu'elle ne souhaitait qu'une chose pour une fois, être seule pour mieux réfléchir ?

Mais peut-être bien que, si elle y avait trop réfléchi, elle n'y serait pas allée à ce rendez-vous. Peut-être bien que la vie envoie à chacun ce qu'il lui faut quand il le lui faut.

L'heure n'était plus à la réflexion.

Elle avait bougé. Sa vie aussi.

Quelques minutes avant dix-sept heures, elle dévala les marches menant au trottoir, plaça sur la porte un mot pour excuser son absence et la ferma à double tour. Libre, elle fit les quelques pas qui la séparaient du lieu de rendez-vous, le café au coin de la rue, un peu sale, un peu malodorant, mais si proche. N'importe qui aurait pu y entendre sa conversation, des voisins, des clients, les commerçants alentour aux oreilles affûtées, mais elle n'en avait cure. Ce qui lui importait, à ce moment précis, c'était elle. Et elle seulement.

Elle, jeune femme de vingt-quatre ans. Elle, Italienne aux cheveux cuivrés qui était pourtant née là et y avait vécu, en se demandant toujours ce qu'elle y faisait encore. Elle qui, ce jour-là sous ce soleil torride, allait tenter d'illuminer sa vie pour ne plus lui permettre l'obscurité.

— Mia ?

— Oui…

— Je suis Lana. Enchantée.

— Moi aussi, se leva-t-elle en sourire, parce qu'enchantée elle l'était vraiment.

Que cette fille était belle dans son genre. Elle était saine et fraîche. Sûrement plus jeune qu'elle, Lana affichait aussi plus d'existence, une vitalité particulière, presque puérile mais très touchante. Elle vivait, et ça se voyait.

Franche et directe, d'une voix limpide à l'accent sincère, Lana lui donna sans préambule les détails qui ne figuraient pas dans l'annonce à laquelle elle avait répondu deux heures plus tôt. Les mots coulaient sans gêne de sa bouche, comme si elle était en train de lui parler de la dernière destination à la mode ou des nouvelles collections de rouges à lèvres, avec beaucoup de décontraction. Elle n'avait aucun complexe.

En face d'elle, Mia répondait parfaitement à la description qu'elle avait faite d'elle-même. Elle s'était même sous-estimée. Cette fille lui plaisait. Elle devinait son sérieux comme sa sincérité, percevant immédiatement en elle le charme qu'il fallait… Elle était exactement ce qu'elle recherchait.

— Tu pourras plus ou moins décider de tes horaires, mais le meilleur moment, bien sûr, c'est les fins d'après-midi et les nuits, déclara Lana en la regardant droit dans les yeux avec un sourire, regrettant seulement son refus si net à sa première proposition.

Cette jeune fille qui lui plaisait, décidément, allait être parfaite. Déplorant à nouveau de ne pouvoir l'engager elle-même, elle était cependant certaine que celui à qui elle voulait la proposer allait l'adorer aussi. Ses grands yeux si beaux au regard perçant, son visage raffiné et bien dessiné, son air rebelle et sûr, sa silhouette de rêve... Italienne disait-elle ? c'était possible. Personne ne disait la vérité dans ce métier.

Tout ce qui lui importait était qu'elle eût un permis de travail en règle et elle l'avait.

— Les horaires me vont, l'informa Mia.

« J'ouvrirai ma boutique le matin et la fermerai en fin d'après-midi », pensa-t-elle.

Elle laissa sa phrase comme en suspens, absorbée par une pensée. Elle avait dû refuser l'offre la plus intéressante pour n'accepter que la moins importante, à cause d'une particularité dont elle avait immédiatement informé son interlocutrice. Celle-ci avait fait la moue, déçue. Elle aurait été si parfaite ! Mais elle avait aussitôt trouvé une solution de rechange, car elle ne voulait pas renoncer à l'engager. Mia la soupesa, elle paraissait convenir.

— J'accepte. Pour ta deuxième offre uniquement, précisa-t-elle à nouveau. La première, je ne pourrai pas.

— Bien sûr, j'ai compris, se résigna Lana en préférant avoir des personnes sur qui pouvoir compter plutôt que des menteuses vantardes qui se défileraient au dernier moment.

» Tu as déjà un prénom ? demanda Lana.

— Oui, Camilla.

— Camilla. Tu choisis vite, fit-elle en réglant leurs consommations. Tu es sûre que tu ne l'as jamais fait avant ?

— Jamais.

Et ça se voyait. Lana lui sourit.

— Alors à demain. Dix-sept heures devant l'arrêt de tram de la place des Augustins. Tu y seras ?

— J'y serai, lui sourit à son tour Mia en songeant que, décidément, ce dix-sept commençait à la persécuter.

Lana, dont elle ne connaîtrait que le prénom, vrai ou faux, l'embrassa chaleureusement sur les deux joues et s'en alla.

Les deux jeunes filles s'étaient tutoyées d'emblée. L'une et l'autre éprouvaient déjà ce respect qui allait se transformer en une amitié brève mais sincère, quelque chose comme une étoile filante que l'on voit furtivement passer dans un ciel de nuit, qui ne dure pas, mais dont l'impression reste à jamais inscrite dans les pages de nos vies. Elle aurait pu dire « un jour, j'ai vu passer une étoile filante… ». Comme elle aurait pu raconter, avec une lueur dans les yeux, « un jour, j'ai rencontré une fille prénommée Lana… ».

Par une sorte de prémonition, Mia jugea que cette fille allait lui permettre de voir les choses d'un œil bon et sain. Elle les aurait ainsi vécues avec plus de naturel. Tout ce qu'elle aurait fait avec elle ne lui aurait jamais pesé, ni sur la conscience ni sur le cœur, s'inscrivant simplement dans une liste de souvenirs que l'on peut voir et revoir, sans rougir.

Lana était quelqu'un de simple et de pratique. Futile par instinct de survie, elle comprenait cependant ce qui se passait autour d'elle, sans s'en prendre à la vie pour ce qu'elle lui offrait de pire, mais en attendant avec patience et activité qu'elle lui démontre son meilleur.

Elle était de plus petite stature que Mia, bien faite aussi, justement proportionnée. Elle offrait l'image d'une jeune fille à la beauté discrète, presque enfantine, et elle sentait bon ! Mia eut toute confiance en elle au premier coup d'œil, sans se l'expliquer. Mais Mia avait aussi toute confiance en des choses auxquelles personne d'autre ne croyait…

— Marina, c'est moi !

— Haaa enfin ! ça va ?

— Très bien. Enfin je crois… Tu as du monde là ?

— Non, pas pour le moment. On peut parler. J'ai appelé tout à l'heure, mais c'était toujours occupé !

Mia avait pris soin de décrocher son combiné longtemps avant sa conversation avec Lana. Si elle avait eu Marina au téléphone avant de se rendre à son rendez-vous… elle aurait, d'une façon ou d'une autre, vendu la mèche. Artiste, et travaillant dans une galerie d'art, Marina était de ces personnes qui savent faire parler. Les épanchements des autres étaient son pain quotidien. La sensibilité, elle avait ça dans le sang.

— Avec qui parlais-tu ? fit-elle sur un ton qui trahissait une certaine inquiétude et une bonne dose de curiosité.

Elle avait si souvent vu Mia triste et malheureuse, au bord du précipice, qu'elle s'inquiétait quand elle ne répondait pas à ses appels.

Mia, elle l'aimait beaucoup, c'était son amie, sa meilleure amie, un peu sa sœur aussi…

— Avec personne, j'ai décroché. Marina, assieds-toi !

Quand Mia prenait ce ton, Marina s'asseyait aussitôt. Cette fille était l'invraisemblable. Dès qu'on pensait qu'elle n'allait pas se sortir d'une mauvaise passe, voilà qu'elle s'en échappait, et même mieux que cela, elle s'offrait le luxe d'obtenir plus beau et meilleur.

Depuis son adolescence, Marina l'avait suivie sur les routes sinueuses de son existence. Elle savait que, prise au piège d'une situation qui ne lui convenait guère, Mia était capable, pour s'en sortir, du meilleur comme du pire. Dans ces cas-là, elle devenait un bélier puissant capable de défoncer portes et murs. L'unique souci que lui procurait Mia était ces chemins tortueux et insensés qu'elle prenait pour atteindre son but.

Mia n'avait jamais eu la vie facile, et à cette image elle ne se la rendait pas facile non plus.

Les routes droites et ensoleillées, bordées d'herbe et de fleurs colorées, ne paraissaient pas être pour elle. Elle semblait ne pas même les voir. Ou alors il ne s'en trouvait pas devant elle. En revanche, si aux pieds d'une immense montagne qu'elle devait franchir partait un petit chemin presque invisible, bordé de ronces et de dangers, seul l'œil de Mia pouvait le discerner. Parce que l'important est qu'il y ait un sentier !

Au bout du compte elle arrivait toujours à la fin de la route… mais après être passée par tous les dangers et avoir grandi à chaque pas que lui imposait l'ascension de sa montagne. Là où d'autres arrivaient tranquillement, elle arrivait en sueur. Mais si heureuse, si contente et fière, que c'en était émouvant.

Quand on attendait d'elle une simple réaction, Mia était capable d'une action. Et quand on l'imaginait passer sa vie à se morfondre sur les épreuves qu'elle lui faisait traverser, en cherchant par-ci par-là les miettes qu'un bonheur joyeux aurait distraitement dispersées sur son passage, on se trompait à coup sûr.

Mia n'était pas en morceaux, elle était entière.

Sûre et sereine, bien qu'irrémédiablement nerveuse, une fois ses décisions prises, elle s'y engageait d'une seule force. Marina le savait et lui faisait confiance bien que, souvent, cela lui fît peur.

Dans sa vie, Mia n'avait jamais eu ce que l'on appelle communément de la chance. Mais elle avait du courage. Et de la volonté. Après les larmes, elle ne se lovait pas dans la complainte, mais dans le sourire. Et, dans ce sourire, il y avait une immense espérance, une très grande croyance, une extraordinaire force de vie.

Mia était mal entourée. Pire encore, elle était enfermée dans une prison de laquelle elle voulait depuis longtemps sortir. S'extraire. S'enfuir.

Mais des barreaux tenaces veillaient à ce qu'elle n'y parvienne pas. Les barreaux, ça ne s'amadoue pas, on ne discute pas avec, tout au plus, en voulant les forcer, on se cogne dessus et on se fait mal.

Les barreaux les plus communs de Mia portaient des noms de famille comme des prénoms. Ils s'appelaient Sandro, Katia, Aristide ou Santo, pour n'en citer que quelques-uns. Mais il y en avait d'autres, une foule d'autres, venus se superposer aux premiers, qui n'étaient pas aussi évidents, qui ne se nommaient pas aussi facilement. Ils étaient enfouis en elle, au cœur de sa personne, ils obstruaient les passages qui lui auraient permis de vivre heureuse, un peu en paix, dans les vastes prairies de la vie.

Cela Mia comme Marina le savaient. La plus cruelle prison de l'homme est souvent l'homme lui-même. Sortir du carcan éternel pour respirer l'air pur et sentir la lumière peut faire peur.

— Qu'est-ce que tu as fait ? demanda Marina.

Elle prit sa respiration et, d'un trait, lui raconta tout, simplement, comme on raconte aux gens qui comprennent immédiatement sans besoin qu'on leur explique ce qu'ils ne veulent pas entendre.

Elle raconta à Marina ce qu'elle s'apprêtait à faire, ce qu'elle n'allait jamais révéler à personne d'autre qu'elle. Au bout du récit, elle savait que son amie serait toujours là, fidèle, malgré tout, parce que justement elle était son amie.

Mia pouvait faire ce qu'elle voulait, Marina l'aimait toujours, depuis des années. Elle l'avait vue grandir et se battre dans une existence qui lui niait la place dont elle nécessitait. Elle l'avait vue souffrir et pleurer. Elle l'avait vue se rendre à des choix qu'on lui avait imposés. Elle l'avait vue entre silence et solitude, en dépression puis en colère contre un monde qui ne voulait pas d'elle et dans lequel elle s'était perdue.

Elle avait vu dans les plus belles couleurs de l'arc-en-ciel le noir abyssal le plus profond. C'était ça Mia, le paradoxe total.

Marina écouta son récit, s'épouvanta, se glaça un moment.

— Nooon ?! Non mais tu plaisantes ? supplia-t-elle, connaissant pourtant la réponse.

Elle ne plaisantait pas. Elle allait enfin faire ce qu'il fallait pour régenter sa vie et lui donner un sens, le sens que, cette fois, elle avait choisi.

Par un chemin de traverse, Mia s'apprêtait à promener ses pas sur les prés verts de l'insouciance... En prison, son éternelle prison, elle n'y retournerait pas.

Marina avait peur pour elle, une peur protectrice. Elle lui avait offert une partie de l'aide qui aurait résolu ses problèmes. Bien que cette contribution fût mince, elle la lui avait proposée avec naturel et bienveillance, comme à son habitude. Mia en fut touchée, si touchée. Elle avait relevé et apprécié, vraiment. Dans l'émotion et la reconnaissance qu'elle ressentit pour cette jeune femme, son amie, elle trouva la force de s'extraire des griffes du sort par ses propres moyens, en prenant des décisions radicales et périlleuses, oui, mais des décisions nécessaires à sa liberté et à sa survie.

Marina lui offrait une route presque trop droite et trop ensoleillée. Mia n'en avait pas l'habitude, elle en avait presque peur…

Cette fois la bonne fée marraine ne bougerait pas sa baguette à sa place. Elle savait devoir se sortir seule de sa détention. Si cette geôle était sienne, alors elle était également la geôlière.

Mais Mia redoutait aussi une chose autre, une chose pire encore, que l'on fasse payer à son amie l'aide qu'elle pourrait lui fournir car, un jour ou l'autre, ça se serait su et on lui aurait demandé des comptes… Qu'y a-t-il de pire que de voir souffrir une personne chère et aimée ?

Alors non, elle ne pouvait pas accepter son aide.

Malgré sa peur face aux décisions de son amie, Marina comprenait parfaitement ses raisons. C'était la seule chose à faire pour s'en sortir, sans pouvoir en parler à personne – sauf à elle, si elle acceptait de se confier –, ne pouvant compter que sur la confiance qu'elle semblait donner à cette Lana. Elle avait peur, mais elle serait là, elle, son alliée et confidente qui pouvait épauler sans écraser, écouter sans juger.

— Tu commences quand ? demanda-t-elle déjà dans son rôle d'ange gardien.

— Demain ! en fin d'après-midi.

— Quoi ?! Déjà !!! s'étrangla-t-elle cette fois.

Tout tournait trop vite dans sa tête, et pourtant le temps s'était comme arrêté.

Il lui fallait davantage de temps pour s'habituer à « ça ». Il lui fallait calmer son esprit et sa conscience, apaiser son cœur… essayer de trouver d'autres issues. Une jeune fille en fleur ne pouvait pas être réduite à de pareils agissements, dans un monde dit civilisé, pour reprendre en main une liberté qui depuis toujours lui avait été sauvagement et délibérément niée !

Peut-être pouvait-elle la persuader de ne pas en arriver « là »… ou la forcer à accepter *son* aide, ou… ou Dieu sait quoi encore. Elle trouverait, certainement qu'elle trouverait. Mais, pour cela, il lui fallait du temps !

Au fond d'elle cependant, elle savait que Mia agissait bien. Et c'était certainement ce qui l'effrayait le mieux.

— Écoute Marina, la voix de Mia se chargea de toutes les émotions de ces mots qu'elle voulait lui dire et qui ne sortaient pas facilement. Je *dois* le faire ! Elle marqua une pause, sûrement inconsciente, comme si elle questionnait pour l'ultime fois les derniers bastions de sa conscience qui s'érigeaient encore. Je dois le faire *maintenant* !

» Sandro revient dans cinq jours exactement, je dois être partie d'ici là… autrement, tu sais très bien ce qui va se passer !

« Oui », pensa son amie. Elle savait ce qui se serait passé…

On perçoit enfin des issues, on prend des décisions, on sait que ce sont les bonnes, on essaye de les appliquer mais, au dernier moment, souvent, le courage manque. On laisse alors gentiment les portes se refermer devant nos rêves et nos espoirs, et on erre emmuré dans la survivance de ce que l'on a toujours connu et qu'on ne peut changer, alors que plus que tout au monde on le voudrait.

Cela s'appelle le quotidien. Pour beaucoup, c'est la sécurité. Même laide, même meurtrissante, même traumatisante, terrifiante ou injuste, c'est la sécurité.

— Je vais le revoir, continua Mia comme se parlant à elle-même, et j'aurai pitié de lui et, comme d'habitude, je resterai encore et toujours là où je ne veux plus être…

» Par pitié, c'est horrible ! murmura-t-elle. Je n'en peux plus !

Les deux filles se turent. Marina comprenait. Chez elles, on ne divorçait pas ! On restait marié, avec ou sans amour ! D'ailleurs, ce n'était pas une question d'amour.

Et d'autres que Marina lui auraient rétorqué que c'était *son mari*… et ces deux mots auraient dû suffire à la lier pour la vie, mais…

Les liens sont invisibles et sacrés. Jamais on ne se lie à quelqu'un à la suite d'une union décidée, parce que les liens ont leur propre vie. Dans le respect des uns pour les autres, ils se tissent et s'entremêlent pour libérer une œuvre d'art. Parfois ils se dénouent pour broder une nouvelle toile.

Dès lors qu'ils existent véritablement, aucun mariage et aucun divorce au monde, aucune naissance ni mort, aucune décision et aucun barrage ne peuvent les anéantir.

Les liens sont sacrés et éternels parce qu'ils échappent à nos lois comme à nos doigts.

Marina comprenait cela mieux que personne, elle avait aussi eu une vie qui ne lui avait pas appartenu. Mais au lieu d'emmener les autres dans sa propre cage pour leur démontrer combien on y était à l'étroit, comme le faisaient bien des personnes dans son entourage, elle préférait les voir s'envoler. Leur vol, c'était un peu son rêve.

Aussi se secoua-t-elle pour donner sa bénédiction et son soutien.

— Tu as raison !

Mia soupira. Que c'était bon d'avoir raison !

— C'est ta vie et tu as raison. Si personne n'en sait rien, tu ne feras de mal à personne.

» Et tu es très bien faite, prophétisa-t-elle encore, tu plais, rit-elle.

Puis elle répondit à la question muette que venait soudainement de se poser Mia.

— Je suis sûre que tu t'en sortiras très bien. Tu auras du succès, tu verras ! Si c'est vraiment ce que tu veux, fais-le !

Émue aux larmes, Mia ne s'était pourtant pas attendue à autre chose. Sa meilleure amie, sa tendre confidente, son ange gardien, sa bonne fée, comme elle l'appelait, quand bien même elle l'énervait parfois, elle l'aimait immensément. Marina était sa fleur de bonté sur cette terre.

— Merci, lui dit-elle simplement, la voix emplie de gratitude, car elle avait besoin de ce soutien-là, ce soutien que personne d'autre ne lui donnait.

Mia devinait que ce qui l'attendait n'allait être ni simple ni facile, bien qu'elle n'en sût rien de fondamentalement précis. Elle était pourtant prête à affronter son chemin, sans vraiment savoir ce qui l'attendait au tournant de son existence. Enfin elle avait ouvert une porte pour s'extraire d'une forme d'enfer, d'une détention amère, les décisions des autres, les attentes des autres, les volontés des autres, les exigences des autres, et entrer dans sa liberté.

Mia allait bouleverser son histoire personnelle. Elle s'apprêtait à louer son corps pour sauver son âme.

Elle allait devenir… une belle de nuit.

Chapitre II

« Quel homme prudent écrirait aujourd'hui encore un mot
honnête sur lui-même ? – à moins d'appartenir à l'ordre
de la Sainte Folle Témérité. »
Friedrich Nietzsche

Mia venait de réaliser la dernière vente de ce jour
sans fin. Il était presque dix-neuf heures à la montre
de son téléphone, elle n'en portait jamais au
poignet. Elle prit son livre de caisse rangé sur le
premier rayonnage de son banc, l'ouvrit à la page
du jour et y inscrivit le dernier vêtement vendu,
sans parvenir à se concentrer. Sa journée avait été
bonne, sa demi-journée plutôt, puisque le lundi elle
n'ouvrait que l'après-midi, ayant son seul matin de
congé avec un dimanche entier, qu'elle passait souvent sur les autoroutes d'Italie.

Encore dix minutes, pensa-t-elle, et cette journée
qui ne paraissait plus vouloir en finir... Un soleil
encore haut dans l'horizon d'une ville encerclée de
petites montagnes, lui donnant l'impression d'être
enterrée vivante dans un cercueil naturel qui enchantait la vue des autres, concitoyens et touristes,
qui n'avaient peut-être pas eu une enfance aussi
malheureuse que la sienne, une enfance qui refaisait
surface chaque fois qu'elle regardait une de ces

montagnes, le reflet d'un souvenir douloureux qui ne se cicatriserait jamais.

Et quand les automnes ou les hivers genevois ne cessaient de déverser leurs lourds rideaux de grises pluies des semaines durant, il lui arrivait d'ouvrir ses mains nerveuses et de lancer son cri : « Ici, on est dans l'urinoir du Bon Dieu ! », qui faisait toujours rire son entourage à qui elle réservait l'adage.

Mais, même long et interminable, le temps finit par passer. Où avait-il filé si vite ?

Elle plaça ses mannequins, un homme, une femme, devant la porte fermée à clé, juste au-dessus des marches, et rangea le bazar de la dernière heure, par automatisme, sans vraiment sembler consciente de ses gestes. Regrettait-elle ? Non, elle ne regrettait rien. Simplement son esprit était si loin de son corps.

En quelques minutes tout fut comme neuf, prêt à accueillir la cliente la plus exigeante en matière d'ordre et d'esthétique. Elle vérifia une dernière fois son livre de caisse, toujours à jour pour sa fierté et son honneur. Son autre fierté était sa marchandise, toujours payée en liquide, ce qui lui valait un accueil chaleureux chez ses fournisseurs, dans une Italie qui réglait mal ses grossistes, parfois pas du tout. On appelait cela des « ardoises ». Des clients qui partaient en laissant des chèques en bois ou des chèques postdatés à soixante jours qui trouvaient des comptes vides à leur date d'échéance et il suffisait de deux ou trois de ces ardoises aux plus petits grossistes pour fermer leurs portes avec pertes et fracas. C'était la hantise de la profession.

Aussi Mia était-elle reçue comme une princesse chez ses fournisseurs qui la trouvaient toujours en pleine forme. Chez eux elle l'était, car c'était son lieu de sursis, sa vallée verte de paix et de passion. Le tissu, la couleur, la coupe, la qualité, la tendance, tout lui plaisait. Se retrouver parmi des tonnes de vêtements sur des kilomètres carrés et ne chercher que les quelques pièces qui conviendraient à ses clients était un plaisir indicible.

Sans se perdre ni se laisser vendre n'importe quoi, elle suivait son chemin dans ces méandres colorés comme si elle avait su exactement où aller, guidée par son instinct. En quelques heures de marche rapide et de coups d'œil, elle avait renfloué sa boutique des dernières nouveautés et savait d'avance auxquels de ses clients elle allait les vendre. Comment elle y parvenait restait son secret. Peut-être ne le savait-elle pas elle-même.

La mode, c'était son monde, parce qu'il était un microcosme frénétique et fourmillant de vie au sein d'un sacro-saint macrocosme presque inhumain. Elle était son paradis, son jardin secret, sa sécurité et… sa revanche.

Une belle revanche sur une enfance de privations et de devoirs, une enfance sabotée de son meilleur, de son beau et de son simple, l'amitié, le jeu, le divertissement, la couleur, le rire, la tendresse, la chaleur, sur une vie qui pouvait être morose pour démontrer sa plus grande générosité aussi.

Elle avait été une petite fille que personne n'aurait reconnue aujourd'hui. Vêtue de loques, bonnets à pompons sur la tête, sa silhouette avait longtemps ressemblé à une poupée de chiffon et ses souliers chaussaient des pieds qui n'auraient dû les porter qu'une année plus tard. Elle en avait été si triste et elle s'était isolée. Pas seulement pour ces raisons, mais parce qu'elle était une enfant bien différente des autres !

Âgée de quelques années à peine, la vie lui avait déjà montré ses premiers revers. Pour sa mère, elle avait été comme un désespoir. Non qu'elle lui eût procuré des chagrins inimaginables, mais elle avait été une enfant si dure à plier.

Mia, c'était avant tout la résolution. La résolution de vivre. Malgré tous les barrages et toutes les frontières que sa mère lui avait mis, malgré toute l'austère religion et la rigueur qu'elle lui avait imposées, malgré les punitions quotidiennes, les privations, les injures, les remontrances ou les méchancetés, c'était comme si, au plus profond de cette enfant, existait encore et toujours plus un être vivant, un être déterminé, voulant vivre avec ses propres règles, qui ne répondaient en rien à celles des attentes familiales.

Katia, sa mère, avait tenté de lui inculquer le mépris des bonnes choses par la résignation, le goût de la capitalisation, le renoncement rigide à tout ce qui n'est pas gain et amoncellement de biens. Elle avait voulu élever un être aigri et sacrifié aux besoins d'autrui. Elle fut celle qui lui donna une première image de la vie, une mauvaise image.

Et Mia aurait pu suivre sa trace si sa nature entière n'y avait pas été si diamétralement opposée, ou si elle n'avait pas été profondément troublée par des événements choquants, arrivés trop tôt dans son enfance. Le mal ne vient jamais que pour nuire...

Du décès prématuré de son père aimant, elle avait appris qu'il faut cueillir les bonnes choses quand elles sont présentes. De son enfance solitaire et triste, elle avait appris que le silence est un lieu magique et vivant capable des meilleurs enseignements. Le nouveau mari de sa mère, son beau-père Aristide, lui avait prouvé qu'« on sait toujours ce qu'on laisse, mais pas ce qu'on va trouver ». Bien que gentil à sa façon, il ne put jamais s'en approcher jusqu'à la sentir sa fille, on ne le laissa pas faire. Il se détacha d'elle comme d'une inconnue à peine croisée dans la rue. De deux vieux bonhommes, « amis » de ses parents, elle sut que la vie était aussi une traîtresse pourrie... une de ces choses abjectes capables de vous dégoûter à jamais. Des hommes qui avaient l'âge d'être ses grands-pères s'étaient comportés comme les immondes misérables qu'ils étaient. Et cette chose était si répandue qu'elle portait même un nom, un nom pour elle toute seule, pour elle toute sale, un nom commun et infâme, l'attouchement.

Dans l'impossibilité de se défendre, elle, jeune enfant de huit ans, se sentit aussi salie et impure que si elle avait commis la plus ignoble des choses au monde. Ils avaient réussi à lui faire croire que la coupable, c'était elle. Elle, la provocatrice. Elle, la petite fille méchante, qui devait avoir tellement honte qu'elle allait devoir se taire à jamais ! Et garder « ça » dans le hangar dégoûtant des égouts de son âme.

Contrairement aux animaux, les charognards humains sont avides de chair vivante, fraîche et innocente.

Pourtant, elle avait beau en avoir vu et vécu de toutes les couleurs, Mia restait avant tout une force, la force de vie. Et c'est cette force-là que l'on voulait plier, cette force qui n'avait aucun lieu d'être dans un espace et un décor qu'on avait exprès aménagé pour qu'elle ne puisse exister, cette force qu'il fallait finalement détruire.

Pourquoi ? Pour bien des raisons, mais peut-être juste parce qu'on ne la comprenait pas.

Cependant, malmenée par mille assauts rendus invisibles aux yeux du monde, elle finit par sombrer. Elle avait treize ans lorsqu'elle s'immergea dans ce qui porte aussi un nom tristement commun, la dépression nerveuse.

Un an plus tard, lorsqu'on posa enfin un juste diagnostic sur un mal qui l'avait usée et consommée, elle fut transportée dans un service pédiatrique des plus étranges, mais il lui fallut des mois avant de s'en apercevoir. C'est là qu'elle connut Marina, en ce lieu désenchanté où, malgré tout, elles trouvèrent toutes deux leur fée.

Placée désormais entre des adolescents aux crises d'épilepsie effrayantes et ceux dont l'agressivité était des plus inquiétantes ou encore ceux qui venaient de manquer leur suicide, elle comprit que sa place n'était pas là et voulut en sortir. Quand elle vit que rien ne dépendait d'elle et qu'en plus on voulait la déscolariser, là, à ce moment précis, ce fut la révolte. La révolte dans ce qu'elle pouvait présenter de plus excessif et de plus violent, à l'image même de cette redoutable forteresse dans laquelle on essayait de l'enfermer depuis si longtemps.

Mia devint Tempête et ne se laissa plus approcher ! Elle se mit dans une colère gargantuesque qui la protégea de tout et de tous... et l'isola. Ce qu'elle cherchait, ce qu'elle désirait et qu'elle ne trouvait pas encore, c'était sa vie. Autour d'elle, on ne lui en avait guère montré de bons exemples. Des parents renonçant à leurs vies pour leurs enfants, des enfants à leurs rêves à cause de leurs parents, une succession d'incohérences, d'errances dans la survie, de renoncements sans fin.

Pour arriver où ?

Au temps qui passe et à la vie qui s'enfuit.

Elle n'en voulait plus. Merci !

Chapitre III

Mia se trouvait à l'arrêt de tram de la place des Augustins. À dix-sept heures, Lana la rejoignit. Ensemble elles montèrent dans un tram puis, à la gare, en sortirent pour entrer dans un bus. Après un trajet interminable, elles s'extirpèrent enfin de ce moyen de transport cahotant qui leur avait donné des haut-le-cœur, dans un quartier que Mia ne connaissait guère. D'instinct, elle ne l'aima pas.

Un kiosque à journaux s'étalait sur ce trottoir. La manchette d'un torchon à ragots annonçait ceci :

Camilla,
celle par qui le scandale arrive !

À côté du texte, le prince Charles souriait à une femme qui n'était pas la sienne. L'Angleterre était en deuil.

Mia eut un sourire, sans pouvoir affirmer s'il s'agissait d'amusement ou d'appréhension. « Camilla, celle par qui le scandale arrive... » Si sa famille savait ce qu'elle s'apprêtait à faire, mon Dieu, ce serait l'enfer sur terre ! Tout ce qu'elle avait vécu de pire avant ne serait pas grand-chose en comparaison à ce qu'elle devrait se préparer à vivre ensuite. Mais pourquoi leur dirait-elle quoi que ce soit ? Eux qui lui avaient refusé leur aide comme leur soutien ne pouvaient avoir en prime un droit de regard quelconque sur sa façon de s'en sortir.

Ils n'étaient jamais là pour elle, elle cherchait ailleurs. Seule. Voilà tout !

Elle ne leur en parlerait jamais, mais ce n'était guère sa principale préoccupation du moment. Avant de courir, il faut apprendre à marcher. Pas à pas, doucement, elle se dirigeait vers *sa* vie. Pour aller très loin, espérait-elle. Gentiment, elle sourit.

La respiration saccadée, la peur au ventre, le pas tremblant, elle suivit Lana, en tentant de maîtriser ses émotions.

Lana était enchantée d'avoir pu joyeusement bavarder durant le trajet et souriait à sa nouvelle amie. Elle lui fit traverser une route, puis une deuxième pour enfin entrer dans un immeuble quelconque, à la façade plate et de mauvais goût.

Au septième étage, elle sonna à une porte.

— Ne t'inquiète pas, la rassura-t-elle en lui prenant la main, ça va bien aller !

Mia était plus pâle qu'elle ne l'imaginait, mais elle était forte aussi. Elle prit sur elle pour ne plus laisser paraître ses états d'âme et attendit.

La porte s'ouvrit. Sur le visage un instant interrogateur de l'homme en face d'elle s'apposa un sourire de satisfaction qui ne s'effaça plus. Il resta imprimé sur cette face, comme une grimace dérangeante. Une physionomie banale, une expression hébétée et une allure molle, quelque peu poisseuse, furent les premiers éléments qui la frappèrent. Puis vinrent le teint cireux, la dégaine malhabile et le cheveu sale. Elle n'aimait rien de cet individu qui lui proposa gentiment d'entrer, avec des gestes gauches cependant. Du malsain, quelque chose de faisandé et de gluant émanait de ce « patron » dont la chemise ne plaisantait pas.

Dans la pièce où elle entra, pourtant, elle trouva de la chaleur. Une chaleur à laquelle elle ne s'était pas attendue… Peut-être eût-elle pensé entrer dans un endroit plus « industriel » ?! Étonnant, il n'y avait là rien de kitch ou de déplacé, c'était beau et harmonieux. La pièce était essentiellement meublée de souvenirs de voyages, de couleurs chaudes et apaisantes, de photos très belles dont certaines, équivoques, n'étaient pas déplacées en ce lieu.

Toutes ces reliques, ces témoignages, ces trophées et souvenirs disposés avec goût autour de deux superbes canapés conféraient à la pièce une ambiance suspendue, un charme et une convivialité qui souhaitaient la bienvenue à chaque nouvel arrivant. Elle était des couleurs de la terre et de l'Afrique et, comme ce continent, paraissait exister depuis toujours. On l'appelait « le living ».

Mia s'aperçut par la suite que, dès l'instant où ils pénétraient dans « living », les hommes se sentaient à l'aise et apaisés, ils n'étaient plus les mêmes qu'en entrant. Cette pièce possédait du charme. Elle, elle l'envoûta immédiatement. Ce fut comme si elle la connaissait depuis toujours, parce qu'elle était « sa maison »…

Elle ne put jamais s'expliquer cette sensation.

Elle apprit le jour suivant par Lana que tout provenait en effet d'Afrique noire, continent sur lequel leur proxénète commun se rendait régulièrement. Continent duquel il avait aussi ramené sa femme…

L'homme se présenta, il s'appelait Gérard.

Pendant qu'ils se serraient la main, Mia le regarda droit dans les yeux, d'un regard noir, froid et brûlant à la fois, profond, et dans les yeux de l'autre elle vit cette chose qui la surprit et la dégoûta en même temps, de l'envie.

Tandis que l'autre, gêné soudain, lui destinait des paroles pourtant courtoises qu'elle n'entendait pas, Lana lançait des œillades à l'une et à l'autre à tour de rôle. Elle comprit immédiatement…

— Camilla, viens ! Je te montre l'appartement.

« L'appartement », c'était ainsi qu'ils appelaient ce salon de massage, où décidément tout était fait pour que l'on se sente chez soi !

Dès qu'elle l'emmena dans une des chambres, Lana ferma la porte et lui demanda :

— Pourquoi tu ne lui as pas dit ton vrai prénom ?

— Parce que pour lui je suis Camilla ! Si tu veux le lui dire, libre à toi de le faire, continua Mia plus sèchement qu'elle ne l'aurait voulu, mais, dès l'instant où il m'appellera par mon vrai prénom, je partirai d'ici sur-le-champ !

Ce fut la seule fois où elle fit preuve de mauvaise humeur, presque d'agressivité, envers une Lana qui la regarda avec interrogation, sans lui en vouloir néanmoins. Elle ne posa plus de questions et Mia ne lui opposa plus de provocation.

Lana lui montra « la chambre » dans laquelle elles se trouvaient, meublée sommairement d'un lit, de deux fauteuils et d'un petit bureau incongru en ce lieu. Elle l'informa que les draps étaient toujours propres et qu'en face se trouvait la même pièce, bien qu'un peu plus grande, occupée pour le moment. Puis elle lui donna les tarifs :

— La fellation, c'est 150 francs suisses et s'il veut que tu te masturbes, c'est 150 aussi !

En vérité, jamais Mia n'avait envisagé qu'un homme puisse payer pour regarder une femme se masturber… En vérité, et jusqu'à cet instant, elle n'avait pas imaginé qu'un homme puisse payer pour être avec une femme…

Dans quel monde étrange était-elle entrée ?

Dans celui où elle vivait.

— Et l'acte, c'est 250 francs, continua une Lana impassible. 100 pour lui, dit-elle comme si elle avait dit « 100 pour le pauvre type que tu viens de croiser », et 150 pour toi. Pour les demandes particulières, c'est à partir de 250, à toi de voir…

C'était quoi ces « demandes particulières » ? Mia ne voulut pas poser de questions, elle préféra faire celle qui savait de quoi on l'entretenait. Elle verrait bien… Mais elle fut soulagée que les tarifs ne comprissent pas de cunnilingus, jamais elle n'aurait supporté qu'un inconnu place sa bouche entre ses cuisses pour fourrer sa langue dans la partie la plus intime et nerveuse de son corps.

— Mais quoi qu'il arrive, pour n'importe quoi, dès qu'il y a rapprochement, il y a préservatif ! expliqua Lana sérieusement. Si un type te propose plus, mais sans préservatif…

La tête de Mia répondit avant elle et son regard s'exprima fort bien : gagner l'argent dont elle avait besoin, oui, mais perdre sa santé pour cela, non. Lana n'eut pas besoin de terminer sa phrase. Elle lui sourit.

— Tu te fais payer en avance et en espèces, toujours, okay ? continua Lana, ne lui laissant pas le temps de se poser des questions.

— Okay.

— C'est super important ! T'amènes l'homme ici et tu lui demandes ce qu'il veut. Puis tu le laisses en fermant la porte et tu vas dans la salle de bains, là elle lui lança un regard empli de sous-entendus.

» 150, 250, ajouta-t-elle. Ce qui se passe ici, il n'y a que toi qui le sais… que toi !

Quelque chose indiqua à Mia qu'elle n'avait pas entièrement compris le sens de cette phrase et le regard entendu de Lana acheva de l'en convaincre. Elle n'avait pas tout compris, mais elle ne questionna pas au-delà.

La salle de bains se trouvant entre les deux chambres, elles s'y rendirent.

— Là tu as la baignoire avec douche (elle l'avait vue). Ne prends pas de bain, c'est trop long ! mais prends une douche après chaque client (elle y comptait bien). Tu vois, c'est propre ! précisa-t-elle, plus pour inspecter que pour l'informer.

Quand elle eut fini son inspection, et après avoir expliqué qu'il fallait user de cette pièce avec rapidité, elle la regarda franchement en disant :

— Ici, tu fais ce que tu veux...

Elle appuya son dire du même regard étrange qu'auparavant, laissant sa phrase en suspens.

— Ce que tu veux ! insista-t-elle en fermant la porte. Comme tu vois, il y a beaucoup de place...

Mia commença à respirer plus rapidement. Soudain elle se sentit comme gênée, ou plutôt désemparée. En effet, il y avait de la place, mais pourquoi insistait-elle aussi lourdement ?

Que pouvait-elle bien faire en ce lieu, avec toute cette place ? Et pourquoi avait-elle fermé la porte pour le lui dire ?

Lana lui sourit en rouvrant la porte pour l'emmener cette fois à la cuisine, qui était de ce fait réellement une cuisine, mis à part que les placards étaient vides de nourriture. Mia fut soulagée de sortir de la salle de bains, convaincue qu'il s'était passé quelque chose qu'elle n'avait pas compris.

— C'est ici que tu déposeras tes affaires, l'informa Lana en ouvrant un placard vide. Celui-ci est le tien, je te l'ai préparé hier soir, lui sourit-elle gentiment. Regarde, y a ton nom !

Un « Camilla » très calligraphique était en effet transcrit sur une étiquette collée par Lana. Mia lui rendit son sourire. Elle déposa à l'intérieur son sac à main en toute confiance et vit que d'autres placards portaient des étiquettes, moins belles que la sienne cependant.

— T'as des questions ? s'enquit Lana.

— Non, répondit Mia, elle en avait tellement qu'elle n'aurait même pas su par laquelle commencer.

— Alors je te laisse refaire un tour, mais n'entre jamais dans une pièce si elle est fermée, ça veut dire qu'elle est occupée, d'accord ?

— Entendu !

— Ha, et… tu n'as pas besoin de prendre une douche, je sens que tu viens d'en faire une. Tu peux commencer tout de suite.

— Merci de le « sentir », éclata presque de rire Mia, trouvant également amusante l'expression de « faire une douche » qu'elle venait d'employer.

Lana lui fit un clin d'œil avant de s'éclipser.

Elle lui avait fourni des explications assez claires, somme toute, calme, précise et à l'aise comme à son habitude. La maison semblait sérieuse et propre.

Il paraît qu'elle « avait de la chance », selon Lana qui lui avait raconté des horreurs et abominations humaines durant leur trajet en bus. Certaines maisons étaient de véritables nids à bactéries, des horreurs dont on ne se débarrassait jamais, une croix lourde que l'on portait à vie. D'autres étaient tenues par des individus exécrables, sans une once d'humanité, à la violence singulière, tenant des filles « perdues » comme en esclavage.

On ne sortait pas de certaines maisons closes. On appartenait à la « maison ».

La vie humaine n'a pas la même valeur pour tout le monde.

Mais Lana lui avait garanti qu'elle l'emmenait dans un endroit propre et sérieux. Mia n'avait rien pu lui répondre, la gorge trop serrée pour laisser sortir le moindre son. Et elle dut attendre d'entrer en ce lieu pour se sentir un peu soulagée, si peu, mais c'était déjà beaucoup. Lana semblait avoir tenu sa promesse.

Mia revint naturellement au salon, la pièce où elle s'était sentie le mieux, et la regarda encore, pendant que Lana et Gérard avaient une discussion animée dans le hall où ils semblaient se disputer. Puis elle retourna à la chambre et, pour la première fois, prit conscience de ce qu'elle s'apprêtait à faire. Une énorme bouffée d'adrénaline, mêlée de peur, de questionnements, de doutes et d'agitation, l'envahit soudain. Elle se sentit comme paralysée.

Depuis la veille, elle avait soigneusement mis de côté ses interrogations, ses incertitudes et ses états d'âme, elle avait éteint les lumières des questionnements, par nécessité, et maintenant, au moment où elle se demanda pour la première fois ce qu'elle faisait là, au moment où elle prit conscience de la nature effrayante de son engagement, pile au moment où elle aurait pu commencer à répondre à ses questions et certainement partir, on sonna à la porte.

Son cœur se mit à battre à tout rompre !

Un instant plus tard, Lana arriva en trombe dans la chambre, le sourire jusqu'aux oreilles.

— Camilla, vas-y, c'est pour toi !

Mia vacilla. Comment pourrait-elle y aller ? Comment pourrait-elle bouger de cette immobilité dont elle était soudainement envahie ? Son pouls s'accéléra encore, elle avait le tournis.

Non, elle ne voulait pas y aller !

— J'ai dit « Camilla, vas-y » ! Maintenant ! reprit Lana dans un ordre qui ressemblait pourtant davantage à une invitation.

Bien sûr, se relâcha soudain Mia, ce n'était pas elle qui devait y aller, elle, elle ne le pouvait pas. Mais Camilla, oui !

Elle suivit une Lana surexcitée, à l'énorme sourire sincère et « curieux », étrange même, qui s'éclipsa devant le living pour la laisser entrer seule. Durant ce court trajet, elle n'eut pas le temps de voir la fille qui subrepticement essayait de la devancer au salon ni de se questionner sur ce premier client... mais quelle ne fut pas sa surprise lorsqu'elle vit les yeux du jeune homme se lever sur elle, et ne plus la quitter une seconde.

Au même instant entra l'autre fille dans la pièce, que Mia vit furtivement. Le client ne la regarda même pas, il se leva et suivit Camilla avec un sourire d'une douceur infinie.

Une fois dans la chambre, elle posa sur lui ce regard dont elle avait le secret, profond, plein et intense. Lui rougit, s'assit sur le fauteuil, se leva et se plaça en face d'elle à distance respectueuse. Là, il se passa la main dans les cheveux, baissa le regard devant celui qu'il ne semblait pas pouvoir soutenir, et poussa un long soupir en souriant. On aurait dit qu'il était perdu, mais désarçonné est le mot juste.

— Que souhaites-tu ? lui demanda Camilla.

Il s'approcha d'elle un peu, elle pouvait entendre sa respiration, puis baissa à nouveau les yeux et, en s'asseyant sur le lit cette fois, il lui répondit dans un sourire à faire fondre :

— Avec toi, l'amour.

Après qu'elle eut pris son argent en effleurant ses doigts qui la firent tressaillir malgré elle, elle le laissa pour aller à la salle de bains, comme le lui avait dit Lana. Là, mille questions se bousculèrent, mille envies de folies, mille rires.

Comment était-ce possible ? Que se passait-il ? Le garçon qui était dans la chambre était superbe ! D'un ou deux ans son aîné peut-être, raffiné et fort à la fois, il avait des traits magnifiques et des muscles puissants, il était à l'image d'un apollon.

Mia n'en revenait pas ! Elle s'apprêtait à louer son corps contre cet argent dont elle avait un besoin désespéré, elle avait accepté de se prostituer pour trouver enfin sa liberté, et le premier client qu'on lui envoyait était… un garçon superbe… Un ange ?

Elle s'était attendue à… à tout… à rien du tout, en réalité, puisqu'elle s'était interdit d'y penser ne serait-ce qu'une seule fois !

Avant de sortir de cette salle de bains, elle se remémora les paroles de Lana, quoi qu'il arrive, on n'embrasse pas sur la bouche !

« Il ne faut pas que je l'oublie ! » se répéta-t-elle.

En revenant dans la chambre où il se tenait la tête entre les mains, elle se rappela que Lana lui avait aussi parlé de protection. Préservatifs et gels intimes en tout genre se trouvaient dans un tiroir du bureau. Il s'ébouriffa les cheveux, aussi incrédule qu'elle semblait-il, et la regarda en silence prendre le nécessaire dans le tiroir. Il lui adressa un sourire, mi-amusé, mi-penseur, puis hocha la tête de gauche à droite en soupirant d'émotion.

Les gestes de Camilla devinrent soudain naturels, souples et sensuels. Quand elle s'approcha de lui, tout se déroula comme si elle le connaissait depuis toujours. Comme s'ils se connaissaient depuis toujours…

Il ne paraissait pas pressé, mais plutôt ravi, sans impatience. On aurait dit qu'on lui avait fait une promesse dont il peinait à croire au résultat, tant il était parfait.

Elle revint vers le lit où il semblait lutter contre ses sentiments. Quand elle s'assit, il la regarda, lui sourit en soufflant. Elle comprit et s'approcha de lui.

— Du gel lubrifiant, sourit-il, tu penses en avoir besoin ?

— Je ne sais pas, fit-elle doucement, on verra…

Il la regarda, n'osa pas la toucher et lui demanda :

— J'ai combien de temps ?

— Une heure, donc cinquante minutes maintenant, lui sourit-elle doucement.

Il eut un soupir, baissa les yeux puis les releva en s'approchant d'elle. À nouveau elle put entendre sa respiration, une respiration qu'elle aima pendant qu'en elle naissait un désir auquel elle ne s'attendait pas. En lui, le désir avait été là dès l'instant où il l'avait vue, mais elle ne s'en était pas aperçue.

— Comment t'appelles-tu ?

— Camilla, répondit-elle.

Ce tutoiement, qu'elle n'allait connaître avec aucun autre client, s'était immiscé entre eux naturellement. Ils avaient le même âge, et probablement plus encore en commun qu'ils ne l'imaginaient.

— C'est vrai ça ? J'aurais plutôt dit… je ne sais pas, mais pas Camilla…

Elle lui sourit pour la troisième fois, il se pencha vers elle et alla vers sa bouche. « On n'embrasse jamais ! » lui avait dit Lana. Alors, doucement, elle se détourna. Il s'arrêta.

— Je m'appelle Andrew.

De ses doigts il retira délicatement la mèche qui revenait sur ses yeux, en l'admirant comme s'il ne pourrait plus détacher son regard.

À ce contact, elle comme lui tressaillirent d'un frémissement vif, leste et vivant. Alors de ses mains, entre murmures et sourires, il se mit à lui caresser ce visage qu'il trouvait si beau. Il s'approcha pour l'embrasser. « Pas sur la bouche », lui expliqua-t-elle gentiment. Il comprit, lui passa la main dans les cheveux et embrassa son front, pour doucement embrasser son visage entier en descendant sur son cou, puis remonter jusqu'à l'oreille où elle entendit à nouveau sa respiration, qui s'était transformée en souffle de désir et d'envie.

Dérogeant à toutes les règles de la profession, leurs lèvres s'effleurèrent. Il avait compris, ils ne devaient pas s'embrasser. Celles de l'homme s'approchaient pour se détourner, résistant au désir montant de lui voler un baiser, elles se promenèrent alors sur son visage entier, elle sentit son souffle dans ses oreilles et la vibration de son envie sur tout son être. Il retourna à son cou et, le plus tendrement du monde, alla jusqu'à sa poitrine qu'il découvrit délicatement, peu à peu. Il s'arrêta pour la regarder et dans ses yeux on pouvait lire toute une émotion vive, toute l'envie qu'il avait d'elle. Comme il aima cette poitrine ! Il la prit de ses mains respectueuses et la caressa, doucement, de l'extérieur vers l'intérieur, puis il l'embrassa, sans oser la toucher plus au-delà.

Il la bascula sur le lit avec fermeté et douceur et dévêtit entièrement ce corps qui lui plaisait tant. Il aima tout d'elle, il l'aima même tellement qu'il n'osa plus l'explorer ni de ses lèvres ni de ses mains, à peine de ses yeux brûlants.

Leurs corps se cherchèrent, se trouvèrent, s'unirent. Dans l'immense poussée de désir et d'abandon à la fois qu'elle avait provoquée en lui, il entra en elle avec une délicatesse exquise de fermeté et de langueur, doucement, plus doucement encore, puis entièrement.

Dans un long soupir d'alanguissement il la pénétra une première fois, puis une deuxième et dans ses yeux il osa enfin pleinement regarder pendant que, encore et encore, il prenait bonheur en elle, pendant que, encore et encore, il l'emplissait de plaisir… comme de souvenirs.

Puis ne soutenant plus le regard de celle qu'il faisait vibrer, il s'approcha de son visage, lui murmurant à l'oreille des sons de peine, de joie, d'amour et d'extase. On aurait dit qu'il souhaitait ce moment éternel. On aurait dit qu'il taisait tant de choses…

Soudain, leurs corps se raidirent en syntonie. Appuyé sur ses coudes, prenant à pleines mains le visage de Mia, comme pour le garder sien à jamais, il accéléra son mouvement, il souffla, haleta, gémit, entra encore et encore, plus fort, toujours plus fort et, se plongeant d'une seule grande poussée dans son regard et dans son corps, il trouva une extase merveilleuse, en même temps qu'elle.

Il resta en elle un moment, allongé sur son corps avec délicatesse, sentant leur sueur et leur plaisir s'entremêler, le souffle court.

Leurs peaux encore frémissantes de plaisir se parlaient, leurs respirations haletantes se faisaient écho, dans leur poitrine il semblait n'y avoir qu'un seul cœur.

Mia prit son visage entre ses mains et le parcourut avec un sourire de bonheur et de gratitude, qu'il lui rendit généreusement.

Ils n'avaient pas besoin de se parler, pas besoin de se dire, c'était comme s'ils s'étaient déjà tout raconté.

Dans cette pièce il s'était passé quelque chose que Mia allait mettre du temps à comprendre, alors qu'Andrew, lui, en avait eu une conscience fulgurante.

Au moment où il s'apprêtait à partir, comblé, détendu mais les yeux brillants, ou plutôt luisants, le regard comme triste, presque perdu soudain, il se tourna une dernière fois vers elle.

— Je… Je voulais te dire…

Il se tut, chercha ses mots, ne les trouva pas, ou alors il ne le voulait pas…

— Merci, vola à son secours Mia car, de secours, il semblait en avoir besoin.

— Oui… merci, lui sourit-il de tout son cœur, et il s'en alla.

Chapitre IV

« Ce ne sont pas la vie, la richesse et le pouvoir qui rendent
l'homme esclave, mais l'attachement à la vie, la richesse
et le pouvoir. »
Bouddha

Âgé de vingt-six ans, Sandro était l'aîné de la
fratrie. Le benjamin se prénommait Carlo et l'autre
Andrea. Si on ne les savait pas titrés de parenté, on
aurait difficilement cru qu'ils étaient frères tant ils
étaient dissemblables, physiquement comme intérieurement.

À eux trois ils n'avaient qu'un seul point commun, hormis leurs parents, qui n'émergeait qu'à
l'école, ils n'aimaient pas étudier. On leur donna
donc l'appellatif de « cancres ». Cependant, malgré
leurs dissemblances, ils s'adoraient.

Carlo portait en quelque sorte toutes les tares de
la famille. Il était grassouillet, nonchalant et volontiers grossier, plus par inculture que par rudesse.
Au-delà de ça, pas très futé, il entendait mal, voyait
mal et respirait difficilement. Rarement en pleine
santé, il ne semblait pas s'en apercevoir et battait
chaque jour les rues avoisinantes de son village na-
tal, dans la province de Lecce en Italie du Sud, en
faisant les quatre cents coups avec ses égaux.

Sa mauvaise vue l'empêchait de repérer les dangers, sa mauvaise audition de les entendre et quant à sa sensibilité… on était en droit de se demander ce qu'elle pouvait bien lui faire ressentir. Si bien que Carlo était une plaie humaine, été comme hiver, chaque saison lui apportant des blessures différentes. Mais Carlo, avec ses yeux éberlués et sa bouille ébahie lorsqu'on lui adressait la parole, était aussi attendrissant.

On pouvait comprendre qu'il fût le protégé et le préféré de la famille. Souvent blessé, par un bout de ferraille ou une chute rocambolesque, il ne blessait les autres « que » par mégarde… Inconscient de sa force, il lui arrivait de donner des tapes dans le dos qui ressemblaient davantage à des coups et, quand on lui faisait remarquer cette agressivité, il en riait, imaginant que l'infortuné ayant subi ce tort lui faisait une bonne blague. Cependant, lorsqu'on le frappait, car, à force, cela arrivait aussi qu'on lui rende quelques coups, il regardait ses agresseurs sidéré par tant de haine, se demandant pourquoi ils avaient accompli pareil méfait ?!

En réalité, le bagarreur dans la famille, ce n'était pas lui, c'était Andrea. Andrea le beau, Andrea le rebelle.

Andrea avait deux ans de plus que son frère cadet et huit de moins que son aîné. La place du milieu n'avait jamais dû lui convenir… Venu au monde en braillant sa colère, agressif dès sa plus tendre enfance pour cacher une timidité maladive et un mal-être dont il ne s'ouvrira à personne, il n'avait jamais pu défouler son mal de vivre sur le « petit » qui était surprotégé, et encore moins sur le « grand », pour des raisons évidentes. Aussi, ne pouvant ni montrer ni parler, ne pouvant expliquer à personne une sensibilité et une souffrance qu'on ne comprenait pas, Andrea passait ses nerfs sur les enfants des alentours en les forçant à devenir « violents » pour se défendre de sa rudesse, pour s'en protéger aussi, sans que cela ne suffise vraiment à le calmer pour autant.

Quand il rentrait à la maison, ses parents réussissaient chaque fois à le mettre dans le même état que celui à cause duquel il était sorti se défouler. Il fallait en remettre une couche pour libérer cette nouvelle tension... parfois encore et encore, si bien qu'il était plus absent que présent dans sa propre demeure. Ses parents disaient qu'il était un sauvage. Cet appellatif ingrat fut repris en écho par toute sa famille. Comment peut-on être bien quand on nous aime aussi mal ?

Son âme rebelle se nourrissait de terribles complexes, doublés d'un ego frustré que rien ne rassasiait. Il était pourtant le préféré de Mia, puisque sincère et direct, si on prenait le soin de l'entendre. Elle se sentait proche de lui pour leur grande sensibilité à tous deux, bien qu'ils ne l'exprimassent pas de la même façon.

Mais c'était l'aîné qui avait hérité de la place la moins enviable finalement, même si ses parents s'évertuaient à faire croire le contraire, à lui d'abord ainsi qu'à ses frères, à leur famille entière et enfin au voisinage le plus vaste.

Sandro était né à Bâle, en Suisse alémanique, alors que ses parents y étaient immigrés. Il avait eu, si on s'en tient à leurs dires, une enfance honteusement heureuse, comblée de bonheur comme de tous les cadeaux qu'ils n'avaient pu offrir aux deux plus petits. À les entendre, Sandro avait vécu dans une opulence insolente, et même coupable, tant elle était indécente.

Lui avait eu une montagne de jouets, un cheval à bascule, le plus cher, des Lego, une telle multitude qu'il pouvait en jeter sans qu'un seul ne lui manque, des vêtements chauds, des sportifs et des élégants et, plus tard, le plus parfait des tricycles, doté d'une technologie si pointue... qu'il roulait tout seul ! Mais, surtout, lui avait eu une bicyclette. On n'en dira pas trop sur cette plus haute représentation du luxe enfantin, si ce n'est que ses oreilles chauffent aujourd'hui encore, à entendre parler sans cesse sur un ton amer de reproches de Sa bicyclette que, du coup, il aurait préféré ne jamais avoir possédée.

Il avait donc eu une montagne de jouets... sous laquelle il avait croulé ! Et, toujours d'après ses parents, les plus grandes attentions aussi. Dommage qu'il ne se souvînt ni des uns ni des autres...

Au-delà de son abondance de biens matériels, Sandro passait ses journées dans un *Kindergarten* où il était traité en enfant sauvage d'un pauvre couple immigré d'Italie du Sud. Pire que tout.

Les Italiens furent la première grande vague d'immigrés qui arriva en Suisse. Ils y avaient été appelés, par besoin de bras... pour construire des bâtiments, des ponts et des routes, pour bâtir tout ce qui pouvait être bâti.

Ils vinrent donc pour travailler dur, sans se plaindre ni s'amuser, et ouvrirent douloureusement une route dans un pays qui n'était pas habitué à recevoir, encore moins à accepter... accepter de recevoir et d'offrir de l'aide, accepter la différence. La Suisse alémanique fut la plus réticente à cette immigration pourtant appelée, qu'elle vécut comme une invasion, et sur les portes de bien des cafés, bien des cinémas, on voyait des pancartes si inhumaines, si barbares, qu'on en tait l'existence aujourd'hui encore.

Comme si rien de cela n'avait existé.

« Interdit aux chiens et aux italiens ! »

Voilà ce qu'elles disaient.

Pour certains enfants d'immigrés, cette hostilité fut plus pénible à vivre encore mais, de cela, ses parents en parlaient si peu que c'était comme s'ils ne le faisaient pas ! Pourtant Sandro en garda des marques indélébiles.

Au *Kindergarten*, on ne l'appelait jamais par son prénom, par exemple, il était un *Toi* ! « Toi, viens ici ! » « Toi, reste là ! » ou « Toi, ne bouge pas ! » ou encore « Toi, mange ta soupe et vite ! On ne fait pas de chichis ici, tu sais ?! »

Un jour qu'il jouait à table avec une bille en verre, il ne sut où la cacher devant l'arrivée de l'éducatrice. Il la mit dans sa bouche aussi vite que possible. La femme s'approcha sévèrement et, voyant cette bosse enfler sa joue, en tira ses conclusions.

« Avale ! » fulmina-t-elle en lui donnant la claque de sa vie. La bille lui cassa deux dents avant de s'engouffrer dans son œsophage où elle se trouva très vite à l'étroit. Oui, c'est sûr, ils ne faisaient pas de chichis là-bas !

On ne l'appelait par son prénom que lorsqu'il demeurait introuvable. Un « SANDRO ! » sonore tempêtait alors dans l'enceinte de la crèche, comme une menace suprême. Souvent, il n'avait simplement pas bougé du banc sur lequel on l'avait mis en punition, et oublié. Il y restait à attendre les punitions suivantes, qui étaient normales… De toute façon, il n'était jamais là où on voulait qu'il soit. C'était un fait qui devait être accepté tel quel.

Le petit Sandro ne prit jamais ses racines là-bas, bien qu'il y fût né et y vécût jusqu'à ses huit ans, parce qu'il n'en eut ni l'occasion ni même l'envie, du coup. Entre les mauvais traitements au *Kindergarten* et cette opulence reprochée quotidiennement par ses parents, cette abondance honteuse de cadeaux dont ils l'avaient enseveli, il en sortit un petit garçon soumis comme rebelle. Une sorte de personne double qui tantôt montrait une face et tantôt une autre.

Rebelle, malheureusement, il ne le fut jamais assez pour se débarrasser de sa soumission envers sa famille, notamment sa mère et son père. Il ne le fut pas assez non plus pour éviter d'enliser aussi sa future femme dans les sables mouvants de la frustration de ses parents.

Mais Sandro n'était pas soumis à tout le monde. Il avait en lui une sorte de rancœur naturelle, qui se transforma plus tard en une voix de colère et d'inacceptation de l'injustice, une voix qu'il interpréta toujours mal, sortant à contretemps – trop fort, trop vite ou trop mal –, qu'il balançait sur tous ceux qu'il n'aimait pas, famille au sens large, amis ou rencontres de hasard. En revanche, aux principaux responsables de sa colère, ses parents, il offrait sa totale soumission qui ressemblait affreusement à de la résignation. Dépouillé de lui-même, il devenait abnégation, et cela le rongeait car, au fond de lui, il connaissait on ne peut plus parfaitement la source de son problème.

Cependant, on ne pouvait pas l'en blâmer. C'était uniquement de cette façon qu'il pouvait espérer obtenir, au prix de lui-même et de celle qui allait partager ses jours, des bribes d'un amour au conditionnel que les siens vouaient en exclusivité à eux-mêmes, aux richesses matérielles et à leur fils cadet.

Quand Virma fut enceinte de leur deuxième enfant, les parents de Sandro décidèrent de leur retour au pays. Entre l'aménagement de leur maison au village, l'achat de leur voiture, de leur résidence secondaire en bord de mer et l'ouverture de l'activité d'Amadeo, leurs économies s'évanouirent vite. Naturellement, ils portèrent cette faute sur leur fils aîné et non pas sur leur folie des grandeurs. S'ils ne lui avaient pas offert tant de jouets ! S'ils avaient moins dépensé pour lui, il leur resterait de l'argent !

Terribles sont les regrets, parfois si lourds à porter qu'il faut désigner un coupable pour en supporter le poids. Dévastateurs sont les remords pour ceux qui les ressentent, pour ceux qui en subissent les conséquences et les torts.

Chapitre V

« La gloire, c'est rester un, et se prostituer d'une manière particulière. »
Charles Baudelaire

Quand Mia sortit de la salle de bains où elle venait de prendre sa première douche, elle se trouva face à Gérard, venu prendre son argent. Elle fut surprise par une telle rapidité et lui remit en silence son dû de 100 francs. Il regarda le billet comme surpris, sans oser lever le regard sur elle, lorsque Lana passa à propos dans le couloir en l'appelant. Il se dirigea vers elle et la suivit dans le hall, laissant une Mia désemparée.

Que devait-elle faire maintenant ? Lana ne lui avait rien dit à ce sujet… Elle alla à la cuisine où elle alluma une cigarette et naturellement ses pensées se dirigèrent vers Andrew, quand elle entendit malgré elle des bribes de la conversation qui se tenait, houleuse semblait-il, dans le hall.

— Elle est superbe ! s'exclamait Gérard.

Puis il continua, après que Lana lui eut dit quelque chose qu'elle n'entendit pas.

— Tu lui diras ?!

— Après, pas tout de suite ! trancha Lana qui avait l'air fâchée.

Les sens de Mia se mirent en alerte. Quelque chose qu'elle n'allait pas aimer allait se passer… « après, pas tout de suite ».

Le temps, voilà la clé de bien des portes.

Mia ne les écouta plus, là, tout de suite, elle n'avait pas le temps de s'occuper du pauvre type et de ses envies. D'une minute à l'autre allait se présenter son deuxième client auquel elle ne voulait pas penser. Elle voulait juste prendre un moment pour elle, fumer une cigarette et vider son esprit. Elle réglait les aiguilles pour que toutes ses pensées soient à l'heure.

Mia ne serait pas restée une seule minute en ce lieu si elle avait pu réellement choisir. En y réfléchissant, elle n'aurait pas même franchi la porte. Mais ce ne fut pas elle qui entra, ce fut Camilla, et Camilla était là pour une raison précise qui se fichait pas mal des états d'âme et des réticences de celle par qui elle existait. La mission de Camilla était de permettre à Mia de réaliser sa vie. Le reste, à ce moment précis de son histoire, n'avait aucune forme d'importance.

Il n'y avait là plus de parents pour se plaindre de ces enfants « qui tournent mal, alors qu'on les a si bien élevés », plus de faux amis qui ne sont là que pour comparer votre vie à la leur et se conforter en se convainquant que la leur est « bien meilleure », plus de connaissances qui vous collent de fausses étiquettes pour masquer leurs frustrations ou leurs défauts, plus de parenté pour médire ou vous punir, plus de copines qui vous bassinent avec leurs histoires à dormir debout et celles qui n'en finissent plus… quand elles ne vous plantent pas au moment où vous avez le plus besoin d'elles.

Autour de Camilla, il n'y avait plus rien de tout cela. Il n'y avait qu'un but, gagner de l'argent… pour commencer à vivre.

Et, dans cette optique symétrique, les hésitations de la petite Mia comme ses questionnements ou ses peurs n'avaient pas leur place. Camilla, en occupant tout l'espace, veillait à la sécurité de Mia.

Tout ce qui allait se passer, tout ce qui allait arriver, tout ce qui allait être vu, entendu et vécu l'était par Camilla qui allait se charger des souvenirs même les plus désagréables, des mauvaises images, des immondices les plus sales de certains que l'on continue à appeler humains… trop humains, alors ?!

Ainsi Camilla, outre que la sauver de la survivance, la sauva de la malveillance et de la déchéance. En prenant sur elle, elle lui permit de commencer son nouveau chemin, de percevoir de nouveaux horizons, même si encore lointains, et de marcher plus sereine sur cette route qui désormais lui appartenait. Camilla lui offrit la possibilité de sortir de cette prison, avec un semblant de légèreté.

Lana était sortie avec Gérard pour la soirée et lui avait laissé les clés du Salon ainsi que le soin de répondre au téléphone, s'il sonnait lorsqu'elle n'était pas occupée. Mia ne s'était pas attendue une seconde à rester seule, surtout pas le premier soir, et ressentit, pour la première fois, de la peur.

Son pouls s'accéléra à tout rompre quand on sonna à la porte.

Elle eut deux autres clients à la suite, sans avoir à nouveau la chance que fut la rencontre du premier.

Un auteur avait écrit « après la chance du débutant, vient le parcours du combattant ». Ce parcours, elle le foula des deux pieds.

Son premier client était un homme vieillissant venu trouver là le frisson qu'il n'éprouvait plus dans sa vie, si tant est qu'il l'eût connu une fois. Il ne fut pas désagréable, mais il parlait trop et était d'une maladresse repoussante. Camilla prit le dessus et se dépêtra tant bien que mal d'un ébat laborieux. Elle le rassura, le calma, lui fit même croire qu'elle prenait plaisir. Quand il sortit, il était aux anges.

Son deuxième fut plus incommode encore. Après lui avoir demandé de prendre une douche, elle dut l'écouter parler de ses grands exploits car, bien sûr, il était un grand homme, un monsieur respecté et même adoré, courtisé à longueur de journée. S'il n'était pas très propre, c'est qu'il sortait du travail, un travail de grandes et lourdes responsabilités desquelles dépendait un tas incommensurable de personnes. Il était une tête, elle devait le savoir. Il était si imbu de lui-même, si précieux à ses propres yeux − et à ceux du reste du monde bien sûr −, que c'était à se demander ce qu'il était venu chercher là ?

Camilla n'était finalement pas la seule à jouer un rôle.

Dès qu'elle se déshabilla, il voulut tout voir et tout « toucher », comme s'il n'avait jamais vu une femme auparavant. Devenue subitement aussi pragmatique que Lana, Camilla fit contre mauvaise fortune bon cœur en décidant que celle-ci était une « demande particulière ». Elle gonfla la note, comme le lui avait dit son amie, et laissa à l'homme le loisir de ses fantasmes qui, finalement, n'étaient pas aussi innommables ou repoussants qu'ils en avaient l'air. Ou du moins valait-il mieux le prendre ainsi…

Il voulait juste « voir et toucher » et il en voulait pour son argent. Il explora son corps entier, prit tout son temps, s'arrêta sur ses parties intimes, soufflant comme un forcené, le pénis en érection. Il étreignit ses seins, avec des gestes trop rudes qu'elle dut calmer, et lui lécha le ventre avant de s'attarder dans la contemplation de son pubis. Vraiment, il voyait une femme pour la première fois ?

Enfin, n'y tenant plus, ils copulèrent un bref instant, mais un instant que l'homme sembla adorer par-dessus tout. Son gémissement fut tel qu'on aurait dit un cri. Pour la première fois, peut-être, s'était-il octroyé le droit d'être lui-même devant une fille qu'il avait payée pour jouir comme il l'entendait. Finalement, il fut si satisfait qu'il offrit à Camilla un pourboire généreux avant de s'en aller vers sa triste vie qui ne lui offrait rien de ce qu'il désirait.

Dès qu'il fut parti, Mia alluma une autre cigarette à la cuisine, seul lieu où il était permis de le faire. Cette fois ses pensées étaient toutes autres. Elle n'était plus sûre de réussir dans son entreprise. Elle n'avait pas du tout aimé ses deux derniers clients et s'efforçait de ne pas y penser. Mais comment peut-on ordonner à l'esprit de ne pas revenir sur un événement ?

En le lui demandant gentiment...

Dans les bouffées de cette cigarette qu'elle fumait devant une fenêtre grande ouverte qui lui envoyait un peu de fraîcheur, elle fit un bref calcul. Pour rassembler la somme dont elle avait besoin, il lui faudrait...

Le téléphone sonna sans crier gare en assourdissant la pièce. Elle voulut répondre, mais ne savait même pas où il se trouvait. Finalement, elle put mettre la main sur le combiné.

— Bonjour, commença une voix de jeune fille, je me demandais si vous acceptiez de... (elle entendit des rires étouffés) de le faire à plusieurs ?

Mia n'était pas une grande habituée de ce langage simplifié et implicite, et Lana ne lui avait rien dit sur le sujet, mais Camilla prit le dessus en moins de temps qu'il ne faut pour le dire, avec un aplomb désarçonnant. On l'avait laissée seule, elle répondit donc comme elle l'entendait.

— Oui, bien sûr, aucun souci, fit-elle.

Il y eut un silence d'étonnement à l'autre bout de la ligne.

— Ah, parfait ! Mais... comment dire... c'est qu'on est deux filles.

Là elle entendit clairement un éclat de rire, celle qui parlait n'était pas seule.

— Mais il n'y a aucun problème, s'entendit-elle répondre avec stupeur. Venez nous trouver quand vous voulez...

— Super ! fit la jeune fille surprise à l'autre bout du fil, on arrive alors.

Mia sourit en raccrochant. Elle était persuadée qu'il s'agissait d'un canular et ne donna aucune importance à cet appel. Quoique... Elle allait s'asseoir pour boire un café quand la sonnette retentit et, en elle, elle entendit comme une petite voix qui disait « Oh non ! », mais alla ouvrir avec le sourire.

Une jeune fille du nom de Rosie se présenta comme travaillant là. Camilla la fit entrer sans hésiter et s'en retourna à la cuisine suivie par Rosie qui déposa ses affaires dans son placard attitré.

— On est seules ? lui demanda-t-elle d'emblée.

— Oui, et je suis bien contente que tu sois là ! soupira une Camilla plus calme maintenant, en lui parlant comme si elle la connaissait de longue date.

— C'est ton premier jour hein ? Tu es une fille à Lana ? demanda-t-elle encore pendant que Camilla avait répondu par un oui de la tête à sa première question.

Comment ça « une fille à Lana », demanda-t-elle ? Ça se voyait tant que ça ?

— Oh oui, Lana a un style de filles bien à elle, pas comme l'autre… fit-elle avec dédain. Et toi, t'es une fille à Lana ! lui sourit-elle d'un air entendu.

Camilla comprit à moitié, « l'autre » devant être Gérard. Elle n'avait pas encore pleinement saisi le rôle de Lana dans ce salon de massage qui ne lui appartenait pas. Peut-être avait-elle droit à une commission sur les filles qu'elle amenait ?

— Ouf ! Adèle est pas là ! s'exclama Rosie en s'asseyant pour boire le café que Camilla venait de préparer.

— Elle n'est pas bien cette Adèle ? questionna Camilla.

Rosie lui sourit en lui assurant que, si elle avait croisé Adèle, elle ne poserait pas cette question. Adèle, c'était Adèle quoi, lui dit-elle laconiquement, quand on sonna à la porte. Cet endroit était un vrai hall de gare, on n'y était jamais tranquille !

Rosie se leva pour aller ouvrir, elle était la plus ancienne, et Camilla entendit une voix rauque toni-truer :

« Ah ! Ma Rosie !!! C'est toi que je suis venu voir, mon chou ! »

Elle entendit encore Rosie lui répondre une phrase bateau, puis l'emmener jusqu'à une chambre et plus rien jusqu'à ce que la sonnette retentit à nouveau, décidément !!

C'était Lana cette fois, qui entra toute gaie et en grande pompe accompagnée d'une certaine Maria, et de Gérard qui faisait une drôle de tête.

Lana prit Camilla pour l'informer que c'était son jour de chance. Elle lui avait concocté un « domicile », c'est-à-dire un rendez-vous chez le client, mais pas n'importe lequel. C'était un VIP du Salon, un de ceux pour qui les filles se battaient.

« Ah ! » songea Camilla, sans trop savoir à quoi s'en tenir.

— Vas-y vite, il habite juste à côté et il t'attend, lui sourit-elle pleinement. Il est adorable, tu verras. Fais exactement ce qu'il te dit, sois gentille et, si tu lui plais, il te donnera un bon pourboire.

Camilla n'appréciait pas du tout qu'on lui demande d'être « gentille », mais étonnamment, venant de la part de Lana, cela ne la dérangea pas plus que cela. Elle comprit qu'il fallait simplement se montrer aimable et conciliante.

— Comme c'est un domicile, il va te donner 400 francs, et ce sera moitié-moitié, lui dit-elle tout doucement. Le pourboire, tu n'en parleras pas, okay ? Et… à propos… super ta réponse au téléphone ! rit-elle.

— Ah c'était toi ?! s'exclama Camilla avec stupeur.

— Oui, c'était moi ! s'amusa-t-elle. Allez, dépêche-toi d'y aller et… de revenir, on t'attend !

Camilla se rendit chez M. Kruger à pied puisque, effectivement, il habitait à côté, sans vraiment savoir à quoi s'attendre. Lana lui avait seulement laissé entendre qu'elle ne devrait pas être surprise s'il n'y avait pas « acte », ce n'était pas le genre du vieux bonhomme, comme elle l'appelait.

M. Kruger fut d'une grande courtoisie et paraissait agile, bien qu'effectivement âgé. Mais pour une jeune fille de vingt-quatre ans, tout le monde paraît âgé. Il la fit s'installer sur son canapé et lui demanda la permission de la déshabiller, ce qu'elle accepta. Quand il eut terminé, après avoir émis des sons de contentement et d'enthousiasme, il lui proposa à boire, ce qu'elle accepta à nouveau. Puis il vint s'installer à côté d'elle et ils se mirent à causer. Ils discutèrent de tout, de rien, du temps, de la vie, de la philosophie aussi, un peu…

Tout ce que M. Kruger souhaitait, c'était de la voir nue et de pouvoir la caresser quand bon lui semblait. Il lançait sa main sur elle à intervalles plus ou moins réguliers et lui touchait tantôt un sein, tantôt l'autre, puis prenant de la hardiesse, il descendait toujours plus bas jusqu'à lui effleurer presque le pubis. Plus tard il se déshabilla à son tour et, après lui avoir tripoté tout le corps, commença à se masser, tout seul. Il voulut qu'elle s'approche de lui, qu'elle lui touche le visage avec la poitrine, cherchant avec sa bouche un de ses seins. Puis, de son autre main, il lui étreignit la taille, la caressa encore, s'aventura vers les fesses et l'entrecuisse, remonta jusqu'à ses parties intimes qu'il frôla à plusieurs reprises avant de lui demander de s'asseoir très près de lui. Quand il sentit sa peau près de la sienne, il se masturba devant la jeune femme qui le regardait en feignant de prendre plaisir.

Lorsqu'il eut fini, il était certain que cela lui avait plu aussi. Camilla ne le contredit pas, elle avait tout fait pour qu'il le crût. Même si cette scène l'avait dérangée, déplu au plus haut point, il n'avait été ni discourtois ni irrespectueux.

Une heure et demie plus tard, elle le quitta après avoir empoché un pourboire considérable, il l'avait beaucoup appréciée. Camilla laissa cet endroit aussi étrange que son habitant en faisant un bon détour pour marcher un peu mais, quand son esprit commença à réfléchir à ce qu'il s'était passé, elle pressa le pas pour retourner au Salon, l'heure n'était toujours pas à la réflexion. Surtout pas !

Au Salon, Camilla dut affronter son dernier client, qui n'en était pas vraiment un pourtant. Lana lui avait expliqué d'une voix embêtée, mais avec beaucoup de douceur, qu'elle allait devoir coucher avec Gérard, une sorte de pas-de-porte à payer pour pouvoir travailler là.

— Pardon ?! s'était récriée Camilla très sèchement. Tu veux dire que je dois faire ça gratuitement ! Je loue mon corps pour gagner de l'argent, pas pour me débaucher ou, pire, me dégrader !

— Je sais, avait soupiré Lana avec animosité, et un goût amer en bouche. Il est pénible, horrible même.

— T'inquiète pas ma fille, était intervenue Maria avec un sourire d'une grande douceur, on est toutes passées par là !!!

— Oui, et on sera là, l'informa Lana.

— Comment ça, vous serez là ?

— Oui, voulut la rassurer Lana, on sera là, avec toi… Il a bu alors…

Devant son regard plus interrogateur que jamais, elle ajouta un « Oh, tu verras bien, t'inquiète pas ! »

Qu'elle verrait, c'était sûr. Qu'elle n'avait pas à s'inquiéter, c'était autre chose !

Camilla voulut dire que c'était hors de question, mais le regard de Maria qu'elle croisa au même moment parlait clairement. « Il va te mettre dehors ! T'as à peine commencé que c'est déjà fini ! »

Elle en avait presque envie, tiens ! Qu'il la mette à la porte était de loin préférable au fait de le faire gratuitement. Elle était à louer, momentanément et pour des raisons précises, pas à donner ou à brader. Que ce type la dégoûtait !

Il n'était que le premier d'une longue série. Mais, d'une certaine manière, il était aussi un client, c'est comme cela qu'elle voulait le voir, alors Camilla prit le dessus et accomplit sa tâche à la perfection, aidée par Lana et Maria.

Gérard fut long à venir, très long, beaucoup trop long. Ce fut interminable. À plusieurs reprises il tenta de l'embrasser, se jetant presque sur elle, mais elle esquiva, sans le blesser dans cet amour-propre qu'il avait peut-être. Il était encore moins beau nu que vêtu et l'alcool bu durant sa soirée exhalait de sa bouche en avachissant son corps. Ce même alcool était à l'origine de son engourdissement sexuel. Il en avait ingurgité une telle dose, qu'il fallut aux filles un temps exécrablement long pour le voir, enfin, éjaculer. Et même son sperme, dans le préservatif, semblait apathique. Mais cela n'était certainement qu'une impression de Camilla qui lui lança un de ces regards dont elle avait le secret, si noir que l'autre en fut obscurci.

Il se sentit gêné. Il avait honte, peut-être pour la première fois, et en se rhabillant il était si mal à l'aise… qu'il quitta la pièce.

Lorsqu'elles se retrouvèrent seules, Lana précisa :

— Il veut toujours le faire, mais il n'est pas à la hauteur… Surtout pas quand il boit !

Comme elle avait raison.

— Mais ce soir, réfléchit-elle à haute voix, je l'ai vu particulièrement excité. Tu lui plais, déclara-t-elle, et je suis sûre qu'il s'est retenu de venir avant juste pour pouvoir te toucher plus longtemps…

Camilla ne put que ressentir du dédain, du dégoût et de la pitié aussi. Oui, subitement, sur l'instant, elle eut pitié de lui, et cela était probablement pire que tout. On est si isolé lorsqu'on loge dans la pitié.

— C'est la première fois que… qu'il le fait à plusieurs ?

— Je sais pas. Et je veux pas savoir ! trancha Lana avec une telle répulsion que cela fit éclater de rire Camilla.

» Moi, en tout cas, ça m'a plu ! et une lueur de malice passa dans ses yeux sincères. Pour moi, c'était la première fois, précisa-t-elle.

— Pour moi aussi, fit Camilla en se remémorant ses caresses si bien faites, si délicates, si précises.

Il n'y a qu'une femme pour bien caresser une femme. Avec une femme, l'amour est lyrique.

Ce furent de vraies caresses, pleines, douces, bonnes et aimantes, dont la finesse pénétrait jusqu'au plus profond de l'âme. Avec une suavité absolue, bouches, mains, doigts et corps s'étaient harmonisés tout en douceur, lenteur et passion.

Lana la fixa en lui répétant que, oui, ça lui avait plu, en lui souriant avec sincérité, puis, contre toute attente, elle l'embrassa sur la bouche, langue contre langue, avec passion.

Quand elles sortirent de la pièce, toutes deux étaient troublées.

— Si elle est fatiguée, elle rentre ! trancha Lana la défendant ongles dehors.

Son ange gardien du lieu s'était mis à l'œuvre. Camilla la regarda se fâcher à sa place et la défendre.

Elle n'était pas vraiment fatiguée, soutenue par une forte dose d'adrénaline, mais la soirée et le début de nuit avaient été denses. À neuf heures ce matin-là sa boutique devait être ouverte. Et elle en avait assez vu, assez fait, pour l'heure.

— Oh bien sûr… bien sûr, balbutia Gérard à Lana, il n'y a pas de problèmes !

« Il ne manquerait plus que ça ! » se dit Camilla en serrant les dents devant l'idiot fini en face d'elle.

On aurait dit qu'il avait entendu ses paroles silencieuses, car il se ramollit davantage, si tant est que cela fût possible. Ses bras ne pendaient plus, ils traînaient, comme accrochés par un fil incertain à un buste flasque. Affaissé plus encore dans une idiotie surprenante, il trouva pourtant un souffle pour ajouter :

— Alors, c'était… bien ?

Et il attendait une réponse avec ça ?! Lana comme Camilla l'ensevelirent du même regard en même temps. Ainsi ratatiné, on ne l'entendit plus débiter d'âneries. Il se tut, quitta la pièce et même le Salon. Camilla ne le revit plus. Jamais plus !

Quant à elle, il était trois heures du matin lorsqu'elle sortit dans une nuit fraîche et étoilée.

Chapitre VI

> « L'ennui dans ce monde, c'est que les idiots sont sûrs
> d'eux et les gens sensés pleins de doutes. »
> Bertrand Russell

Elle avait d'abord posé son argent sur la table basse du salon, puis pris un bain duquel elle était sortie propre, et enfin avait appelé Marina. Mia avait repris la place qu'elle avait laissée pour une nuit à Camilla.

Marina, elle, avait veillé en attendant ce coup de fil. Elle était restée en alerte devant ce téléphone qui n'avait pas sonné durant des heures et des heures – heures qu'elle avait passées tantôt à se morfondre de l'avoir laissée faire, tantôt à se ronger les sangs et à se poser ces milliers de questions qui revenaient pourtant toutes à la même, est-ce que tout va bien ?

Une angoisse profonde, proche du malaise, s'était emparée d'elle dès le début de soirée, bien que ce fût la nuit qu'elle vécut avec le plus d'agitation.

« Et s'il lui était arrivé quelque chose ? » « Et si quelqu'un lui avait fait du mal ? » « Et si c'était un canular ?» « Et pourquoi n'appelait-elle pas ? »

Toutes ces questions que l'on se pose quand on aime une personne, qu'on tient à elle et qu'on ne lui veut que du bien.

Mais la pire de toutes restait celle qu'elle ne parvenait pas même à articuler pour elle-même tant elle l'angoissait, et qu'elle n'osa prononcer que plus tard : « Comment le prenait-elle ? »

Reste-t-il des séquelles à une jeune fille qui se prostitue afin de donner à sa vie le tournant qu'elle mérite ?

Chaque jeune fille qui se prostitue est une jeune fille commune, aucune n'est prédestinée à cela et, pour une raison ou pour une autre, leur prostitution est leur seule main tendue ou leur unique issue…

Mia n'était pas une exception, elle est juste celle dont l'histoire est racontée. Cet acte si extrême, si courageux et inconscient à la fois, prouvait bien la force de sa détresse et de son désarroi. Mais Mia avait un atout, l'avantage qui fut son cadeau. Elle avait son alter ego, Camilla. Et elle avait son amie, Marina, à qui elle raconta sa première soirée en robe de prostituée, sur un ton tantôt amer tantôt écœuré, mais doux aussi.

Marina avait une qualité d'écoute particulière et une grande empathie qui lui permettait de ne point juger. Elle écouta son récit en comprenant à chaque mot que, oui, cette histoire allait laisser des traces indélébiles. Parfois on fait semblant, de ne rien avoir vu, de ne rien avoir perçu, pour se protéger. Pour se protéger, on est capable de se laisser croire que tout va bien, que tout est « normal », que ce qu'on nous fait « n'est rien »… Parfois, on est capable de bien des subterfuges pour ne pas sombrer, pour ne pas se laisser tomber dans un monde de désillusions et de remords, pour ne pas couler dans un océan d'idées noires.

Pour l'heure, en tout cas, pour cette première soirée, tout n'avait pas été que cauchemar. Si Camilla avait pris sur elle, cela ne voulait pas dire que tout lui avait plu. Une chose était certaine, elle avait toujours la possibilité d'oublier… ou du moins d'estomper, ces souvenirs qui font mal.

Cet homme qui lui avait léché les seins, cet autre à qui elle avait été forcée de demander de se laver et le dernier « acte » avec Gérard étaient des événements qu'elle pouvait estomper. Pour l'heure !

Parce que son but était autre, et il était grand, vaste et lumineux, et que le chemin qu'elle avait choisi pour y parvenir était celui-ci.

Marina la rassura, elle l'aimait plus que tout au monde, elle était sa meilleure complice. Mia se sentit mieux, beaucoup mieux. Pouvoir se confier, juste se confier à quelqu'un capable d'entendre, est déjà une aubaine, un baume au cœur.

Quand elle eut raccroché, elle s'enfonça dans son canapé en allumant une cigarette et fut bien obligée de regarder la réalité en face. Où en était-elle arrivée ? Qu'était-elle en train de faire ?

Elle sauvait son histoire. Elle se dépêtrait de son mieux du carcan dans lequel elle se trouvait, depuis trop longtemps…

Mia était très forte pour donner aux autres. Depuis toujours, elle avait tant offert. Mais c'était la première fois qu'elle le faisait avec son corps, sans amour, et pour de l'argent.

Se prostituer… Plus elle y réfléchissait, moins elle y croyait. Mais quel autre choix avait-elle ? Comment aurait-elle pu gagner ces malheureux billets qui lui manquaient pour louer un appartement en quelques jours seulement ?

Les rares filles qui osaient demander le divorce, dans des familles comme la sienne, se trouvaient contraintes de retourner au domicile parental, où elles se voyaient traitées en moins que rien, en boulets, en cauchemar, en source permanente de « problèmes », voire en esclaves.

En ayant osé prendre leur indépendance, elles contractaient une créance à vie envers leurs terribles familles qui ne s'estimaient dédommagées qu'après les avoir… anéanties.

Avoir une autonomie financière, outre que morale, était donc capital pour Mia. Ce dont elle avait besoin, pour prendre son envol en trouvant un logement, n'était pas une somme faramineuse mais, lorsqu'on n'a rien, c'est tout de suite beaucoup, et il fallait faire vite, si vite. Elle devait trouver 2'400 francs en quatre jours, ces miséreux billets qui lui permettraient de changer de vie.

Sandro rentrait dans quatre jours à peine… et elle devait être partie d'ici là.

Elle avait tenté de demander de l'aide à sa famille, par acquit de conscience et dans un élan d'espoir malgré tout, mais sa famille lui avait claqué la porte au nez, encore une fois, en lui refusant soutien et compréhension aussi, devant un divorce qu'elle ne tolérait en aucun cas. Elle devait rester avec son mari, personne n'accepterait que cela se passe autrement ! Pourtant sa mère avait toujours exécré son mari, elle l'avait toujours critiqué et amoindri, ce qu'elle faisait avec elle aussi, à croire que c'était une habitude.

Quand elle lui avait annoncé qu'elle sortait avec Sandro, leur voisin du bord de mer en Italie, sa mère lui avait fait une scène qu'elle n'était pas près d'oublier, et elle l'avait giflée, violemment. L'amour, tout le monde ne le comprend pas, tout le monde ne le conçoit pas, tout le monde ne l'accepte pas… surtout pas quand il s'agit de celui des autres… de celui qui pourrait faire leur bonheur.

Mais Mia s'était imposée. Elle sortait tout juste d'une crise d'adolescence presque destructrice, elle avait seize ans, alors elle refusa de voir son bonheur naissant réduit en miettes. Elle refusa qu'on lui nie son droit le plus élémentaire, le droit à l'amour.

Sa mère avait donc pris ce garçon en aversion, en même temps que sa fille, à qui elle avait rendu la vie infernale à compter de ce jour.

— Je ne te demande pas de l'aimer, avait été forcée de lui dire un jour Mia, juste de l'accepter !

« Et, si tu peux, de le respecter aussi ! Ce serait
pas mal ! » aurait-elle aimé ajouter, mais elle ne le fit
pas.

À seize ans et demi, elle sortit donc officiellement
avec celui qui allait devenir son mari, un beau
garçon, gentil à sa façon. Elle l'avait aimé, vraiment
aimé, mais vivre avec lui était devenu insupportable, leur amour avait été fougueux et dévastateur.

Depuis deux ans elle vivait donc en sursis, ou
plutôt elle survivait dans une vie qu'elle n'aimait
pas, une vie qui ne lui appartenait pas, une vie qui
n'en avait ni le goût, ni la couleur ni l'émotion ou
l'ardeur, et encore moins la valeur.

Elle s'était mariée jeune, à vingt ans, pour
échapper à une mère inquiétante, à une famille
étouffante. Elle avait réellement cru en son mariage,
elle ne s'était pas mariée pour divorcer de sa famille.
Et puis, Sandro, elle l'avait aimé, de tout son cœur.
Ils se connaissaient depuis l'adolescence et étaient
sortis ensemble le lendemain de leur rencontre.
L'amour qu'elle connut avec lui fut fulgurant, aussi
foudroyant qu'un éclair, un amour de passion et, il
faut bien le dire, de plaisir charnel… avant le mariage ! Quel sacrilège !

Sandro était un très beau garçon, il avait du cœur,
parfois de l'esprit aussi, mais il était également prisonnier, prisonnier d'une dette qu'il avait contractée

à vie, sans le vouloir, et que jamais il ne réussirait à payer. Cette « dette » envers ses parents s'immisça entre eux dès qu'il arriva à Genève pour y travailler. Le Sud n'offrait pas à ses enfants le travail dont ils avaient besoin pour vivre dignement. Le Sud offrait bien des cadeaux, bien des rêves, mais pas de l'argent. Aussi, à la fin de cet été où il fit la connaissance de Mia, dont il tomba fou amoureux au premier regard, lui demanda-t-il de lui trouver un travail à Genève, pour être auprès d'elle.

Mia ne demandait pas mieux que de l'avoir à ses côtés. Les départs de sa terre étaient déjà des arrachements, alors y laisser un amour n'était pas humainement supportable. Quand on a seize ans, tout prend la plus incroyable des proportions ! Mais Mia ne savait rien de cette « dette », de la soumission de Sandro envers sa famille, d'autant qu'elle s'était prise d'une tendre affection pour sa belle-mère qu'elle pensait bonne et pour son beau-frère Andrea. Le plus naturellement du monde, sans se poser de questions, elle se démena pour lui trouver du travail.

Il la rejoignit à l'automne. Elle alla le chercher à la gare, où il était arrivé avec un unique bagage. Elle l'installa dans une auberge de jeunesse et paya les premières nuits, ayant travaillé entre ses heures d'école pour subvenir à cette nécessité. Sans relâche, elle s'était démenée entre le lycée le jour, les devoirs la nuit ou le matin avant l'aurore et le travail le soir et les fins de semaine. Elle se levait souvent à quatre heures pour réviser ses leçons et, à ses camarades qui la voyaient fatiguée et lui demandaient pourquoi un réveil aussi matinal, elle répondait que c'était pour s'apprêter. Ils n'avaient pas à en savoir plus. Aussi crurent-ils tous à une coquetterie coûteuse en santé, mais ce n'était rien. Ils pouvaient croire ce qu'ils voulaient, jamais Mia n'aurait laissé transparaître ce qu'elle vivait réellement.

— Tes luxes, tu te les payes !!! lui rabâchaient sans cesse sa mère et son beau-père, de connivence pour une fois.

Une leçon qu'elle apprit à la perfection !

Quand tu veux quelque chose, tu te débrouilles pour l'avoir, sans rien demander à ceux qui ne peuvent rien te donner.

Mia était juste heureuse que Sandro soit avec elle, mais dès la première soirée, dès qu'il se fut installé dans sa chambre et qu'ils eurent pris possession des lieux, du lit à la salle de bains puisque cela faisait des mois qu'ils ne se voyaient pas, elle sut que « quelque chose n'allait pas ». Ce ne fut que plus tard qu'elle comprit que Sandro n'était pas venu là seulement pour elle...

Il n'était arrivé qu'avec vingt misérables francs en poche et, comme son travail ne débutait que deux semaines plus tard, ce fut Mia qui dut supporter tous ses frais de nourriture, boissons, hébergement, savons, cigarettes, déplacements et autres.

Du haut de ses seize ans, et malgré ses études aussi prenantes que brillantes, elle donna de sa personne pour lui offrir ce nouveau départ et jusqu'à son dernier centime, sans encore comprendre pourquoi il était arrivé si pauvre.

Cependant Sandro l'aimait sincèrement, il s'était enflammé pour elle. Mia était si différente des filles qu'il avait fréquentées. Elle n'était pas ancrée dans des croyances immuables, elle était vivante et vibrante et elle n'était pas prude, pudique, oui, mais pas prude. Seulement, quand il s'installa enfin dans une pension mixte située dans le quartier centralisé de Plainpalais, il connut une liberté nouvelle et du succès auprès des filles. Il gagnait ses premiers salaires, était loin des siens, avait une chambre tout confort et découvrait des mœurs si différentes de celles de son village. Sa beauté typée plaisait beaucoup à ces filles et lui fut grisé par ce nouvel aspect de sa vie, aussi goûta-t-il à cette nouvelle expérience à pleines dents, sans se soucier des ravages qu'il causait en Mia.

Il flirta avec une fille, puis une autre, et même s'il revenait toujours vers celle qu'il aimait malgré tout, ne l'avait-il pas laissée pour aller voir ailleurs ?

Le jeune cœur de Mia s'effrita, elle ne comprenait pas ces agissements, ce mal qu'on lui faisait. Quand elle se tournait vers Marina, elle avait toujours du réconfort, mais Marina ne pouvait lui rendre un Sandro qui aimait aller voir ailleurs…

Elle le quitta un temps. Elle partit même pour les fêtes de fin d'année chez sa tante, pour ne plus penser à lui, comme si cela était possible. Ce fut impossible bien sûr, mais au moins savait-elle qu'elle ne devait pas s'attendre à ce qu'il l'appelle là-bas. Il n'appela pas, mais alla la chercher jusqu'à leur ville d'origine, à Lecce. À la veille du Nouvel An, il sonna chez sa tante pour lui présenter ses vœux de fin d'année, avait-il prétendu. Mais depuis quand le faisait-il ? C'était nouveau, ça !

Ce fut Mia qui lui ouvrit, sans savoir à qui elle ouvrait, et quand il la vit, quand son regard croisa celui de la fille, il fondit, littéralement.

Ils passèrent le réveillon ensemble, avec des cousins de Mia. Ils dînèrent, rirent et dansèrent. Il fit tout ce qu'il put pour la reconquérir. Il semblait si amoureux, et il l'était.

Mais Mia mit un moment avant de l'accepter à nouveau dans sa vie. Son cœur était toujours blessé, même si elle savait Sandro sien désormais, même si, quand ils faisaient l'amour, elle comprenait à quel point il l'aimait... cet amour qu'il lui faisait avec toujours plus de fougue et de passion, comme si au lieu de se lasser d'elle il la découvrait, un amour presque animal qui trouva son apogée le soir où ils virent au cinéma ce film qui changea définitivement Sandro, *The Doors* d'Oliver Stone, film culte relatant la vie dissolue de Jim Morrison. C'était en 1991.

Durant tout le temps que dura la projection, il l'avait plus fixée que l'écran. Quand la salle s'obscurcissait, il l'étreignait ou l'embrassait et toute la soirée il la couvrit de caresses. Ce film a une charge érotique particulière et Sandro la ressentit probablement plus que nul autre au monde.

Ce soir-là, en rentrant, il lui fit l'amour comme jamais. Ce fut brutal, non pas par sa férocité mais par sa force. Ce fut direct et délicieux à la fois, ce fut passionnel, charnel bien qu'incroyablement affectueux. Ils s'aimèrent cette nuit-là d'un amour sincère, d'un amour instinctif, presque bestial.

Quand il vint et avant de la posséder à nouveau, il la demanda en mariage, il la voulait pour compagne pour la vie, il la voulait pour lui.

Elle ne s'était pas attendue à cela. Après ce qu'elle avait vécu avec lui, elle ne s'était vraiment pas attendue à cela. Une partie d'elle était prête à accepter, l'autre pas. Pourquoi ?

Elle l'aimait, oui, sincèrement, alors elle finit par accepter, heureuse malgré tout, mais…

Le cœur a une mémoire, il se souvient toujours du mal qu'on lui a fait subir.

Et le témoignage de ce mal est dans notre regard.

Ils durent attendre l'été suivant pour annoncer leurs fiançailles et l'année d'après pour pouvoir se marier dans l'église souterraine d'un village voisin. Une église souterraine… où il lui sembla suffoquer, comme si on s'était mis d'accord pour signer son arrêt de mort en l'enfermant dans un caveau, avec la bénédiction de tous.

À croire que chacun avait ressenti ce message dans l'air, puisque les festivités furent amères. Leurs familles s'étaient disputées durant ce repas de noces, une dispute terrible avec cris et rancœurs et, avant même le dessert, le restaurateur avait mis les parents dehors, suivis par une parenté indignée. Il s'était agi d'argent, bien sûr, de cet argent encore et toujours à la base des pires convoitises et des plus misérables bêtises. Tout le monde s'en était allé. Si bien que, lorsqu'ils prirent le café, ils n'étaient plus que sept. Mia en fut si triste, dépitée, dégoûtée, Sandro lui… comprenait ses parents.

Deux jours plus tard, excédée, elle voulut partir. Au bord de la mer, ils n'avaient pas un endroit à eux où être seuls, ils devaient vivre soit chez la mère de Mia, dont la mauvaise humeur était aussi repoussante qu'incompréhensible, soit chez les parents de Sandro… où Mia assista à une scène qui la choqua profondément. Le père de Sandro, bien qu'en parfaite santé et tout juste quadragénaire, ne souhaitait pas travailler toute la journée, c'était fatigant. Quant à sa mère, elle avait un mari, une maison et deux enfants, une occupation à plein temps, cela va de soi.

Aussi son père avait-il été explicite :

— Maintenant que vous êtes mariés, vous devez nous aider tous les deux ! Pour les enfants, vous avez le temps ! Plus tard, ça ne presse pas !

Ce qui impliquait quoi ? Qu'ils allaient devoir subvenir à leurs besoins ? Et au nom de quoi ? Au nom d'une dette ! Au nom de la famille !

Mia constata qu'en se mariant elle n'avait fait que passer d'une prison à une autre. Aussi elle boucla ses bagages et prit la route. Sandro la rattrapa, voilà que les rôles s'étaient inversés. La vie est bien étrange parfois.

Le lendemain, ils étaient chez leur témoin de mariage, qui avait pris la fuite après les noces, vu l'ambiance exécrable qui régnait. Sur une magnifique plage des Abruzzes, Mia passa sa journée sur un rocher en pleine mer, assez loin du rivage, en compagnie du cousin de sa témoin de mariage venu la rejoindre. Un beau jeune homme avec qui elle avait ri et discuté durant des heures, parce qu'elle n'avait déjà plus rien à dire à celui qui était devenu son mari.

« Ne te marie pas avec la mauvaise personne », lui dit-elle, parce que c'était là le seul bon conseil qu'elle pouvait donner. Ils en rirent de bon cœur.

Quand elle retourna sur le rivage, elle dut faire face à un Sandro de très mauvaise humeur qui lui reprocha son comportement inacceptable.

— Mais on n'a fait que discuter, tu sais ! D'ailleurs, on était en face de toi…

— Oui, mais il était plus près de toi que… que moi ! fit-il durement.

— Alors tu aurais dû venir me rejoindre !

Sandro fut agacé par cette réplique à laquelle il ne s'était pas attendu. Il lui fit remarquer que, maintenant qu'ils étaient mariés, il était hors de question qu'elle aille discuter avec le premier venu. Et sur un rocher en pleine mer, en plus !

— Attends un peu, commença Mia qui peinait à en croire ses oreilles. Tu veux dire quoi par là ?

— Je veux dire que tu es ma femme maintenant, que… que tu…

— Que je t'appartiens, c'est ça ?

— Ben oui ! Bien sûr que tu m'appartiens, puis en voyant son visage il ajouta, désemparé, pourquoi tu me regardes comme ça ?

— Tu veux dire que maintenant on appartient l'un à l'autre parce qu'on est mariés ? Tu veux dire aussi que, si on était juste fiancés, on ne s'appartiendrait pas ? Et tu veux peut-être encore dire que, si on sortait juste ensemble, qu'on s'aimait « seulement », on serait libres de mener la vie qu'on souhaiterait chacun de notre côté, sans se soucier de l'autre, c'est juste ?

Il fit oui de la tête. Elle l'accrocha d'un regard noir dans lequel passa aussi une peine immense.

— Tu ne pouvais pas me le dire avant Sandro ? parce que quand on sortait « juste » ensemble, je n'allais pas voir ailleurs ! Et tu sais pourquoi ? parce que je t'aimais, oui, je t'aimais et je te respectais et jamais il ne me serait venu à l'esprit de sortir avec un autre garçon, contrairement à toi… Mais je suppose maintenant que tu l'as fait « parce qu'on ne s'appartenait pas encore », c'est ça ?

Sandro montra des signes de confusion avant de répondre avec un aplomb qui la désarçonna :

— Ben oui ! On n'était pas mariés.

Ainsi il lui avait brisé le cœur juste parce qu'ils n'étaient pas mariés. Ah ! Voilà que tout s'expliquait alors… Voilà qu'il était parfaitement excusable !

L'autre explication qu'elle avait aussi entendue était que, maintenant qu'ils l'étaient, elle lui « appartenait » en bonne et due forme.

Cela l'effraya, et pas qu'un peu.

Elle le regarda droit dans les yeux et conclut par cette phrase qu'elle pensait de tout son cœur.

— Quand on aime, on ne fait pas mal ! Pas comme ça !

Dès qu'ils revinrent à Genève, ils commencèrent une vie de couple faite de passion et d'animosité, d'ardeur et d'aversion. Sandro se laissa aller, tant physiquement que mentalement, maintenant qu'ils étaient unis pour la vie, il pouvait se le permettre. Il n'avait plus besoin de la conquérir ni même de la garder, puisqu'elle lui « appartenait » désormais.

Elle, elle ouvrait sa boutique le matin, la fermait le soir tard, travaillait six jours sur sept, quand ce n'était pas sept. Ils fréquentaient des amis que Mia n'aimait pas, elle dut laisser les siens et même pour un temps voir Marina en cachette. Ils ne prenaient des vacances qu'en famille et ne sortaient jamais en tête à tête. Ils envoyaient de l'argent aux parents fatigués au village et supportaient les remontrances et les humeurs de ceux qui vivaient à Genève.

Mia avait vingt-deux ans et, de tristesses en colères, n'en pouvait déjà plus.

Elle n'avait jamais rêvé que d'une seule chose, aimer et être aimée. Mais, au lieu de cela, elle était emmurée dans un quotidien querelleur aux âcres arômes de malveillances et de rancœurs.

Aussi, gentiment, pour ne pas sombrer, elle commença à voir qu'il existait des joies ailleurs… Elle vit qu'il existait d'autres hommes parce que le sien lui déplaisait. Elle était courtisée et flattée chaque jour et, quand bien même tous ne lui plaisaient pas, son cœur qui rebattait à ce moment-là lui rappelait qu'elle était une jeune fille en fleur. Pas seulement la femme de son époux, la nièce de son oncle ou la fille d'une mère tortionnaire. Elle était elle avant tout, comme chaque être sur cette terre… mais cela est souvent une vérité oubliée.

Elle eut un amant. Un garçon gentil, assez drôle, mais assez laid aussi.

— Tu l'as fait exprès ! lui avait rétorqué Marina quand elle l'avait vu. Si, si, tu l'as fait exprès, ça ne sert à rien de faire ces yeux-là !!! Tu en as pris un moche pour t'auto-punir d'avoir trompé Sandro ! Et n'essaye pas de me faire croire le contraire !!!

Elles en avaient tellement ri. Marina avait raison, elle s'était octroyé récompense et punition à la fois.

Elle ne fut pas vraiment heureuse avec Jacques, mais au moins se sentit-elle vivante. Mia s'accrocha à cette histoire comme un naufragé à sa bouée de sauvetage… unique moyen pour atteindre le rivage sain et sauf dans son périple nommé mariage. Seule, perdue et abandonnée comme si elle avait été jetée à l'eau, elle avait trouvé dans ses environs une petite île comme il s'en fait peu, de ces endroits où vivre est bon. Seulement, au bout de quelques semaines, Jacques devint collant, et invasif. Elle s'en ouvrit à nouveau à son unique amie.

— Dis-lui que tu l'aimes, lui conseilla-t-elle.

— Tu plaisantes Marina ? Je te dis que je veux me débarrasser de lui et toi tu me dis de lui dire que je l'aime !!! Et puis quoi encore ? Jamais de la vie !

— Je t'assure, affirma Marina, dis-le lui. Tu verras, il va s'enfuir, ça marche à tous les coups. Là elle sourit du plus beau sourire de la terre pendant que Mia éclatait de rire.

Mais le lendemain elle essaya, et ça marcha ! et elle se trouva à nouveau empêtrée dans ce quotidien qui l'avilissait si bien, l'enlisant chaque jour un peu plus que le précédent, dans une existence qui n'avait plus de sens.

« Les amants et les maîtresses ne sont pas faits pour se prendre la tête ! » lui avait dit Marina.

Le reste ne devrait être que du bonheur, que des à-côtés qui permettent de « supporter » des faits tels qu'ils ont été établis des années auparavant. Des faits, ou des actes manqués, qui avaient déjà un goût de « je n'aurais pas dû », duquel on s'est plus ou moins volontairement détourné.

Encore que volontaire, dans ce sens où il est écrit, rime plutôt avec fatalisme car, au lieu de permettre le « je peux encore faire autrement ! », il fait dire « qu'aurais-je pu faire d'autre ?!? », et c'est là que les sables deviennent mouvants, engloutissant toute forme de volonté. Actions, gestes, choix et même intentions sont nourriture pour ces sables.

Alors que faire ? Regarder, observer, écouter… entendre. Tout est là autour de nous, toujours, il suffit de le percevoir. Tout ce que nous savons n'est pas tout ce que nous possédons, mais tout ce dont nous nous servons.

Le Vouloir dans son sens plein implique une intention inébranlable. C'est un fer rouge que l'on peut battre et plier dans la forme qui le mieux nous plaît. C'est notre œuvre. L'œuvre libre de chacun.

Mia observa alors. Elle avait dépassé le stade de l'ennui et de la colère avec son mari. À vingt-deux ans, elle en était à regarder autour d'elle et à se dire « Mais que fais-je là ? » À vingt-deux ans elle se retrouvait menottée et perdue dans un monde qu'elle n'avait pas choisi, ce monde où à peu près chacun vit.

À vingt-deux ans Mia survivait tant bien que mal aux choix qu'elle avait faits en pleurant presque chaque jour. Mais la survie est une forme d'apnée et, tôt ou tard, l'air vient à manquer.

L'air, l'air et l'air, on n'a plus que cette idée en tête. Celui qu'on n'a plus, celui que l'on doit trouver… par nécessité. Et cet air-là, ce genre d'air, c'est par instinct qu'on le trouve. L'homme, avec ses immenses facultés d'adaptation, a aussi d'immenses capacités pour trouver le nécessaire à sa survie.

On s'adapte tellement bien qu'on finit par s'adapter à tout, même à l'insupportable.

Mia ne bougea pas tout de suite dans sa vie, mais elle s'accrocha à tous les détails qui en faisaient un peu la beauté, pour ne pas suffoquer.

Elle resta mariée. Mais tous les matins du monde, il n'y avait qu'une idée pour lui permettre de se lever, celle de le lui dire... Elle lui parlerait et lui expliquerait combien elle rêvait d'autre chose, combien elle voulait partir. Et tous les soirs, elle flanchait. Elle regardait ce garçon qui avait les deux pieds dans son mariage et le prenait en pitié. C'est cette pitié qui l'empêcha de passer à l'acte durant deux années.

Ils étaient mariés depuis maintenant quatre ans et depuis deux Mia vivait en sursis. Finalement, ils ne s'entendaient bien qu'au lit. Mais on ne passe pas sa vie au lit, si bien que cela devint un calvaire pour Mia. Jusqu'au soir où elle pleura après avoir fait l'amour. Une femme ne doit pas pleurer après avoir fait l'amour avec son mari.

Elle alla en silence à la cuisine. Alors qu'il s'était endormi, elle prit son cahier noir et lui raconta, comme une adolescente raconte à son journal intime, seule entité capable de l'écouter. Son cahier noir, celui où les pires moments de sa vie étaient inscrits, un ami de toujours, un confident à qui elle parlait quand elle ne pouvait le faire avec son amie, un compagnon, le dernier espace de liberté, rempart des déferlantes, des tempêtes et des raz-de-marée, de tous ces tremblements de terre et de toutes ces misères venues s'abattre sur une jeune fille qui, libre, ne l'avait jamais été.

Ce soir-là aussi, lui était là à l'écouter. Alors elle y écrivit tout ce que ses larmes cachaient, tout ce que ses yeux ne pouvaient plus voir. Elle écrivit toute la nuit. Puis, au petit matin, elle s'arrêta.

C'est à ce moment qu'elle prit sa décision. Une femme qui pleurait après avoir fait l'amour avec son mari… Non ! ça faisait trop mal, c'était trop injuste ! Elle pleurait encore, oui, elle pleurait encore. Et il était difficile d'arrêter ces larmes-là, celles d'une vie gâchée en détention, dans la solitude d'une âme en peine.

Sandro partait le lendemain en vacances, seul. Avant de quitter la maison, elle rassembla tout son courage et lui parla, de bon matin, lui annonçant son départ.

— Sandro… je ne peux plus rester. Je dois partir.

Elle lui expliqua avec la plus grande douceur à quel point il lui était impossible de continuer sa route avec lui. Leurs chemins se séparaient là. C'était triste, très triste, mais c'était ainsi.

— Je ne peux pas te retenir ? lui demanda-t-il.

Peut-être bien qu'il l'aurait encore pu, mais ce n'était pas à elle qu'il devait poser cette question.

— Tu ne peux *plus* me retenir, lui répondit-elle alors gentiment, voyant qu'il ne se la poserait pas.

— Bien, avait-il ajouté. Puisque c'est ta décision, fais ce que tu veux… comme d'habitude. Mais quand je reviens, si tu es encore là, j'estimerai que ce sera pour toujours.

Il lui claqua la porte au nez quand elle quitta leur appartement. Elle partit ouvrir son commerce, incrédule d'avoir réussi à le lui dire, enfin, après tout ce temps. Sur le moment, elle fut néanmoins fâchée de son geste brutal, de cette porte qu'il lui avait opposée. Ce ne fut que par la suite qu'elle le comprit. La colère et la peine ont bien des faces, l'amertume et le remords aussi.

Mia en fut attristée, se sentant responsable du malheur de celui qui avait été son mari. Mais elle n'allait plus rester en marge de sa route et laisser s'écouler les rêves de sa vie dans les torrents de boue. Elle n'allait pas rester au balcon de son existence et regarder passer le temps après tant de combats menés.

Elle voulait sa liberté. Elle voulait voler de ses propres ailes vers ces horizons merveilleux que la mer lui avait promis dans son enfance.

Elle voulait Sa vie.

Seuls quelques billets manquaient à cet envol. Pour le reste, elle en avait la capacité, la force, la volonté et le courage.

Jamais plus elle ne serait sa propre prison.

Chapitre VII

« L'important n'est pas ce qu'on a fait de nous, mais ce que
nous faisons nous-mêmes de ce qu'on a fait de nous. »
Jean-Paul Sartre

La veille au soir, Marina n'avait fait ni une ni
deux et s'était rendue chez son amie de toujours.
Mia était allée ouvrir sa porte en se demandant qui
pouvait bien sonner à pareille heure ?

— Ah c'est toi ? fit-elle.

— Non, c'est pas moi ! lui répondit une Marina
aux bras chargés.

— Mais qu'est-ce que tu fais là ? fronça-t-elle les
sourcils, en souriant malgré tout.

— Ton accueil me touche beaucoup, lui sourit
aussi Marina. C'est si gentil de me faire entrer avec
un si beau sourire. Je veux bien dîner avec toi puis
boire un bon café, et parler, si ça te va ?

— Pardon, entre ! fit Mia entre stupeur et surprise.
Mais je n'ai rien à manger…

— Je le savais. J'ai tout apporté ! Enfin… à part les
pâtes. Tu as des pâtes ?

Elles entrèrent dans la cuisine où Mia ouvrit un
placard rempli de toutes sortes de pâtes. Marina
sourit, on aurait dit le sien.

— Marina… je ne comprends pas…

— Après ton coup de fil, je suis passée chez moi prendre la bolognaise que j'ai préparée hier et j'ai sauté dans le premier train, c'est tout !

Le visage de Mia s'illumina. On pouvait ne pas ouvrir la porte à Marina, mais pas à sa bolognaise !

— Il faut qu'on parle Mia, mais d'abord il faut qu'on dîne, fit-elle se mouvant en tous sens pour préparer leur repas.

Elle mit la bolognaise à chauffer et fit cuire les pâtes, pendant que Mia préparait la table et une salade.

Après leur repas, Mia se sentit mieux. La nourriture était bien ce dont elle avait eu besoin, il lui arrivait si souvent d'oublier de se nourrir… Dépérir, elle en avait tant l'habitude ! Aussi, devant leur bon café, elle attendit que son amie lui parle. Elle ne se sentait pas le courage d'entamer cette conversation.

— Mia, lui sourit Marina, je suis venue encore une fois t'apporter mon aide.

Mia ouvrit la bouche pour répondre, mais elle continua.

— Je sais qu'on n'habite plus la même ville, pour le moment, mais tu peux dormir chez moi autant de temps que tu veux. Tu peux aussi venir vivre avec moi si tu veux, même si ce n'est pas pratique pour les déplacements, se rendit-elle compte. C'est petit, je sais, sourit-elle, mais je te ferai de la place. Et, si tu

veux bien l'accepter, je peux réussir à t'aider finan-
cièrement. Je trouverai un moyen !

» Tu n'es pas obligée de faire ça…

— Si Marina, je suis obligée, tu ne comprends
pas ! se rembrunit Mia.

— Non, bien sûr que non ! À nous deux on peut
trouver ces fichus billets qui te manquent. On peut
trouver une autre solution. On a encore quelques
jours devant nous et on trouvera.

C'était évident qu'elles ne pourraient jamais
trouver une somme aussi importante en quelques
jours seulement. Marina voulait juste croire à
l'impossible, parce qu'elle refusait de voir son amie
se louer, parce qu'elle refusait de la voir blessée ou
trahie par cette vie qui trop souvent lui avait montré
ses revers.

Mia baissa la tête puis la regarda de ses magnifiques yeux ambre qui ne demandaient rien d'autre
que de la compréhension.

— Tu ne comprends pas Marina…

— C'est vrai, je ne comprends pas. Je veux bien
que tu m'expliques.

— Marina, tu viens de demander le divorce
aussi…

— Oui, et alors ?!

Mia la regarda avec tendresse, il n'y avait vraiment pas une once de mauvaises pensées envers les
autres de la part de son amie, alors elle n'imaginait
pas qu'il pût en être autrement pour ces « autres »
envers elle.

— Et alors ça fait toute la différence. Ils vont croire que c'est toi qui m'as incitée à le faire aussi…

— Pardon ?! Mais pourquoi croiraient-ils ça ?

— Marina, on se ressemble tellement toi et moi. On s'est mariées quasiment en même temps, à un homme qu'on n'aimait pas forcément, parce qu'on attendait de nous qu'on le fasse, comme tu m'as dit une fois. On a eu la même enfance pourrie, une histoire si semblable… et là on divorce à un mois d'intervalle ! Ils vont faire un plus un égale deux et te mettre tout sur le dos ! Tu les connais !

Oui, elle les connaissait et même bien, pour avoir payé de sa personne le prix de « l'outrage » à leurs croyances. Les filles se taisaient et acceptaient la vie qu'on leur avait choisie. Et le peu d'entre elles qui osaient s'en écarter en payaient le prix fort !

Les vampires humains vous sucent l'âme en même temps que le sang, pour ne vous laisser que morts-vivants.

— Et si en plus tu m'aides en m'hébergeant ou en me donnant de l'argent, ils vont devenir encore plus méchants envers toi, s'horrifia-t-elle. Ils vont dire que non seulement tu m'en as donné l'idée et l'envie, pour ne pas carrément dire que tu m'as convaincue, fit-elle tristement, mais qu'en plus tu m'as donné les moyens d'y parvenir ! Ils vont croire que c'est toi qui es derrière ma décision…

» Ils ne te laisseront jamais tranquille et vont faire de ta vie un enfer ! ajouta-t-elle d'une voix fâchée, dans laquelle passa pourtant une telle tristesse que Marina en fut saisie.

Elle comprit qu'il y avait aussi autre chose derrière. Mia n'était pas en train de tout lui dire.

Cependant Mia avait raison. Elle devait se rendre à l'évidence. Les familles comme les leurs passaient leurs vies à trouver des responsables et des coupables. Le problème, c'était toujours « les autres ». Ces autres que l'on condamne avec la force la plus grande, parce que se mirer briserait la pire tromperie qui soit, celle que l'on se fait à soi.

Mais des coupables de quoi ?

Qui était responsable de leurs propres vies ratées ? Qui avait fait de mauvais choix et toujours continué dans cette mauvaise voie ? Qui d'autres qu'eux-mêmes s'enlisaient dans une survivance qu'ils n'aimaient pas, mais ne faisaient rien pour en changer ? Qui avait commis des erreurs, purement humaines, et en rendait le monde entier responsable pour cela, allant jusqu'à empêcher quiconque de vivre une vie pleine et entière, une vie qu'il aimerait vivre, parce qu'eux n'avaient pas pu le faire, ou pas voulu ?

Qui devait porter le fardeau de leurs erreurs, à eux ? Et au nom de quoi ?

Elles avaient toutes deux vingt-quatre ans quand elles s'aperçurent que, leurs vies, elles ne les avaient pas vécues. Une enfance triste à périr, une adolescence privée de sa saveur, une jeunesse que pour le pire, un futur à faire frémir. Jeunes femmes avant d'avoir été jeunes filles… sacrifiées aux convenances et aux connivences, en détention des us, coutumes ou volontés, qui n'étaient pas les leurs.

La violence ne sévit pas toujours à visage découvert. Bien souvent, elle porte des masques pour cacher sa laideur et sa misère.

Les mots sont les passeurs de nos sentiments, les émanations de notre âme, l'écho légitime de notre intérieur. D'une importance capitale, ils ont besoin d'existence, besoin d'être extériorisés, de se faire connaître et entendre…

Mais même la simple parole était une liberté à laquelle elles n'avaient pas droit.

Et quand on ne parle pas, quand on ne dit pas, quand on ne peut le faire sans s'attirer les pires foudres de l'enfer, alors des souffrances profondes s'inscrivent dans notre corps et notre cœur, et ces mots qu'on n'énonce pas, ceux qu'on ne sort pas, qu'on n'exprime pas, s'installent en nous et se transforment en maux.

Telle est la triste réalité de bien des vies.

Marina venait du sud de l'Italie également et, comme Mia, avait perdu son père toute petite, l'une à deux ans et demi, l'autre à quatre. Elle avait depuis vécu avec une mère à l'austérité inquiétante, aux humeurs redoutables, à la sévérité cachée mais ravageuse. Elle avait été une enfant joyeuse, babillante, curieuse, elle devint inquiète, douce, obéissante et cependant ouverte à tous les petits grands bonheurs qui auraient pu se présenter à elle, gardant néanmoins au plus profond de son être une nervosité qui ne la quitta plus sa vie durant, et une grande sensibilité qui lui jouait toute sorte de tours, mais dont elle restait fière.

Passer du paradis à l'enfer en un instant, tout le monde n'est pas armé pour cela, surtout pas un petit enfant.

Elle préserva de son mieux son monde de rêves et de couleurs, elle cacha son jardin secret, jardin enchanteur depuis lequel elle regardait le monde en tentant désespérément de le comprendre.

Puis arrivèrent dans sa vie les livres, des présents précieux et fabuleux, ces livres dans lesquels elle pouvait entrer pour vivre les histoires les plus incroyables et merveilleuses, pour acquérir du vocabulaire afin de mieux s'exprimer, ses livres dans lesquels elle pouvait s'aventurer bienheureuse en s'extrayant de son présent si décourageant. Les livres devinrent aussitôt ses uniques amis… ses plus fidèles alliés et, plus tard, bien plus tard, elle allait en écrire aussi.

Elle avait maintenant vingt-quatre ans, était de taille moyenne, fine, et portait un carré très court avec une frange. Ses cheveux noirs contrastaient avec la tristesse, la douceur mais la fermeté aussi de son regard aux yeux variant du marron à l'ambre, selon son humeur.

Comme son amie, Marina venait de demander le divorce. Pas seulement un divorce de son mari qu'elle ne pouvait plus supporter, mais un divorce de sa vie, celle qu'on lui avait imposée aussi. En faisant cela, dans sa famille puritaine, une famille ancrée dans des traditions ancestrales, elle ouvrit la porte aux pires déboires. Vu qu'on ne put ni la plier, ni la « raisonner » ou la forcer à rester là où l'on s'attendait qu'elle reste sans histoires, elle devint à leurs yeux une rebelle, une renégate, une infréquentable, pire que tout, une ingrate.

On avait tant fait pour elle, et c'était ainsi qu'elle remerciait ?

« De toute façon tu fais toujours ce que tu veux ! lui avaient rétorqué son oncle, sa tante et sa mère. Tu nous obéis jamais ! »

Mais jamais elle n'avait fait ce qu'elle avait voulu, car depuis toute petite on le lui avait toujours défendu, par la force au besoin. Et de ce fait, pour ce qui était de ne jamais écouter… eh bien, ce n'était donc point vrai !

Elle était toujours restée en marge de sa vie pour leur faire plaisir, pour ne pas leur faire de peine, pour qu'ils n'aient jamais honte d'elle et surtout parce qu'elle les aimait, oui, malgré tout elle les aimait, mais ils lui reprochaient le contraire ?!

Que dire, que faire ?

Elle aurait aimé les mettre en face de pareille vérité mais, avec certaines personnes, commencer à se défendre ne serait-ce que par une petite phrase équivaut à présenter une terrible déclaration de guerre et à ouvrir des hostilités mortifères, à un contre dix, à un contre une famille entière, à un contre des idées et des vues qui avaient des millénaires.

C'était perdu d'avance !

Elle l'avait fait dans son adolescence et depuis avait connu le goût amer d'une vengeance aveugle et bornée. Cette fois, elle ne le voulut pas. Elle voulait juste entrer dans sa vie. Elle accepta donc cette nouvelle étiquette qu'on lui avait collée, oui, elle était une ingrate, une rebelle, une instable, une sur qui on ne pouvait pas compter ! Voilà ! Étaient-ils contents maintenant ? Même pas !

Son téléphone ne sonnait plus que pour déverser imprécations ou malédictions, cris et pleurs, insultes ou supplications. Et quand on sut sa décision irrévocable, on s'appliqua avec ignominie à lui pourrir la vie.

Elle n'en pouvait plus, tellement plus qu'elle chercha en urgence un travail dans la ville voisine de Lausanne pour ne plus voir et subir de plein fouet famille ou « amis » habitant à Genève. Elle avait tout laissé derrière elle, n'emportant que ce que sa valise pouvait contenir, sa trousse de toilette et bien sûr ses précieux livres, ainsi qu'un peu de musique. Les livres, et la musique, qui depuis toujours l'avaient accompagnée sur chaque sentier de sa vie, durant longtemps même ses seuls amis.

Armée d'une nouvelle poussée d'espoir et d'optimisme, malgré tout, elle s'en alla, laissant derrière elle ceux qui ne pouvaient la suivre, ceux qui la jugeaient, ceux qui s'évertuaient à vouloir faire de sa vie un calvaire, se mêlant sans cesse et sans pudeur de ses affaires, de ses choix, de ses idéaux qui n'étaient en rien les leurs.

Quant à eux, ils commencèrent à raconter sur elle des histoires inventées. Pour sauvegarder leur belle réputation, à laquelle ils tenaient tant, ils saccagèrent la sienne et tentèrent ensuite de leur mieux de lui saboter ses joies.

Les personnes nous font du mal souvent, et pour de mauvaises raisons la plupart du temps. La médisance a par définition du mal à dire, elle est mal-disante et dit donc mal, très mal, en faisant mal.

Elle laissa derrière elle ruines et poussière. Il faut encore passer par le chaos pour trouver l'ordre, par l'obscurité pour trouver la lumière.

Elle passa par ces chemins-là, et elle en ressortit meurtrie, différente, mais grandie.

Elle avait fini par emménager dans un apparte-ment si petit qu'on ne pouvait pas même l'appeler ainsi. Ses futurs amis l'appelleraient d'ailleurs, en plaisantant, la boîte à chaussures ou la boîte d'allumettes... mais c'était sa demeure et elle en était fière.

Le soir où elle avait emménagé, elle rencontra son voisin de rue, Robin, avec qui elle allait vivre une grande histoire, avec qui elle allait même se marier plus tard, avec qui elle allait avoir le cadeau le plus doux, merveilleux et précieux de sa vie, leur fille.

Mais cela, elle ne le savait pas encore. À ce moment de leur histoire, ils n'étaient qu'amis et même sacrément amis.

Mia s'était réjouie de sa nouvelle vie, de cette nouvelle rencontre. Même si la famille de Robin avait fait un triste accueil à Marina, elle sentait que ce garçon était le bon et qu'avec lui elle vivrait une superbe histoire.

On dit souvent que les vrais amis sont ceux qui restent à nos côtés dans l'épreuve, dans la tristesse. Ce n'est pas vrai. Les vrais amis sont ceux qui se réjouissent aussi de nos joies, de nos réussites, de nos succès, non pas pour nous, mais avec nous.

Les vrais amis sont ceux qui vivent gaiement à nos côtés toute l'allégresse et l'entrain de notre bonheur, ceux qui vont se réjouir de nos rires et s'émouvoir de nos sourires, qui vont être heureux de nos trophées et des marches que l'on a gravies. Ceux qui ne nous volent ni nos rêves ni nos victoires. Ceux qui nous aiment pour ce que nous sommes et non pas pour ce qu'ils aimeraient que nous soyons.

Les vrais amis sont les plus valeureux alliés de notre cœur, et on en a peu.

Marina avait tout essayé pour aider son amie, pour éviter qu'elle se mette en danger. Louer son corps, même l'espace de quelques jours, n'est pas sans complexité ou confusion, c'est entrer dans l'insécurité pour sortir d'une détresse. Souvent, c'est le seul chemin de traverse.

Elle comprit cependant qu'elle ne réussirait pas à la faire changer d'avis. En réalité, elle n'était pas venue uniquement pour cela. Elle était là pour lui prouver que, toujours, sans l'ombre d'un doute et de tout son cœur, elle serait à ses côtés. Elle comprit aussi, pour s'être perdue dans son regard, que Mia ne lui avait pas tout dit. Il y avait autre chose derrière sa décision, une chose qu'elle cachait. Mais quoi ?

— Tu m'appelles demain, dès que tu auras fini… Enfin, dès que tu seras rentrée, okay ? lui fit-elle promettre, n'osant prononcer ces mots crus qui pourraient la blesser.

— Promis, ne t'inquiète pas ! la rassura Mia sur le pas de la porte.

— D'ailleurs tu m'appelles quand tu veux, continua Marina plus inquiète qu'elle n'aurait souhaité le laisser paraître, même tout à l'heure…

— Mais oui maman, je t'appelle ! se moqua-t-elle.

— Arrête de m'appeler maman, ça m'énerve !

Elles éclatèrent de rire ensemble, s'embrassèrent et se quittèrent.

La décision de Mia était prise.

Elle allait désormais voler vers sa vie. Seuls quelques billets de banque lui manquaient pour ce faire, ces malheureux billets qui lui permettraient de louer un appartement, demander le divorce et reprendre sa liberté.

On dit de la liberté qu'elle n'a pas de prix… C'est parce que sa valeur est inestimable.

Mais la liberté a toujours un prix.

Et quand on le connaît, on le paye !

Le lendemain dans la nuit, quand elle reçut enfin cet appel qu'elle avait attendu avec une réelle angoisse, Marina fut soulagée. Elle l'écouta raconter sa soirée, la conforta, la rassura et n'était pas peu fière de voir comme elle s'en était sortie malgré sa peur ou ses retenues. Puis Mia lui parla de son premier client, ayant gardé cette histoire pour la fin, comme si au fond de son cœur, sans se l'avouer encore, elle en avait connu l'importance.

Quand elle eut terminé, Marina lança stupéfaite :

— Tu es amoureuse !?!

— Quoi ? Non, mais pas du tout… répliqua Mia qui ne s'était pas attendue à pareil dire, sans aucune assurance toutefois.

— Si, si, tu es amoureuse, s'émerveilla Marina. Et d'après ce que j'entends… lui aussi !

— Mais non… pas du tout, commença Mia.

Elle le revit soudain en face d'elle, entendit à nouveau sa respiration, répondit à ses sourires, se remémora ce regard qu'elle allait avoir tant de mal à oublier… Mais finalement n'y vit que du désir.

Elle en était persuadée. Comment pourrait-il en être autrement ? Comment quelqu'un d'aussi beau et bienveillant aurait-il pu réellement être amoureux d'elle ?

Petite Mia, elle avait une si pauvre image d'elle-même… Mais il était impossible de l'en blâmer, puisqu'elle était celle qu'on lui avait toujours et seulement montrée.

— Eh bien je suis persuadée du contraire ! revint à la charge Marina. Tu verras ! C'est fou ça, qu'on soit toujours les derniers à se rendre compte de nos propres sentiments !!!

À l'autre bout du fil, il y eut un long silence, de questionnement et de compréhension aussi.

Il s'était bien passé quelque chose dans cette chambre. Quelque chose s'était invité dans ce lit, dans ces draps, dans le cœur de ces deux êtres qui s'étaient unis pour la première fois, dans des circonstances si particulières.

Quelque chose d'immense, de phénoménal, de sublime, qui entre dans nos vies pour les bouleverser et les rendre vivantes, les rendre vibrantes, pour nous relever et nous ériger dans une majestueuse puissante poussée de joie et de foi, l'amour.

L'amour, le sentiment le plus créateur et destructeur à la fois.

L'amour qui ne répond qu'à ses propres lois…

Partie II

« Derrière les ennuis et les vastes chagrins
Qui chargent de leur poids l'existence brumeuse,
Heureux celui qui peut d'une aile vigoureuse
S'élancer vers les champs lumineux et sereins ;

Celui dont les pensers, comme des alouettes,
Vers les cieux le matin prennent un libre essor,
—Qui plane sur la vie, et comprend sans effort
Le langage des fleurs et des choses muettes. »

Charles Baudelaire, *Les Fleurs du Mal*

Chapitre VIII

« Que peu de temps suffit pour changer toute chose. »
Victor Hugo

Le lendemain son commerce se porta mieux encore. C'était à n'y rien comprendre ! Elle avait tant espéré depuis si longtemps que cela arrive, mais ce ne fut jamais le cas. Durant des années ses livres de comptes s'étaient à peine maintenus au-dessus du rouge. Et là, alors qu'elle venait de prendre sa route de traverse la plus radicale pour s'assurer cet argent qui la libérerait, voilà qu'il se mettait à prospérer.

Que la vie peut être étrange !

De sa boutique, elle n'avait jamais tiré qu'une maigre subsistance, lui permettant tout juste de subvenir à ses besoins, de faire les courses et régler quelques factures domestiques. Le reste de ses avoirs partait dans les assurances et les caisses de l'État en impôts et en charges sociales auxquelles elle n'aurait pourtant jamais droit, puisqu'elle était indépendante. Elle avait aussi un loyer considérable à payer, presque malhonnête, ainsi que les factures courantes, électricité, eau, chauffage, téléphone et les frais inhérents à sa marchandise. En plus de la payer et de prévoir les taxes et dédouanements, il fallait penser à l'argent pour aller régulièrement à Milan, ce qui pesait son poids dans sa petite bourse, ainsi qu'à l'argent pour les défilés auxquels elle participait afin de se faire connaître.

Elle en avait d'ailleurs fait un en juin qui lui avait amené une belle clientèle. Ainsi, fidèle à sa devise de bien travailler lorsque le travail est là, elle avait décidé de ne pas fermer en septembre pour aller en vacances avec Sandro, ce qui de toute manière ne l'avait guère enchantée, et n'était partie que dix jours en août, surveillée sur place par sa famille et celle de son mari. Des vacances comme on en rêve !

Mais, parmi tous ses frais, il y en avait un qui pesait très lourd, le leasing de leur voiture à un taux d'usuriers. Sandro avait voulu une grande voiture neuve, bien sûr, pour y mettre *sa* marchandise à elle, prétextait-il. Elle avait beau lui avoir dit et répété qu'ils n'avaient vraiment pas besoin d'une voiture aussi grande, il n'avait jamais voulu l'entendre et le leasing fut mis au nom de Mia. Elle avait compris qu'il ne s'était agi là que d'un sombre prétexte pour pouvoir frimer quand il était de retour au pays. Les hommes ont parfois un rapport particulier avec leur voiture. Mais pas uniquement les hommes, finalement. Ses beaux-parents y mirent du leur et appuyèrent leur fils sur le fait qu'il n'avait pas à supporter les frais de ce caprice, qui leur procurait une fierté non voilée.

— La voiture sert pour ton magasin ! C'est pas à notre fils de payer ! lui avaient-ils rabâché sans relâche, se mêlant de tout sauf de leurs affaires personnelles. Sinon, tu dois le faire actionnaire, lui riaient-ils au nez sournoisement, la poussant à bout et remettant sans répit sur la table ce qui les avait enragés depuis leur mariage.

Mia n'avait pas un rapport obsessionnel avec l'argent, elle ne comptait pas en accumuler des quantités astronomiques ni en avait un besoin colossal ou menaçant. Il n'était qu'un moyen pour vivre dignement dans une société à l'avarice souvent cruelle. Toutefois, aux vues du comportement de sa belle-famille et de celui de Sandro, elle avait pris une décision radicale. Elle ne se marierait que sous un régime de séparation des biens. Ce fut sans conditions. Cela laissa tout le monde sans voix. La généreuse Mia avait fait un choix de tête, pour une fois. Oui, elle l'avait fait, mais en harmonie avec son cœur.

Parce que, pour ce qui était de la générosité pure, elle en avait à revendre, pour tous, même pour ses clients à qui elle faisait des prix, rognant sur sa marge qui n'était déjà pas grande. Elle ne supportait pas l'idée qu'une femme doive renoncer à un vêtement qui l'habillait si bien pour une question d'argent alors, toujours, elle ajustait les prix de son mieux pour que tout le monde soit heureux, même si ensuite c'était à elle de faire des sacrifices.

C'était aussi cela Mia.

Mais personne ne semblait s'en rendre compte…

À quinze heures tapantes elle était à l'arrêt de tram de la place des Augustins, puisque Lana lui avait donné rendez-vous plus tôt ce jour-là.

Plus nerveuse que la veille, elle ne le montrait pourtant pas, donnant l'image d'une jeune femme forte et fière, presque froide. Avec sa minijupe rouge et son top fluide qui embrassait les magnifiques formes de son corps à chaque coup de vent, elle attirait bien des regards, se gardant de les rendre. Agissant ainsi, pourtant morte de peur à l'intérieur, elle donnait l'impression d'une fille à la beauté et à l'assurance presque insolente, d'une fille inatteignable, qui mettait une distance importante entre elle et le monde, entre elle et les autres, ces autres qui jamais n'accepteraient de la comprendre et de la voir, la jugeant lourdement sur une posture, une apparence, un habillement.

Bien des hommes la convoitèrent, et les femmes ne la ménagèrent guère. « Quand une femme te regarde de travers, sois sûre que tu es parfaite ! » la rassurait souvent Marina en riant.

Être belle, jeune, bien faite, suffisait pour être constamment enviée par certaines, et maudite. Si en plus elles avaient su qu'elle était d'une grande gentillesse, généreuse, drôle et intelligente, cela les aurait achevées !

Pourtant, l'archée d'un sourire bienveillant lui serait allée droit au cœur en le réchauffant… surtout en pareil moment.

Ce sourire, elle ne le reçut que de Lana lorsqu'elle arriva en retard et haletante.

— Oh, je suis désolée Mia… Aujourd'hui, c'est la course !

Elle lui garantit qu'il n'y avait aucun souci. Mia éteignit sa cigarette lorsque le tram arriva, elles entrèrent et s'installèrent.

— T'es magnifique ! lui dit-elle avec un deuxième sourire, d'approbation cette fois.

— Merci, répondit simplement Mia, toujours mal à l'aise face aux compliments.

— Dis, poursuivit Lana, je pensais à hier soir… Ton premier client ! Quel beau gosse !!!

— C'est un ami à toi ? lui demanda-t-elle spontanément, s'étant souvenue de s'être posé la question sur le moment.

— Non, pas du tout ! s'indigna Lana. Si j'avais des amis pareils, je les garderais pour moi ! Je les amènerais sûrement pas au Salon. Jamais de la vie !

Mia fut désorientée par son affirmation. Elle avait été tellement sûre que Lana lui avait fait une surprise, un cadeau, qu'elle resta déconcertée un moment. Cette confusion se vit si parfaitement sur les traits de son visage, que Lana lui saisit le bras et, lui caressant la joue en douceur, lui dit simplement.

— T'as eu de la chance ! C'est tout !

Mia se détendit, incrédule cependant. Elle était la fille la moins chanceuse de l'univers, celle qui pour quoi que ce soit avait toujours dû se battre, se défendre ou se démener, alors entendre cela sonna comme faux à ses oreilles, comme une ironie... S'en étant ouverte en deux phrases, elle entendit Lana lui répondre :

— Eh bien il faut croire que la chance t'aime, malgré tout !

Cette phrase, elle la garda près d'elle toute sa vie, puisqu'elle venait de se rendre compte que, sans le savoir, elle avait toujours habité son cœur et que c'était bien pour elle qu'elle avait mené tous ses combats. La chance l'aimait, oui, et un jour, quand elle serait prête, elle lui ouvrirait ses bras généreux en lui souriant de toute la gigantesque étendue de son âme. Un jour, elle serait heureuse et c'est pour ce jour-là qu'elle continuait de se battre.

— Viens Mia, lui dit Lana au Salon, on va faire la lessive.

Mia éclata de rire, croyant à une expression imagée de Lana, ou peut-être à un jargon du métier. Lana était d'origine portugaise et ne parlait français que depuis peu. Si elle se débrouillait cependant très bien, quelques expressions restaient encore mal employées, et ce pour le plus grand plaisir de Mia qui en riait de bon cœur, sans moquerie aucune. Mais quand elle la vit arriver dans le hall avec un sac plein à craquer, elle comprit que ce n'en était point une.

— Je te laisse prendre l'autre et on y va, lui sourit Lana en lui montrant un deuxième sac plein.

— Tu veux dire qu'on va vraiment faire la lessive ?!

— Ben oui, répondit Lana, surprise devant sa mine abasourdie. Toutes les nouvelles font la lessive le premier jour. Mais comme je t'aime bien, je suis venue la faire avec toi. Allez, viens ! on va à la laverie automatique, c'est juste à côté.

Mia prit donc le deuxième sac et suivit Lana quelque peu déconcertée. Finalement, ça lui allait de « faire la lessive », au moins était-ce une tâche « normale », banale pour une femme, qui n'avait aucune particularité terrifiante.

— Tu sais, si t'avais travaillé pour moi, t'aurais pas eu besoin de faire ça, l'informa Lana. Mais elle regretta ses paroles à l'instant où elle les prononça. Au fond d'elle, elle comprenait Mia, comme elle comprenait pourquoi elle avait dû refuser, bien que cela l'ennuyât.

Mia se rembrunit, en fin de compte elle aurait préféré ne devoir travailler pour personne, si véritablement elle en avait eu le choix, mais, pour ne pas sombrer dans la morosité ou le regret, elle la questionna sur son activité.

L'agence qu'avait ouverte Lana plus tôt dans l'année avait le vent en poupe grâce à des filières de qualité. Elle s'était personnellement présentée aux trois concierges des plus prestigieux palaces de Genève, des concierges qui faisaient tout sauf des tâches ménagères…

Pour chaque demande particulière, chaque désir, chaque caprice, c'est à eux que le client s'adresse. Et gare à ne pas les assouvir !

Un concierge de talent a donc ses adresses, ses contacts, ses tuyaux et ses raccourcis, ses entrées aussi, tout ce dont il nécessite pour parer à toutes les éventualités, même les plus saugrenues. Si un dimanche après-midi un client désire acheter une Lamborghini, rendez-vous est pris et peu importe que ce soit un jour férié, il aura sa Lamborghini. Et si durant une nuit de désir il demandait à avoir une fille avec des attributs précis, il la trouvait dans sa chambre sur-le-champ.

La marchandise humaine a son marché, ses demandeurs, ses vendeurs, ses acheteurs… et ses passeurs.

Le bon concierge connaît tout de son client, ses habitudes et préférences, la couleur des fleurs que Madame préfère et jusqu'au moelleux de son oreiller, tous les petits « plus » qu'il apprécie. Il sait tout et satisfait chaque demande.

Ainsi Lana s'était-elle présentée en n'imaginant pas tirer aussi bien son épingle du jeu. Si la plupart des grands concierges étaient français, quelques-uns étaient portugais, et ceux de deux des trois palaces dans lesquels elle avait ses entrées se trouvaient en être. Mais ce furent surtout les avantages qu'elle mit en valeur qui étaient considérables, et appréciés. Elle offrait des filles soignées, belles, distinguées et professionnelles pour la plupart, un service impeccable, une ponctualité à toute épreuve et surtout un pourboire important pour celui qui, du coup, lui fournissait du travail, le concierge.

S'ils avaient convenu par avance d'une commission substantielle, elle glissait toujours sous la table quelques billets supplémentaires.

Pièce maîtresse d'un hôtel de prestige, en sachant y faire, le concierge gagnait souvent plus que le directeur, pouvant aller jusqu'à doubler son salaire, puisqu'un client satisfait laisse aussi ses billets. Toutefois, tous ne monnayaient pas leurs services de la sorte… devenant ainsi bien autre chose que des concierges. Mais ceux que Lana rencontra, oui. Et tout ce qui se passait en coulisse reposait sur la parole d'un jour et le silence pour toujours.

Le monde marche à coups de paroles et de silences…

— Et là j'aurais aimé prendre une route un peu différente… Je veux dire proposer des filles qui sont capables d'avoir une conversation, pour que le client puisse les sortir, les emmener dîner ou en soirée sans que tout le monde voie… ce qu'elles sont. Tu vois, c'est pour ça que j'aurais aimé que tu travailles pour moi…

Mia comprenait. Lana cherchait de vraies escort-girls… et c'était d'ailleurs à cette annonce masquée qu'elle avait répondu dans un premier temps, mais elle avait dû refuser très vite. Le travail que Lana proposait était bien plus rémunérateur, mais il était aussi bien plus risqué. Il s'agissait de sortir dans des lieux publics avec le client, de se montrer dans des restaurants, des galas, des fêtes, des hôtels, des bars et des taxis, se montrer dehors, dans la rue aussi, et donc de s'exposer à tous les regards… elle ne le pouvait certainement pas !

La communauté italienne était grande à Genève et, plus tôt que tard, on l'aurait repérée. Cela aurait été une catastrophe ! Aussi quand Lana lui annonça qu'elle pouvait lui offrir une solution de rechange en la présentant à « un ami », Gérard, Mia accepta-t-elle, même si cette deuxième offre était moins intéressante que la première.

— Tu comprends, t'aurais été parfaite ! lui redit-elle en soupirant.

— Oui, je comprends, mais… Mia ne termina pas sa phrase, s'étant déjà expliquée sur le sujet, quand une question lui vint en tête subitement.

» Dis voir, tu m'as dit que Gérard était marié ??

— Oui, à une Éthiopienne. Mais ces jours elle vient pas travailler… Je sais pas pourquoi. Je pense qu'elle est en vacances, sûrement rentrée chez elle…

— Tu veux dire quoi par « elle ne vient pas travailler » ? Tu veux dire qu'elle travaille… au Salon ? demanda Mia pressentant qu'elle n'allait pas aimer la réponse.

— Ben oui ! Elle est comme nous ! Elle fait comme nous !

— Pardon !? s'étrangla Mia en écarquillant ses grands beaux yeux. Je ne comprends pas là !

— Mia ! T'es arrivée de la dernière pluie ou quoi ? fit une Lana aux expressions colorées. Il l'a trouvée dans un bled en Éthiopie où ils avaient même pas l'eau courante, t'imagines ? Et il a dû faire plein d'allers-retours pour pouvoir la ramener et la marier. Tout ça, ça coûte de l'argent. Et quand il l'a ramenée de son bled, elle était en loques, et maintenant c'est une dame. Elle s'habille avec des marques et tout, tu devrais la voir.

» Tu crois pas que c'est gratuit tout ça quand même ?! Il l'a sortie de sa misère, faut bien qu'elle le paye en retour ! Alors elle fait des passes, comme nous, et elle joue à la dame. Faut dire qu'elle peut… tu devrais voir comme elle s'habille, que des griffes !

« Quelle horreur !!! » songea Mia mortifiée, mais elle n'en dit rien, puisque Lana semblait avoir une vision du monde tout autre que la sienne.

Pour Lana le monde semblait si simple. On est dans la misère lorsqu'on est vêtu de loques et dans l'opulence lorsqu'on porte des marques. C'étaient donc les vêtements qui faisaient le personnage, eux qui indiquaient la réussite ou l'échec. C'était noir ou blanc, rien de compliqué.

Mais le monde n'est pas noir ou blanc, il passe par la plus vaste gamme des gris les plus élaborés.

Ce que devait faire cette femme pour « payer » son changement d'étiquette demeurait une vérité que peu acceptaient de regarder. Et la réalité plus triste encore, celle qui dégoûta le mieux Mia, fut qu'elle dût rembourser à son « mari » les frais qu'avait occasionnés leur mariage !

Quelle belle « liberté » lui avait-il offerte là ?!

Qui donc était le plus misérable maintenant ?

Mia se fit de Gérard une idée sans nuances, pauvre type ! Elle tenta d'en discuter avec Lana, mais elle ne démordait pas qu'il l'avait sortie de « son trou à rats », ce dont elle lui était redevable…

— Tu sais, ses parents auraient dû lui coller un grand « sens interdit » sur le front à la naissance… pour qu'on ne s'approche pas de lui, conclut Mia.

Un panneau utile qui aurait au moins averti qu'il valait mieux faire un détour et ne pas s'engager sur la voie de ce type-là !

Lana la regarda de biais. Elle ne comprit pas vraiment et finit par se dire que Mia, encore dégoûtée, se référait à la veille. Elle comprit à quel point elle l'exécrait.

— Tu l'as pas aimé, hein ?!

— Pas le moins du monde, affirma-t-elle.

— Moi non plus, renchérit Lana, l'air si triste et distant à la fois que Mia n'insista pas.

Que taisait donc Lana, dont elle n'avait toujours pas compris le rôle dans cette affaire ? Et pourquoi avait-elle l'air si triste ?

Elle ne put se questionner plus avant car son cœur se mit soudain à bondir en tous sens. Là-bas, un peu plus loin dans la rue, il lui avait semblé voir Andrew tourner derrière un angle… Oui, Andrew.

Elle en était quasiment certaine et fut étonnée de sentir son cœur si en fête à cette idée. Il avait littéralement bondi hors de sa poitrine, pour foncer droit sur lui. Elle était haletante et voulait courir pour le rattraper… Mais ce ne pouvait être lui, que viendrait-il faire là ? Il était peut-être revenu au Salon ? Il l'avait peut-être cherchée ? Ou alors, elle se faisait *peut-être* des idées ?! Cela sonna plus juste à ses oreilles et elle tenta de remettre son cœur en paix, sentant monter une certaine tristesse à l'idée qu'il eût vraiment été là et qu'elle ait pu le manquer…

Sur le chemin du retour, Lana se souvint soudain de quoi elle devait absolument lui parler. Mia avait eu beaucoup trop d'actes la nuit précédente.

— Tu dois arrêter tout de suite, sinon il va comprendre qu'on lui dit pas la vérité. Et on sera toutes dans une belle mélasse ! pour ne pas dire autre chose.

— Attends, je ne te suis pas Lana. De quoi tu parles ?

— Quand t'as un acte, tu ne dois pas lui dire à chaque fois ! Dis-lui que tu fais que des fellations ! Tu vas à la salle de bains, tu caches ce qu'il faut et, quand il vient chercher l'argent, tu lui en donnes moins !

Mia se souvint qu'il y avait une histoire qu'elle n'avait pas comprise avec cette salle de bains, ainsi elle la questionna sur ses étranges paroles de la veille.

— Il y a toujours un surveillant au Salon. Si c'est pas Gérard, c'est sa femme ou alors c'est Adèle, ce qui est pire, et ils veulent l'argent tout de suite quand le client sort. Ça arrive qu'ils nous fassent les poches aussi et comme on peut pas prendre de sac à main avec nous, on cache toutes l'argent à la salle de bains ! T'as compris maintenant ?

— Oui… je commence à comprendre…

— Je t'ai dit hier qu'il y avait plein de places !

— Oh, c'était ça alors ?! s'exclama Mia, j'avais compris qu'il y avait plein de *place*… et je me demandais pourquoi tu insistais tant !

— Non, lui sourit Lana qui la prenait en ce moment pour le dernier oisillon du nid. Plein de *places*, avec un « s »… pour cacher tes sous.

Mia avait saisi. Elle ferait moins d'actes. On ne pouvait pas avoir tous les jours de la chance, n'est-ce pas ? sourit-elle pour la première fois de bon cœur alors que Lana ouvrait la porte du Salon.

Dès qu'elles furent à l'intérieur, elles eurent à peine le temps de ranger une pile de linges que la sonnette retentit déjà.

— Vas-y Camilla, fit Lana avec un sourire entendu, c'est ton jour de chance à toi cette fois !

» Et n'oublie pas, lui chuchota-t-elle à l'oreille avant de l'embrasser sur la joue, ce que je t'ai dit ne vaut que pour mes filles. Okay ?

Elle répondit d'un signe de tête, troublée par son baiser, par ses mots et par toute cette intimité qui s'était créée entre elles. Oui, cette fois serait peut-être son jour de chance à elle, une façon de gagner un peu plus d'argent en moins de temps encore, mais quand on sonna à la porte pour la deuxième fois, elle se raidit, malgré elle.

Ni Mia ni Camilla n'auraient voulu y aller, mais elles étaient là pour ça. Et le fait de pouvoir gagner un peu plus de sous, en permettant aux autres filles de ne pas être démasquées et en roulant un être aussi répugnant que Gérard, mit un peu de baume au cœur de Camilla qui, d'un pas plus ou moins résolu, alla ouvrir cette porte hurlante en souriant malgré tout.

Chapitre IX

« Pour bien des hommes, c'est dans la vanité que réside
le défaut de la cuirasse. »
Agatha Christie

Son client était un homme corpulent d'une bonne cinquantaine d'années. Il entra dans la pièce avec une assurance déplaisante et attendait d'elle qu'elle prenne tout en main. Pour sûr il se pensait parfait.

Lorsqu'il eut fini de se dévêtir, aidé par une habile Camilla, il échoua sur le lit comme un cachalot et la dévisagea avec contentement, les bras croisés, certain de l'attraction qu'il exerçait sur les femmes. Elle dut le regarder sans montrer de déplaisir et promener ses mains sur ce corps flasque, selon ses souhaits, voyant avec dégoût son pénis disproportionné déjà en érection. Elle allait devoir faire grand usage de lubrifiant, si elle ne voulait pas se blesser, car toute sa personne se refusait à cet acte. Pour une raison qui lui échappait, Camilla semblait s'effriter de mieux en mieux en ce jour étrange finalement, laissant une place inappropriée et terrifiante à Mia, qui n'en voulait pas.

Elle allait aussi devoir faire usage de force de volonté et d'imagination pour assouvir les besoins de cet homme exigeant. Elle pensa qu'il devrait y avoir des limites d'âge dans les Salons, selon l'âge des filles qui y officient.

Mais elle se garda bien de laisser transparaître ses états d'âme et ses pensées et se concentra sur une poitrine beaucoup trop poilue qui lui déplut au plus haut point. Quand il lui attrapa la taille de ses mains molles pour la balancer contre lui et pouvoir lui triturer les seins en haletant, sa patience et sa dé-termination furent mises à dure épreuve.

Camilla, ou plutôt Mia allait se dégager quand lui vint l'idée de jouer pleinement son rôle de domi-nante, puisqu'il voulait qu'elle prenne tout en main. Il était temps d'agir avec fermeté – sur elle comme sur lui –, si elle ne voulait pas déguerpir en courant, en hurlant avec violence tout ce qu'elle avait sur ce cœur, qui allait exploser de douleur !

Peut-être était-ce l'image d'Andrew un peu plus tôt qui avait fait fondre son cœur, en laissant trop réapparaître Mia et en craquelant si bien Camilla ?...

L'heure n'était pas aux questions, pas mainte-nant ! Cet homme était bourru et laid, certes, surtout par son attitude, mais au moins était-il propre ! Elle devait absolument se concentrer sur ce qui allait ! Aussi ferma-t-elle les yeux, le chevauchant, pendant que de son sexe elle frôlait celui de l'individu re-poussant, pour se concentrer, pour se recentrer et faire revenir une Camilla nécessaire. Une onde de colère traversa pourtant son corps pour aller se per-dre dans son âme. Elle se cambra, prit une grande bouffée, puis se cabra pendant qu'il crut à de la satisfaction…

À quelles forces d'abnégation, de volonté et de courage dut-elle faire appel pour permettre à Camilla de revenir… ? Elle seule le sut.

Toujours est-il qu'elle réussit et quand elle rouvrit les yeux, voyant en ceux de l'homme de l'excitation, elle semblait aller mieux. Camilla était là pour donner du plaisir et plaisir serait, pour lui.

Elle fit tout ce qu'elle put pour l'exciter davantage encore, le laissant la triturer, la parcourir, lui embrasser les aisselles, les seins et même le ventre, avant qu'il n'entre en elle, pour que l'acte fût le plus court possible. Elle le massa, le frôla, le frotta, le regarda souvent, les hommes adoraient ça. Quand elle vit qu'il n'allait plus tenir longtemps, elle guida son sexe pour qu'il la pénètre et très vite accéléra ses mouvements.

Il donnait bien des signes pour lui demander de ralentir, de faire durer ce plaisir qu'il prenait seul, mais, à ce moment-là, c'était trop lui demander ! Elle éluda, passa outre, émit quelques cris pour lui prouver qu'il fallait se dépêcher, qu'elle prenait plaisir, qu'elle n'allait plus tenir, puis elle s'arrêta une seconde, peut-être moins, et, le regardant sans le voir, précipita ce mouvement qui plongea l'homme dans la plus bruyante jouissance. Enfin !

Elle évalua que l'heure n'était pas passée… Mais elle se demanda si Lana lui avait bien parlé d'une heure pleine ? Peut-être n'avait-elle pas bien compris. En lui souriant l'air de rien, elle se souvint ne rien lui avoir dit sur la durée, aussi décida-t-elle que le temps passé avec lui était plus que suffisant. Elle lui tendit ses vêtements, avec gentillesse cependant, lui assura qu'il avait été parfait, qu'elle avait beaucoup aimé et le poussa presque vers cette porte qu'il ne se décidait pas à franchir, puisqu'il déclarait que « tout de même, ce fut un peu bref ». « Bref, mais bon ! » lui assura-t-elle avec un clin d'œil entendu qui flatta son ego. Sûr cette fois de sa virilité et extasié malgré tout, il dégagea le plancher.

Mia poussa un soupir.

Après avoir pris une longue douche, elle n'avait qu'une envie, boire un café en fumant une cigarette à la cuisine. Mais, dès qu'elle ouvrit la porte de la salle de bains, elle se heurta à une fille des plus repoussantes. Celle-ci lui fonça dessus, furieuse, les yeux hagards, pleins de rancœur et de courroux. Elle semblait l'avoir attendue. Elle semblait aussi lui en vouloir mortellement, pour quelque chose dont elle ignorait tout. Le visage décomposé de haine, elle lui hurla dessus :

— T'as fait quoi ?

— Pardon ? demanda une Mia surprise mais tranquille, sentant cependant une nouvelle poussée de colère monter gentiment en elle.

— J'ai dit « tu as fait quoi » ?! Acte, fellation ? Donne-moi ma part ! T'aurais déjà dû le faire !

Mia ne cilla pas face à tant de haine. Elle toisa la fille qu'elle avait en face, comprenant qu'elle devait faire partie du staff de Gérard et ne bougea pas. Elle ne lui tendit pas l'argent, ne lui sourit pas, ne lui parla pas. Elle la regarda, c'est tout.

— Eh ! mais t'es con ou quoi !? lui hurla dessus celle qui attendait son dû.

— J'en ai un, oui, mais je ne le suis pas ! lui répondit une Mia au calme désarmant, dont les battements de cœur s'accéléraient pourtant.

— Hein ? Tu dis quoi là ?! Tu te fous de moi ? fit la fille hébétée en s'approchant un peu trop près.

— Je dis que tu ne devrais pas traiter quelqu'un de quelque chose dont tu ignores le sens. Un con, toutes les filles en ont un, mais un dictionnaire… pas forcément, n'est-ce pas ?

» Et puis tu es qui, d'abord ? haussa-t-elle soudain le ton.

Elle vit que la fille n'avait rien compris à ses propos, le dur et laborieux travail de la réflexion put se lire sur son visage contracté, comme un engrenage tournant trop mal et trop lentement, puis s'épuisant. En d'autres circonstances, Mia aurait sûrement souri mais, là, elle semblait plutôt se préparer à un affrontement. Elle ne la lâcha pas une seconde du regard.

— J'suis Adèle, pauvre conne ! Et tu vas me donner mon fric, oui ?!? brailla-t-elle en agrippant son top.

Elle avait commis sa plus grande erreur. Mia saisit son poignet avec force, se plaqua contre elle en la poussant dos au mur et d'une voix aussi calme que glaciale l'avertit en la soulevant presque.

— Retire ta main de là. Tout de suite ! Et si tu me touches encore une fois, je t'explose !

» Est-ce que c'est clair !?! hurla-t-elle cette fois avec toute la force de cette monumentale colère qu'elle portait en elle depuis trop longtemps et qui jaillit comme un geyser fou et menaçant.

Adèle la lâcha sur-le-champ, pétrifiée. Elle ne s'était pas attendue à pareille violence, de la part d'une fille paraissant si inoffensive. Elle reçut ce message que Mia avait rendu parfaitement clair en effet et s'éloigna de quelques pas, titubante.

Mia lui remit « son dû ». Elle avait fait une masturbation lui balança-t-elle en mentant. Ça, au moins, elle savait peut-être ce que c'était ?

Adèle ne répondit pas, rouge de honte et de rage. Elle prit l'argent et disparut au bureau en se massant le poignet. Toute cette violence que Mia avait sentie en l'autre, elle la lui avait retournée, avec plus de force encore. Être une loupe est pire qu'être un miroir. Pourquoi aurait-elle dû se laisser agresser sans broncher ?

Mia put se diriger enfin vers cette cuisine pour un café et une cigarette. Elle se sentait mieux, bien que tremblante. Les accès d'autorité, face à la bêtise, l'avaient toujours rendue tremblante, car elle savait parfaitement au fond d'elle que, si la personne en face ne capitulait pas, elle était capable de la pire furie… qu'elle maîtrisait, la plupart du temps.

Peut-on demander à quelqu'un que l'on harcèle tous les jours de notre mieux de toujours tout supporter et encaisser, sans qu'en lui, tôt ou tard, ne se soulève une révolte ?

Une révolte suprême qui finit par s'exprimer en sacro-saintes monumentales colères. De cette colère qui finalement peut abattre des cloisons et bien des prisons, tous ces lieux noirs et avilissants dans lesquels certains essayent obstinément de nous enfermer pour que, prisonniers, nous ne représentions plus un danger pour leur ignominie ou leurs plus sombres vouloirs…

À la cuisine, Lana l'attendait avec un large sourire.

— Eh bien ma fille, t'as connu Adèle je vois, fit-elle sur un ton badin pour la détendre.

Elle lui tendit une tasse de café chaud qu'elle venait de lui préparer et, sur son visage, on pouvait lire une joie, tout un émerveillement auquel Mia ne s'était pas attendue.

— Connu, c'est un grand mot, lâcha Mia, elle m'a sauté à la gorge plutôt ! et j'ai dû m'en défaire !

— Oui, ben… c'est Adèle quoi ! lui sourit gentiment Lana qui n'en ajouta pas plus, soit pour ne pas la fâcher davantage, soit pour ne point être entendue de ladite Adèle.

Mia mit son argent dans son sac à main puis alla s'asseoir.

— Au fait, t'as fait quoi ?

Cette fois elle comprit la question !

— Une masturbation, répondit-elle avec son plus beau sourire à une Lana ravie.

— Tu me plais beaucoup Mia, lança Lana en la scrutant d'abord, puis en faisant mine de chercher quelque chose d'important dans un tiroir... vide.

Mia resta surprise, et perplexe aussi. Elle ne savait pas si Lana chaperonnait toutes ses filles de la même façon, mais elle se sentit choyée, et émue, et cela lui fit du bien.

Finalement, elle but son café pendant que Lana quittait précipitamment la pièce. Elle l'entendit un instant plus tard vociférer contre Adèle dans le bureau, mais n'écouta pas, pas vraiment.

Elle n'intervint pas non plus. Elle voulait juste être seule et, cette fois, réfléchir. En réalité elle aurait tant aimé être avec son amie, Marina savait toujours quoi lui dire et comment la réconforter. Là, elle lui dirait ce qui n'allait pas et ce qu'elle aurait dû faire.

Elle regarda le téléphone, prête à l'appeler, mais se ravisa. Elle savait ce qu'elle avait à faire. Soit elle restait, soit elle partait. Mais, dans un cas comme dans l'autre, il lui fallait de la fermeté.

Pourquoi Mia venait-elle aujourd'hui en ce lieu où elle n'avait rien à faire ? La veille, tout était allé à la perfection avec Camilla...

À la perfection ? Vraiment ?! s'insurgea une part d'elle-même, une part qu'elle fit immédiatement taire, ne pouvant et ne voulant entendre ce qu'elle avait à dire. Elle alluma une deuxième cigarette quand son esprit revint à nouveau sur Andrew. Et son cœur, cette fois encore, se mit à battre fort. Il n'était donc pas un ami de Lana. Pourtant elle en avait été persuadée... Qui pouvait-il bien être ? Un ange, avait-elle pensé au premier regard...

Son premier regard... Son cœur se calma, s'attrista soudain et se remémora ce premier regard qu'il avait porté sur elle en manquant de la désarçonner, car il l'avait transpercée...

« Il faut croire que la chance t'aime », entendit-elle à nouveau retentir dans ses oreilles, et elle eut un début de sourire.

Pourquoi quittait-elle son mari, si ce n'était pour cette chance-là justement ? Pour enfin aimer et être aimée, n'est-ce pas ? Pour vivre sa vie, la vraie, la grande, celle qui ne se nomme pas, qui ne se prévoit pas, ne se décrit pas non plus, mais celle qu'on reconnaît lorsqu'elle est là. La vie dans toute sa merveilleuse mirobolante splendeur, dans toute sa grande magie... Cette incroyable vie ébouriffante que lui avait promise son cœur depuis toujours et en laquelle elle plaçait ses plus beaux, grands et nobles espoirs.

Petite, elle savait qu'un monde enchanté existait et jamais elle n'avait cessé d'y croire depuis. Pourquoi l'aurait-elle fait ? Parce qu'on ne pouvait pas le « voir » ? Mais, aux yeux du profane, l'île d'Avalon n'apparaît pas. Pour s'y rendre, il faut y croire, et persévérer, et, pour traverser ce terrible lac qui y mène, il faut une barge. Cette barge, on doit savoir l'appeler, et on doit accepter d'y monter, sans savoir à quoi on s'expose. Sans avoir la garantie d'atteindre l'île merveilleuse, ou de pouvoir revenir chercher secours...

Alors qu'elle pensait à cette barge, à cette traversée d'un lac si froid, lugubre et austère de prime abord, quand on ne sait pas ce qu'il cache, elle se revit en train de lire l'histoire de Morgane avant qu'elle ne devienne fée. Après avoir surmonté l'épreuve du voyage, de la faim, du froid et de la fatigue, cette grande épreuve de persévérance, Morgane dut affronter la plus redoutable d'entre toutes, celle de la peur... et du doute.

Elle dut accepter de monter sur la barge, accompagnée de Viviane, pour traverser ce lac brumeux et inquiétant, si glauque, empli d'ombres et d'un épais brouillard qui ne laissaient deviner au loin que la sombre tour de l'île la plus angoissante. Elle s'était sentie si effrayée à l'idée d'être emmenée en ce lieu désolé, pour être initiée, ce lieu perdu au milieu d'eaux si troubles, qui allait probablement devenir sa prison pour la vie... Mais elle suivit malgré tout Viviane, car elle avait fait une promesse et elle avait confiance, et cette confiance fut un réel acte de foi, l'acte de foi qui permit à Viviane d'accomplir sa propre magie.

Pourtant frêle silhouette instable à l'avant de la barge, une fois à bord, Viviane écarta de ses bras l'épais rideau de brouillard pour permettre au plus merveilleux et émouvant des paysages de se dessiner devant leurs yeux ébahis. L'île désolée et sinistre laissa ainsi la place à un incroyable décor. Le cœur de Morgane s'ouvrit alors sur un monde féerique et sur la véritable île enchantée d'Avalon.

Elle crut rêver. Mais c'était bien là sa nouvelle réalité. C'était là sa merveilleuse récompense...

Un cœur qui croit est un cœur qui peut tout.

Mia pensa alors aux mille façons, aux mille chemins possibles pour s'en sortir. Elle savait, au fond de son cœur, que son île d'Avalon allait apparaître, elle savait que sa vie allait être magique. Elle aussi avait fait une promesse et devait la tenir, car elle savait que ce monde merveilleux allait s'ouvrir.

Ses jours de prostitution n'étaient autres que sa barge, ses passeurs vers une vie meilleure...

Chapitre X

« La petite poule blanche prit son rôle si à cœur qu'elle
devint un véritable éléphant, ce qu'elle n'avait pas osé
espérer. »
Marcel Aymé

Lana revint à la cuisine alors que Mia était encore à demi perdue dans ses pensées, mais bien plus sereine qu'auparavant. Si sereine d'ailleurs, que Lana se sentit en confiance pour la laisser seule un moment.

— Je sors, j'ai plus de cigarettes. Tu veux quelque chose ? lui demanda-t-elle gentiment.

— Non merci, j'ai tout ce qu'il me faut, lui répondit Mia.

— Alors à tout de suite, fit Lana en lui envoyant un baiser de loin.

Mais dès qu'elle sortit, Mia se sentit mal à l'aise à l'idée d'être restée seule avec Adèle.

Quand on sonna à la porte, elle attendit de voir si l'autre allait ouvrir. C'était la fille affichant le plus d'ancienneté qui avait la priorité, mais elle ne connaissait pas vraiment le rôle de cette dernière dans cette affaire. Comme elle n'entendit aucun bruit sortir du bureau, elle se leva et alla ouvrir.

Le client avait un air très gentil et, pour une fois, n'était pas vilain. Il devait avoir une trentaine d'années, pas plus. Camilla l'installa dans la plus petite chambre et retourna à la cuisine prendre son sac à main, désobéissant ainsi aux règles de la maison, mais se conformant à son instinct. Elle revint dans la chambre et sourit en l'informant qu'il avait une demi-heure, sage décision qu'elle venait de prendre, une heure entière étant insupportable.

Tout fut rapide avec ce client, de par son amabilité et parce qu'ils discutèrent bien plus qu'ils n'agirent. Camilla se rendit compte que la plupart des hommes avaient un immense besoin de chaleur et de paroles, de bonnes paroles, et de réconfort. Posséder un corps, quitte à le payer, était un besoin bien moins fort que celui de posséder une présence, de l'avoir pour eux, avec eux, même s'il ne s'agissait que d'un moment. Ce qu'ils racontaient aux filles, ils ne le diraient jamais à d'autres, car il faut oser ouvrir son cœur à quelqu'un qui, tôt ou tard, pourrait le trahir en toute impunité !

Le faire avec une fille de joie n'était pas pareil et il prit le plus grand plaisir à la sentir à ses côtés en train de l'écouter. Il s'ouvrit, prit confiance, demanda conseil et, dans la foulée, avec la montée de désir, il y eut un acte dont il sortit enchanté.

Peu sûr de lui au début, il avait dû être guidé par Camilla, ses mains d'abord sur son corps, puis ses baisers et enfin les jeux de la chair, les échanges d'effleurements et de chaleurs. Il avait tout mémorisé, tout retenu, presque tout découvert.

Il osa la toucher puis se toucher, il osa même la regarder, avec dans les yeux de l'incrédulité et de la joie. Elle lui apprit comment user de ses doigts. Chatouiller n'était pas une bonne idée, presser trop fort non plus. Tout est question de bon équilibre. Chaque fille avait sa sensibilité, lui avait-elle expliqué, et il devait apprendre à la connaître pour pouvoir lui donner du plaisir.

Il semblait avoir compris ce qu'étaient des préliminaires, lui posa des questions sur les parties que les filles préféraient se faire caresser, lui demanda comment le faire, s'aventura sur elle, puis lui avoua qu'il avait adoré. Il paya pour un temps supplémentaire, ayant besoin de réponses face à ses incertitudes, car il avait approché si peu de filles jusque-là. Il lui demanda si le clitoris était une partie que les hommes pouvaient caresser et regarder ou bien n'était-ce pas « convenable ». Lui aimait tant cela mais, maladroit, il se voyait toujours refuser ce lieu de délices par les quelques filles qu'il avait abordées. Aussi Camilla le guida-t-elle dans ces méandres de la joie. Elle lui expliqua que ce n'était pas un lieu où l'on s'aventurait avec une trop grande curiosité, c'était un peu comme un temple sacré.

Il comprit, osa regarder, s'excita et, le sexe à nouveau en érection, il lui assura qu'elle lui avait rendu le plus grand des services. Il se rhabilla pour aller sûrement se masturber chez lui. Maintenant il se sentait plus sûr de lui, de sa virilité comme de sa capacité à donner du plaisir.

Quand Camilla le raccompagna à la porte, il lui dit tant de mercis que c'en fut émouvant. Elle le salua en souriant, au moins avait-elle réussi à redonner du courage à un homme…

Elle était encore toute déboussolée en retournant à la chambre quand elle se heurta à Adèle. Encore !

— T'as fait quoi ? aboya-t-elle.

Décidément son vocabulaire était aussi élaboré que ses questions. Encore une fois, elle lui répondit une masturbation.

— Tu sais que t'as pas le droit de prendre tes affaires dans la chambre !!! lui sauta-t-elle presque dessus.

— Dis voir Adèle, commença-t-elle doucement, pour savoir que j'ai pris mon sac à main, tu as dû aller fouiner dans mon placard. N'est-ce pas ?! appuya-t-elle ces derniers mots.

» Et pourquoi aurais-tu fouiné, si ce n'est pour… (elle allait dire « voler », d'instinct, mais même sans l'avoir prononcé, il sembla que l'autre eût compris).

Elle ne put terminer sa phrase, car Adèle se jeta sur elle et allait à nouveau lui saisir son vêtement quand elle se ravisa au dernier moment. Le regard que Camilla venait de lui lancer avait dû lui rappeler sa promesse d'un peu plus tôt, « Si tu me touches encore une fois, je t'explose ! »

— Mais n'essaye même pas de t'approcher ma fille ! l'avertit Camilla.

Adèle recula aussitôt de deux pas. Elle vit rouge, elle était furieuse. Jamais une fille ne lui avait parlé de la sorte. Elle était le bras droit du Patron et, quand il n'était pas là, c'est elle qui commandait.

— T'as pas le droit de prendre ton sac dans la chambre, s'enrageait-elle. Je vais appeler Gérard et tu vas voir !!! la menaça-t-elle.

— Ah oui ? entra dans son jeu Camilla qui sentait ses nerfs monter à faire peur, et il va me faire quoi, à ton avis ? Hein ?

Adèle ne continuait à brailler que des « tu vas voir, tu vas voir !!! ». Rien d'autre ne sortait de sa bouche. Et quand elle vit le regard perplexe de Camilla qui se tenait si droite en face d'elle, elle entra dans une grande rage.

— Il va appeler la police, Gérard, tu verras ! tu verras s'il va pas l'appeler ! Espèce de...

— Tu sais quoi Adèle, j'adorerais qu'il appelle la police, lui coupa-t-elle la parole. Parce que, moi, je serais peut-être arrêtée pour prostitution... sourit-elle, mais lui et toi, pourquoi on vous arrêtera à ton avis ? Hein, pourquoi dis-moi ? insista-t-elle devant son silence.

Adèle devint aussi rouge que possible et, tremblant de tout son corps, elle tourna les talons, prit ses affaires et quitta les lieux en claquant si fort la porte qu'elle faillit la démettre de ses gonds.

Camilla vit Lana un peu plus loin, vers la cuisine, les yeux écarquillés, la bouche grande ouverte. Elle avait dû rentrer pendant qu'elle était avec son client.

— Eh ben toi, fit cette dernière abasourdie, on peut dire que tu fais déguerpir ceux qui t'aiment pas !!!

Elle émit un long sifflement et l'invita avec précaution pour une camomille.

— Je crois que t'as pas besoin de café, rit-elle de bon cœur.

Elles bavardèrent un moment. Lana ne lui en voulait pas le moins du monde. Bien sûr, elle pourrait subir des représailles, puisque c'était elle qui l'avait introduite, mais elle lui garantit qu'il n'y en aurait pas et que, de toute façon, elle savait se défendre au moins aussi bien qu'elle.

— Ça fait très longtemps que je m'occupe de moi toute seule et je m'en sors bien, fit-elle assez fière en faisant naître en Mia une réelle tendresse.

Par une sorte d'accord tacite, les filles ne se posaient pas de questions entre elles. Si l'une d'elles souhaitait parler, celles qui le voulaient écoutaient, bien sûr. Sinon elles ne se questionnaient pas.

Ça faisait trop mal.

Quand la porte sonna à nouveau, Mia se raidit en annonçant que, cette fois, elle ne pourrait pas y aller.

— Rassure-toi, rit Lana, je pense pas que c'est un client, cette fois.

Camilla fronça les sourcils, puis elle entendit un tas de gais babillages. Les filles de Lana venaient d'arriver, elle reconnut leurs voix joyeuses et se sentit presque heureuse.

Dès que Rosie et Maria furent à la cuisine, Lana leur raconta en portugais la scène avec Adèle, la première, puis la dernière, entre rires, stupeurs et grands gestes qui racontaient toute l'histoire à eux seuls. Pour sûr qu'elle racontait cela.

— J'ai tout de suite su que t'étais quelqu'un de bien, lui sourit Rosie en lui tendant un carré de chocolat, comme pour la récompenser et signer un pacte d'amitié.

— Merci, répondit Camilla en acceptant ce chocolat de l'amitié, bien qu'elle eût horreur de cela.

Elles mangèrent ensemble la tablette et rirent beaucoup, se confièrent un peu, se sourirent et se soutinrent, relativisant cette situation, cette immense traversée en eaux troubles dans laquelle elles étaient toutes embarquées.

Quand on sonna à la porte, Lana se tourna vers Rosie.

— C'est ton 18 ? lui demanda-t-elle.

— Sûrement, répondit Rosie en jetant un œil à la pendule murale que Camilla était en train de regarder aussi.

Le 18 devait être un client fixe de Rosie venant à dix-huit heures... pensa-t-elle, et elle sourit à Rosie avec une compassion qu'elle n'avait pas voulue, mais qui s'était invitée d'elle-même. Quand on est dans la même galère, on devient intime très vite.

La jeune fille en fut si touchée qu'en retour elle lui sourit tristement en lui effleurant les cheveux comme pour lui faire une caresse.

— Ne t'inquiète pas Camilla… murmura-t-elle près de son oreille, frôlant sa joue d'un doigt, moi ça va. Et elle se dirigea d'un pas presque lourd vers la porte qu'elle devait ouvrir, lançant un dernier regard de remerciement à Camilla, qui le soutint en lui faisant un clin d'œil.

Rien de cette scène n'avait échappé aux deux autres filles qui se regardèrent sans mot dire, sans maudire non plus cette vie, qui pour l'heure ne leur plaisait pas. Toutes trois presque tristes, mais ensemble, se sourirent d'entendement.

Chacun porte son fardeau en son cœur, tout le monde ne l'expose pas sur la place publique.

Lana reprit les rênes de la bonne humeur en proposant un café collectif qui les vit à nouveau babiller comme si elles étaient dans une cour d'école à l'heure de la récré. Gaies et insouciantes, réjouies par ce moment de camaraderie, c'est ainsi que les cueillit la sonnerie du téléphone.

Lana alla répondre, mais au bureau.

Quand elle revint, pendant une fraction de seconde à peine, Mia la vit en souci, mais elle se reprit à l'instant où elle leva la tête pour leur annoncer, sur un ton qu'elle voulut léger, qu'un domicile les attendait, toutes les deux, ensemble.

Maria se leva aussitôt et, apercevant le regard qu'elle lança à Lana, Mia comprit qu'elle avait aussi vu son expression embarrassée en entrant. La jeune fille prit son sac à main dans son placard et attendit que Camilla fasse de même.

— C'est Cologny, fit Lana à Maria, d'un air entendu, le regard presque suppliant.

Cologny était un quartier résidentiel de Genève, pas une personne, aussi Mia se dit que les filles savaient de qui elles parlaient. Et ça n'avait pas l'air de leur plaire. Maria se raidit sur-le-champ, il était certain qu'elle savait parfaitement de quoi leur parlait Lana, alors que Camilla ne pouvait ressentir que de l'inquiétude à ce moment précis. Mais très vite elle reprit une mine qui se voulait rassurante pour « la nouvelle », que Lana semblait avoir bien recommandé de ménager.

— T'inquiète pas Camilla, Maria est avec toi, lui dit doucement Lana. Elle sait quoi faire ! J'aurais bien aimé venir moi-même, mais je dois garder la baraque ! s'emporta-t-elle.

Ainsi donc Lana était vraiment des leurs et, comme elles, avait des clients... se mit à réfléchir une Camilla qui se sentait bien perdue, quand soudain elle comprit qu'elle allait chez ce client avec Maria. Voilà qu'elles se retrouveraient à nouveau « dans les mêmes draps »...

Lana lui offrit un large et bon sourire. Puis elle se tourna vers Maria, lui remit l'adresse, l'argent pour le taxi et, reprenant une mine sérieuse qu'elle tenta de camoufler à Camilla, lui donna une dernière recommandation.

— Je compte sur toi Maria ! Tu sais quoi faire et… qu'il ne l'approche pas trop, lui murmura-t-elle à l'oreille.

— Sans problème, lui répondit simplement cette dernière prenant Camilla par la main pour sortir de l'appartement.

Lana la scruta de la tête aux pieds, comme si elle laissait s'en aller une petite part d'elle, comme si envoyer Camilla au front lui coûtait plus cher que d'y aller elle-même. En apercevant ce regard, et sûrement parce que les deux filles étaient plus proches qu'il n'y paraissait, Maria eut soudain une mine sérieuse et prit un réel rôle de protectrice, acceptant la demande tacite de Lana qui les regarda partir avec un air mélancolique.

Elles entrèrent dans l'ascenseur. Maria appuya sur le rez-de-chaussée. La porte se ferma et l'engin se mit à descendre.

— Oh ! s'exclama Maria, tu es bien épilée ?

— Heu… oui, fit timidement Camilla qui ne s'était vraiment pas attendue à cette question. Bien sûr !

— Pardon, rit-elle, je voulais dire est-ce que tu es assez épilée ?

— Haaa ! Eh bien je pense, oui, pourquoi ?

— Parce qu'il aime les filles très épilées, expliqua-t-elle, avant de se souvenir qu'elle l'avait vue nue la veille et que c'était parfait.

— Ah ! fit simplement Camilla.

Se relâchant devant sa mine sincèrement ébahie, Maria lâcha sa main, lui prit le bras et lui dit :

— T'inquiète pas, je suis là !

Chapitre XI

À force de s'entendre dire qu'elle ne devait pas
s'inquiéter, Camilla finit par s'alarmer. Surtout dans
ce taxi au silence de plomb où chacune regardait par
sa vitre l'air de rien. Quand elle croisait le regard de
Maria, celle-ci lui souriait, mais sa tristesse ne man-
quait pas de l'agiter.

L'heure de pointe était passée, aussi arrivèrent-
elles rapidement, à Cologny, en effet. Maria paya le
taxi, elles en sortirent et pénétrèrent dans un immeuble où des rideaux se soulevèrent à plusieurs
fenêtres. Ce n'était pas un quartier au grand trafic,
au contraire, il était celui huppé des personnalités
venues vivre discrètement à Genève. Quand une
voiture s'arrêtait, on regardait par sa fenêtre... pour
voir qui arrivait, en taxi qui plus est. Mais quand on
voyait deux superbes jeunes filles en sortir, forcément la plupart des rideaux se refermaient vite, sans
arrêter de bouger néanmoins. On regardait plus discrètement, mais carrément, par dissimulation au
travers d'un rideau qui ne cachait en rien cette

curiosité palpable et souvent malsaine que certains nourrissent pour ces filles de joie, que pourtant on maltraite si bien et volontiers en public, au nom de la bienséance.

Maria resta calme, et concentrée. Elle ne donna pas l'air d'avoir remarqué quoi que ce soit. Pourtant, quand elles furent à l'abri des regards, elle soupira.

— C'est là qu'on est les plus vulnérables, fit-elle un peu nerveuse, quand on est dans la rue.

Camilla acquiesça et eut un regard bon pour Maria qui se détendit.

— Eh… Ça va aller, lui assura-t-elle en inversant les rôles.

— Oui, clair ! Bien sûr que ça va aller, se reprit Maria. Quand on y sera, lui dit-elle dans l'ascenseur, laisse-moi faire. Fais-moi confiance et tout ira bien.

— Okay, murmura Camilla qui ne respirait presque plus.

— Et, quoi que je dise, quoi que je fasse, surtout ne dis jamais le contraire, n'aie pas l'air surprise et n'interviens pas, d'accord ?

— D'accord, accepta Camilla.

Elles se turent. Puis soudain Maria lui demanda :

— Dis, c'est vrai cette histoire du con ?

— Ha oui c'est vrai ! affirma Camilla comprenant immédiatement à quoi elle faisait allusion. C'est notre sexe, notre pubis quoi, dit-elle avec un air presque enfantin qui les fit éclater de rire.

L'individu qui leur ouvrit la porte ne portait pour seul vêtement qu'un linge noué à la taille. Il semblait les avoir attendues depuis un moment.

— Oh ! s'exclama-t-il en faisant claquer sa langue, jolies ! Puis il évalua Camilla qu'il ne connaissait pas encore et ajouta, très très belle ! On va se régaler !

Le seul qui allait se régaler, c'était lui, pensa une Camilla bien perplexe.

— Elle est nouvelle ! imposa Maria sur un ton entendu, presque dominateur.

Camilla se dit que cette phrase devait faire partie de celles auxquelles elle lui avait demandé de ne pas rétorquer...

— Eh bien elle va voir ce que c'est un homme, un vrai ! lui répondit-il en la prenant brusquement par la taille, n'osant encore la toucher vraiment. Pas comme les balourds que vous avez au « Salon »...

Mais qu'en savait-il, lui, des hommes qu'elles avaient au Salon ? s'énerva Camilla en le toisant avec un sourire, mais aussi un air désapprobateur qui ne lui échappa pas. En parlant de balourds, il ne semblait pas être en reste ! Mais au moins était-il jeune, et propre !

Il s'approcha d'elle. Il lui tourna autour avec un air dégustateur, la soupesa d'un regard pesant, l'apprécia. Il savait devoir l'apprivoiser.

— On m'a envoyé les deux plus belles filles ! se dressa-t-il en l'enlaçant, lui tournant toujours autour comme pour évaluer la marchandise et sa valeur.

Puis il se plaça derrière elle et la serra contre lui, lui faisant sentir son sexe déjà en érection, toute cette excitation qui transpirait de lui. Dès qu'elle se raidit, il en fit le tour et l'enlaça par-devant, farfouillant de ses mains sous ses vêtements, avide de connaître ses formes. Il lui trouva la peau douce, les muscles fermes, les formes harmonieuses.

— Tu me plais, lui souffla-t-il avant de s'en éloigner pour ne pas trop s'exciter avant l'heure, et tu sens bon ! ajouta-t-il en la reniflant.

Il ne manquerait plus qu'elle sente mauvais !!! s'insurgea-t-elle intérieurement, agacée par ses reniflements qu'il n'arrêtait plus. Elle mit de l'espace entre eux, le regarda droit dans les yeux et il sembla que l'homme aimât beaucoup cette assurance qui transparaissait d'elle, cette distance aussi et cette perplexité. Il était devenu un paon et allait devoir lui faire la cour ! Il en fut d'autant plus excité, comme si on ne veut absolument que ce qu'on ne peut obtenir !

Il les fit entrer dans la chambre à coucher où tout était prêt pour leur arrivée et, durant ce bref trajet, il s'était tenu si près de Camilla qu'elle avait pu sentir son souffle sur son dos. Alors qu'elle en avait la chair de poule, elle s'aperçut qu'il la regardait avec une surprise surprenante, presque une demande de sympathie. Mais quand elle sentit sa main passer sous sa jupe, elle se ravisa en se disant qu'il n'était qu'excité.

Elle se laissa faire, pendant que Maria s'installait dans un fauteuil pour les regarder. Camilla qui avait à peine posé son sac sur l'autre fauteuil sentit sa main passer sous son slip cette fois, avec avidité explorer, soupeser et enfin elle l'entendit dire :

— Hummm, bien épilée, comme je les aime ! Tu me plais vraiment beaucoup. Je vais commencer par toi, puisque je n'ai pas le choix…

Elle ne comprit pas tout de suite ce propos, mais elle vit qu'il avait lancé un regard interrogateur à Maria qui, d'un léger hochement de tête, lui donna son accord. Aussi l'homme retira son linge d'un geste théâtral et exhiba la partie de lui dont il semblait le plus fier. Le pénis et les mamelons en érection, il commença à la déshabiller, doucement, puis de plus en plus fort, pour arriver à lui arracher presque son slip avec les dents. Accroupi devant elle, il s'approcha de son sexe avec sa bouche, le scruta, le sentit, lui écarta légèrement les jambes de ses mains et s'en approcha encore, mais plus doucement. Il se leva en glissant son visage sur tout son corps et, devant sa poitrine, s'arrêta un moment.

L'heure était venue pour Camilla de jouer son rôle et, face à toute cette excitation qu'elle sentait en lui, elle se laissa guider par son instinct. Elle le laissa lui masser les seins en se retirant légèrement parfois pour qu'il vînt la chercher, pour mieux l'exciter. Et lui, devenu presque docile, s'approchait d'elle en demandeur, debout ou à genoux, jusqu'à ce qu'il la plaque contre le mur où il la souleva.

Il joua avec elle un moment, la montant, la descendant, prenant bien entre les mains sa chair, ses fesses, ses seins. Puis, d'un coup, il la poussa sur le lit en lui soutenant le dos et se rua sur elle en pressant son pénis contre son pubis.

— Belle, et à moi, lui dit-il, mais quand il vit dans ses yeux passer comme un éclair, il ajouta doucement, tu vas adorer !

Il lui caressa le visage avec douceur, la libéra. De sous l'oreiller il sortit un préservatif qu'il la laissa lui enfiler, en la caressant, partout, parce qu'il voulait aussi l'allumer, la charmer, pour lui faire l'amour comme un déchaîné.

D'un signe de tête il invita Maria qui vint sur le lit. Il demanda à Camilla de la déshabiller, ce qu'elle fit en caressant Maria qui ne semblait pas feindre sa chaleur. Cette chaleur se transforma en fébrilité quand Camilla lui retira le soutien-gorge et lui palpa la poitrine, une belle poitrine qu'elle parcourut avec bonté, voluptueusement.

L'homme donna les plus grands signes de fièvre et de nervosité. Il donnait aussi des coups avec son pénis contre l'entrejambe de Camilla qui le chevauchait tout en cajolant le corps de Maria. Voyant que les deux filles semblaient non seulement se connaître mais aussi peut-être se plaire, il retrouva sa place de mâle jouisseur, de mâle séducteur, de mâle possesseur d'un plaisir qu'il veut prendre, mais veut aussi donner.

Il prit fermement Camilla par la taille et la bascula sur le côté, la couchant sur le lit. Puis il prit la main de Maria qu'il aida à caresser ses formes, l'amenant en des lieux où, seule, elle n'aurait osé s'aventurer, sur le corps de Camilla qui semblait s'exciter. Alors l'homme se rua sur elle et l'embrassa de partout, ne contenant plus une fièvre poussée trop fort, une excitation proche de la douleur.

Il alla dans son lieu le plus intime et le baisa. Il lui caressa les fesses, la retourna presque, revint encore à son pubis, puis il remonta, prit un sein en bouche en gémissant profondément avant de prendre le second pour le chiffonner, le cajoler et, pendant que de sa main il cherchait son vagin, il tenta plusieurs fois de l'embrasser sur la bouche, le corps luisant de transpiration. Camilla s'esquiva, ne le laissant pas faire et là, s'arrêtant soudain de gesticuler, d'un seul grand geste sans haine toutefois, il repoussa Maria comme on repousse un rival, plaqua Camilla sur le lit et s'engouffra en elle. Il lui écarta les jambes qu'il replia sur elle et il la pénétra avec toute la force de sa libido affranchie.

Quand son pénis entra en elle, elle put sentir toute la virilité d'un homme excité, décagé, libertin, certes vaniteux, certes crâneur, mais un homme qui voulait prendre son plaisir en s'assurant d'en donner aussi. Il la pénétra plusieurs fois, s'engagea en elle de mieux en mieux, la domina et, presque avec violence, donna ses coups toujours plus fort, s'assurant qu'elle restait avec lui, qu'elle aimait aussi.

— Tu aimes ? Tu aimes ? criait-il comme terrifié par son silence, prêt à tout arrêter en sanglots si elle avait dit non. Oh que c'est bon ! Ho que j'adooore, hurla-t-il, excité plus encore en sentant son vagin humidifié, son corps se cambrer, en accélérant à tout rompre ses mouvements, qui l'emmenèrent jusqu'à l'éjaculation et l'extase la plus bruyante qu'elle n'ait jamais entendue.

Il donna son dernier coup, profondément, sûr d'avoir accompli son devoir, envers lui et envers elle aussi. Contre toute attente, quand il eut terminé, elle avait presque joui aussi, aidée par les baisers que Maria s'était mise à lui donner. De vrais baisers qui l'avaient si bien aidée. L'homme en avait été aussi excité que jaloux, lui n'avait pas le droit d'embrasser. Il s'écroula sur le lit, épuisé, demanda un café à Maria et continua de caresser le corps en sueur de Camilla. On aurait dit qu'il voulait parler. On aurait dit qu'il ne savait par où commencer. On aurait aussi dit qu'il voulait questionner. Finalement, il se tut et se leva pour aller se doucher.

Quand il revint toujours nu mais fraîchement lavé, il vit les filles en grande intimité. Elles ne se touchaient pas, ne se parlaient pas, mais leur proximité et leurs échanges de regards le faisaient pour elles. Chacune une tasse à la main, elles le regardèrent entrer en silence, comme s'il avait été un intrus dans sa propre maison. L'homme dominateur devenait importun, presque intrusif, presque gênant. L'homme qu'on jetait après emploi.

Il s'assit sur le lit, entre elles, Maria lui sourit. Elle lui tendit une tasse de café noir, elle semblait connaître ses habitudes. Il la prit, but une gorgée et osa enfin à nouveau regarder Camilla.

— Reste là, lui dit-il en lui enlaçant doucement le poignet, puis en frôlant sa poitrine qui s'excita immédiatement et à laquelle il sourit. Ne va pas te doucher, j'aime ton odeur.

Décidément, il en faisait une fixation, se dit Camilla gênée, pendant qu'il s'adossait au lit, semblant se reposer, pour mieux recommencer ?

Quand il eut fini son café, il descendit du lit, se dirigea vers la table basse entre les deux fauteuils, y prit une sorte d'enveloppe et se prépara à verser quelque chose qui semblait bien précieux à ses yeux, vu les précautions qu'il prenait. Une fine poudre blanche macula la table. Avec une carte de crédit qu'il sortit de nulle part sembla-t-il, il structura cette poudre en une fine ligne parfaite, puis il enroula un billet de cent francs pour s'en faire une paille et renifla d'un trait la moitié de la ligne. Plaçant ensuite le billet dans l'autre narine, il acheva de renifler cette poudre que Camilla voyait pour la première fois et s'écroula en arrière en prenant une énorme respiration, le sourire béat de l'imbécile heureux imprimé sur le visage.

Un instant plus tard, paraissant à nouveau parfaitement maître de lui, il revint vers le lit, vers les deux filles dont il attendait encore une jouissance. Les ayant nues devant lui, il les jaugea comme on scrute l'objet du plus grand de nos désirs et leur demanda de l'exciter à nouveau. Elles ne devaient pas le faire avec lui, mais sans lui, puisqu'elles paraissaient si bien s'entendre, si bien se plaire. Dans sa voix apparut presque de la peine, mais dès qu'elles s'approchèrent l'une de l'autre, son sexe se remit en érection.

Maria aima Camilla comme aurait pu le faire Lana, prenant son rôle de protectrice et de maîtresse de séance à cœur. Avec respect et affranchissement, elle délicia son corps de caresses, de baisers.

Il voulut qu'elles s'embrassent à nouveau, sur la bouche puisqu'il ne pouvait le faire, et cela acheva de l'exciter. Il poussa gentiment Camilla sur le côté, lui demandant de regarder, coucha Maria sur le lit, la tira vers son bord pendant que, à genoux par terre, il lui espaça les jambes pour finir, après un sourire bien étrange, comme une demande de consentement, par les lui écarter carrément. Il avait ainsi la vue qu'il souhaitait sur ce sexe convoité. Il avança sa bouche vers son pubis, lui écarta les lèvres et s'approcha pour farfouiller avec sa langue. Cette fois c'était sûr qu'il était à nouveau excité, devant les gémissements de Maria, ses cambrures, ce plaisir qui semblait la ravir.

Il la tira par terre, lui prit le poignet, l'approcha de son pénis. Couché sur le sol il attendit qu'elle le masturbe, qu'elle le caresse, que de sa bouche chaude elle entoure son sexe qui, fébrilement, n'attendait que la montée extrême d'une excitation qu'il faisait durer à n'en plus finir.

Quand il sentit qu'il allait venir, il la repoussa, la souleva et la jeta sur le lit. En remontant aussi, il sortit de sous l'oreiller une paire de menottes avec lesquelles il lui attacha les poignets au sommier. Dominer maintenant, voilà ce qu'il voulait.

Il retourna à demi Maria, lui plia les genoux, s'approcha du bas de ses reins et, passant d'un lieu sacré à un autre, joua avec elle comme il l'entendit. Camilla, pudiquement, dégagea son regard sans le montrer. Elle entendit des gémissements, ceux de Maria, et des grognements, ceux de l'homme qui finit par la remettre sur le dos. Quand il croisa son regard, il voulut qu'elle lui enfile un préservatif puisque Maria ne pouvait le faire mais, alors qu'elle le cherchait sous l'oreiller, il se coucha à nouveau sur elle.

— Pas deux fois, s'imposa Maria.

— Non, je sais, se languit-il presque de cette réponse. Je voulais juste qu'elle m'excite, et il la libéra non sans lui avoir à nouveau passé les mains entre les cuisses.

Il se mit ensuite sur Maria, d'abord de tout son poids puis se relevant, et commença à la lécher partout, à la sucer, à la caresser et à la pénétrer. Camilla ne regardait plus quand, prise d'une idée, elle retira ses menottes à Maria qui reprit le pouvoir sur cet homme à la sexualité débridée.

Excité comme jamais par ces deux filles dont l'une avait libéré l'autre, il vint à la vitesse de l'éclair, dans une jouissance brutale, presque bestiale, en hurlant des cris d'extase qui assourdirent l'immeuble silencieux, des cris qui avaient dû être retenus longtemps et qui jaillirent au grand jour comme une preuve suprême d'orgasme et de luxure.

Un silence de recueillement habita l'espace minuscule et personne ne le rompit. Dans le taxi qui les ramenait, les fenêtres arrière furent à nouveau l'unique centre d'intérêt des jeunes filles enfin libérées et elles ne le lâchèrent pas du regard. Chacune de son côté regardait en elle, dans un mutisme soucieux et respectueux, n'osant questionner l'autre, n'osant la regarder.

Maria restait calme et sérieuse, tentait de sourire quand elle croisait le regard de Camilla. Pourtant Mia avait vu une larme couler sur sa joue, une larme simple et docile, douce et solitaire venue témoigner sa solitude et sa peine.

Quand elles furent dans l'ascenseur, toujours en silence, Camilla prit la main de Maria et déposa sur sa joue un énorme baiser de remerciement. Maria serra sa main, lui sourit et la remercia aussi.

— C'était moins pire que d'habitude, lui assura-t-elle. En fait, ç'a été ! Tu dois avoir un don pour rendre les gens plus doux... Comment tu fais ?

S'il y avait bien une âme sur terre qui n'en avait pas la moindre idée, qui se refusait même à croire pareil propos, c'était Mia qui depuis toujours subissait de certains bien des ignominies…

Elle haussa les épaules, sincèrement perplexe, ce qui donna à Maria un début de rire.

— Tu l'as pas reconnu ? lui demandait Maria à la cuisine, pendant qu'elle rangeait ses affaires dans son placard.

— Heu… non ! J'aurais dû ? s'enquit Camilla qui faisait de même.

— Ben, tu lis jamais les *gossips* ?

— Ah non, jamais ! avoua-t-elle. Enfin, sauf quand leurs gros titres lui sautaient aux yeux, comme ce fut le cas pour ce « Camilla, celle par qui le scandale arrive », pensa-t-elle avec désappointement.

— Ben, lis-les, tu le reconnaîtras, s'amusa Maria au moment où Lana entrait.

Elle les avait attendues avec impatience et leur proposa joyeusement un café qu'elles refusèrent à l'unisson. Vient un moment dans la journée où on n'en peut plus des cafés ! Alors elle leur montra toute fière et tout sourire ce qu'elle était allée acheter durant leur absence.

— Une bouteille de Baileys, triompha-t-elle en la sortant du réfrigérateur comme un trophée puisque, elle, elle l'aimait frais. Le seul whisky que je bois ! Je vous sers ?

Devant leurs mines surprises puis ravies Lana fut enchantée. Un peu d'alcool était bien ce dont elles avaient besoin. Elle disposa les verres sur la table et servit sa boisson alcoolisée préférée avec joie, tout en papotant de tout et de rien, quand elle fut interrompue.

— Juste une question, fit Camilla soudain pensive, il jouit toujours aussi bruyamment ?

Les deux autres éclatèrent de rire.

— Oh ça, c'est pour les voisins ! s'amusa Maria. T'as vu comme il nous a saluées par la fenêtre ? Il a hurlé pour que tout le monde entende et il était à moitié nu en plus !

— Oui ! C'en fut gênant d'ailleurs ! en rougit Camilla.

— « C'en fut gênant d'ailleurs », répéta Lana toute joyeuse. Mais c'est qu'on n'a pas l'habitude de ce langage par ici ! Ça fait du bien. Pas vrai Maria ?

Elles rirent copieusement en regardant avec douceur la mine défaite de Mia qui haussa les épaules. En fait, elles ne pouvaient plus s'arrêter.

— Oh ça va, répliqua cette dernière avec un regard en coin. J'ai toujours parlé comme ça. Arrêtez de vous moquer de moi !

Non, non ! Elles lui assurèrent qu'elles ne se moquaient pas du tout et Lana vint même passer ses bras autour de son cou avec douceur pour lui garantir sa bonne foi.

— On t'adore Camilla, tu nous changes tellement… dit-elle. T'es d'accord Maria ?

Mais au moment où elles se tournèrent vers Maria qui ne répondait pas, elles la virent vider d'un trait le contenu de son verre pour ensuite reprendre sa respiration, haletante.

Elles la regardèrent avec la plus grande stupeur.

— Ça va ??? demanda Lana, l'air inquiet. Tu sais que c'est du whisky, n'est-ce pas ?

Lana avait deux grands yeux ronds.

— Désolée, j'avais tellement soif ! affirma Maria le plus naturellement du monde, sans se rendre compte de ce qu'elle venait de faire, et de dire… avant quelques secondes.

Cette fois ce fut au tour de Mia et Lana d'éclater d'un bon rire sonore.

— Une fille boire comme ça… Jamais vu ça ! fit Lana abasourdie en lui mettant deux grands verres d'eau sur la table et, se remettant de leur stupeur, elles se mirent toutes à rire.

Pendant que Lana allumait sa cigarette, Maria quitta la pièce un instant. Ce fut à ce moment que se leva Mia. Elle n'avait eu que trois clients, mais décida de partir. Elle se referait durant les deux jours restants, là, elle était juste épuisée.

Lana lui demanda si tout allait bien et eut un air soucieux devant le teint si soudainement pâle de Mia, qui lui assura d'être en pleine forme toutefois. Elle prit son sac dans son placard attitré et allait quitter les lieux lorsque Lana lui remit une jolie somme. Mia avait même oublié de prendre son dû de leur « Cologny ». Mais quand elle regarda les billets que Lana lui tendait, elle vit qu'il y en avait beaucoup trop.

— Je ne peux pas prendre ma part avec toi, avait simplement répondu Lana dans un élan de sincérité, sans même se rendre compte de ce qu'elle était en train d'avouer…

Mia se sentait gênée. Elle ne voulait pas lui enlever sa part, elle insista pour qu'elle la reprenne, lui opposa des arguments, mais Lana resta ferme. Elle ne pouvait donc qu'accepter, d'autant qu'elle était épuisée et se sentait de plus en plus faible.

Au moment où elle la remercia, Lana fondit sur elle. Elle lui sauta au cou en lui assurant que « c'était normal ». Elle la serra fort et longuement. Mia ne s'y était pas attendue. Elle ne sut que dire, resta plantée là et regretta soudain d'avoir deux bras aussi longs et encombrants, dont elle ne savait plus que faire… Elle finit par lui tapoter gentiment l'épaule, puis elle l'enlaça à son tour avec douceur avant de s'en défaire. On aurait dit que Lana la voyait pour la dernière fois, on aurait dit qu'elle taisait tant et tant de choses, on aurait dit qu'elle la remerciait, mais qu'elle allait pleurer aussi.

Mia partit.

Ce ne fut qu'en arrivant chez elle qu'elle s'aperçut de se sentir vraiment mal. Elle avait la nausée et le tournis. Elle était à deux doigts de tomber dans les pommes lorsque, d'instinct, elle ouvrit le réfrigérateur. Persuadée qu'il ne s'y trouverait rien, puisqu'elle n'avait pu faire les courses depuis des jours, quelle ne fut pas sa surprise lorsqu'elle y vit ses mets favoris, des fromages, des olives, de la tapenade, de la charcuterie, des aubergines à l'huile maison de la grand-mère de Marina, des yaourts, un mille-feuille et même une salade de fruits !

Elle fondit de joie devant tant de merveilles qu'elle disposa sur la table et, la bouche pleine, appela immédiatement Marina, car c'était bien elle qui les avait déposées là deux jours plus tôt. Elle se souvint de l'avoir vue arriver les bras chargés, mais n'y avait pas prêté attention sur le moment. Marina qui n'était pas venue qu'avec une bolognaise, mais avec un sac rempli de provisions, puisqu'elle connaissait si bien son amie… qui allait sûrement oublier de se nourrir.

Marina répondit après plusieurs sonneries, étonnamment essoufflée, mais de si bonne humeur.

Après des remerciements chaleureux et une conversation sur le ton de la plaisanterie, elles raccrochèrent sans que Mia ait pu lui faire avouer le motif de tant de joie et d'essoufflement. Elle resta perplexe après cet appel, qui lui avait pourtant remis du baume au cœur et le sourire au visage.

Plus sereine que quelques heures plus tôt, elle termina son repas, prit un grand bain, se brossa les dents, se démaquilla et se cala dans son lit pour dormir d'un sommeil agité.

Partie III

« *Arriverà…*
Tu pleureras, comme pluie tu pleureras
Et tu t'en iras, comme les feuilles au vent d'automne,
Triste tu t'en iras,
Sûre que jamais tu ne te pardonneras.
Mais s'éveillera ton cœur en un jour brûlant d'été,
Où le soleil sera
Et tu changeras la tristesse des larmes
En éblouissants sourires,
Oui, tu souriras.
Et *arriverà* la saveur du baiser le plus doux
Et d'une étreinte qui te réchauffera.
Arriverà une phrase, une lune
De celles qui te, qui te surprendront.
Et tu souriras. »

Emma et Modà, *Arriverà*

Chapitre XII

« Les dieux immortels ont mis la sueur avant le mérite. »
Hésiode

Le lendemain, tout alla de travers dès le matin, à commencer par la tasse de café qu'elle renversa sur la table avant de renverser la cafetière entière. Mia lança un juron de ceux qui feraient pâlir un bûcheron. Elle se refit un café, non sans se brûler les doigts sur la cafetière encore trop chaude qu'elle balança avec rage dans l'évier, puis enfin petit-déjeuna.

Elle avait passé une mauvaise nuit, trop courte, venant après une série d'autres nuits du même type qui avaient fini par l'épuiser totalement. Mia avait des cernes et du mal à se concentrer. Mais elle ne lâchait pas prise. Il lui restait deux nuits à tenir. Elle aéra la cuisine puis la chambre à coucher, refit soigneusement son lit, choisit ses vêtements. Cette fois elle mettrait un jean blanc moulant avec un petit débardeur, blanc aussi. Cela la changeait tellement du noir absolu, auquel elle était tant habituée. Elle entra dans la salle de bains, prit une longue douche, puis se sécha et se brossa les dents. Enfin elle se lava le visage à l'eau tiède, l'épongea doucement, mit sa crème hydratante et se maquilla avec soin, ni trop ni trop peu. Un peu de fond de teint clair, un peu de noir autour des yeux, du mascara et un rouge à lèvres dans les marrons.

Elle enfila une ceinture beige et des escarpins assortis à talons, donna un coup de brosse à ses longs cheveux cuivrés légèrement ondulés, se parfuma, attrapa son sac à main et sortit de la maison en fermant à double tour.

Mme Cachou entra dans sa boutique d'un pas fatigué, mais le sourire aux lèvres. Elle chercha le regard de Mia qui l'accueillit aussitôt avec tendresse.

Elle aimait beaucoup Mme Cachou, qui ne s'appelait pas ainsi, Cachou étant le prénom de l'adorable petit chien qu'elle avait perdu quelques mois plus tôt, la laissant seule. Il avait eu tant d'importance pour elle, qu'elle errait depuis dans la solitude d'un monde trop brutal, lasse des douleurs de son âge, des dernières peines de son cœur, portant en bandoulière les souvenirs doux-amers d'une vie bien remplie de femme aimante.

Mia trouvait dans ce nom toute la douceur et la gentillesse de cette petite vieille dame pour qui elle s'était prise d'affection.

— Bonjour, s'exclama Mia en l'enlaçant de ses bras généreux, comment allez-vous ?

— Je vais bien, je vais bien mon petit, lui répondit-elle avec son habitude de se répéter. Je passais par là et suis juste venue vous faire un petit coucou. Je ne reste pas, car je suis pressée… Mon mari rentre dans deux jours, vous savez ?

Les yeux de Mia s'emplirent de tendresse. Cela faisait des années que son mari allait rentrer… dans quelques jours ou à la fin de la semaine ou le lendemain. Elle avait fini par comprendre… M. Cachou avait fait son dernier voyage, mais son épouse, toujours, continuait de garder son souvenir vivant, pour s'éviter d'errer dans ce monde comme l'âme en peine qu'elle était devenue. Il allait rentrer… un jour ou l'autre, il allait rentrer.

— Oh ! C'est merveilleux, joua le jeu Mia. Vous devez être bien occupée alors ?! Mais vous prendrez un petit café avec moi. Vous n'allez pas me laisser le boire seule, tout de même ? lui dit-elle en sachant qu'elle n'était venue que pour ce moment.

— Oui ma chérie, je prendrai un petit café, je ne vais pas vous laisser seule, lui sourit la petite dame comme si elle lui faisait une faveur. Vous savez bien que j'ai toujours un peu de temps pour vous !

Mia lui sourit en retour puis alla dans l'arrière-boutique pour préparer leur café. Cette petite dame était adorable dans sa fragilité et Mia prenait soin d'elle de son mieux. Elle ne lui avait acheté qu'une seule fois un pull, mais venait lui rendre visite chaque semaine, regardant toujours ses beaux vêtements, sans pouvoir se les offrir. Mme Cachou ne roulait pas sur l'or et sa maigre retraite ne lui permettait pas de finir ses jours dans une sérénité qu'elle avait pourtant méritée.

Elles burent ce petit café et papotèrent, pour leur plus grand plaisir. Être commerçant, c'est aussi accepter un rôle de bienveillance, dans une société de mieux en mieux avare de son temps, borgne de matérialisme, idiote de futilité.

Quand Mme Cachou s'en alla, si heureuse d'avoir pu bavarder un moment avec elle, d'avoir pu, l'espace d'un instant, oublier qu'elle était restée seule sur terre, Mia se sentit vide et bien pensive.

Sa mère entra alors dans sa boutique comme une lamentation éternelle. L'épaule voûtée, le corps affaissé, l'œil oblique et larmoyant, le regard suppliant et pathétique de celui qui ne cessera d'importuner tant qu'il n'aura pas eu ce qu'il exige.

C'était insupportable. Et ça faisait fuir les clients ! Et Dieu sait si Mia avait besoin de clients !

— Alors, fit sa mère, t'as pas changé d'avis ?

Cette question l'irrita au plus haut point. Non, elle n'avait pas changé d'avis ! Pourquoi l'aurait-elle fait ?!? Y avait-il une seule bonne raison au monde pour qu'elle l'eût fait ???

Sa mère avait toujours eu de l'aversion pour Sandro et voilà qu'il devenait soudain un être cher qu'il fallait aider et aimer, duquel elle n'avait pas le droit de s'éloigner. Jamais elle ne lui avait demandé comment elle se sentait, où elle irait habiter ensuite, avec quel argent elle comptait s'installer, quels rêves et quels espoirs elle nourrissait pour son futur. Jamais. Non, jamais ! Mais elle lui demandait si elle n'avait pas changé d'avis ! Tout ce qui lui importait, ce n'était ni elle ni « ce pauvre Sandro », comme elle avait commencé à l'appeler. Non, ce qui lui importait c'était sa réputation personnelle, son confort, sa bonne position dans la pensée « des gens » et de la famille.

— Non, je n'ai pas changé d'avis, lui répondit Mia. Dès qu'il rentrera, je partirai et ce sera la meilleure chose que j'aurai faite de mon mariage, conclut-elle un peu plus agressivement qu'elle ne l'aurait voulu.

— Pourtant, répliqua sa mère qui semblait n'être venue que pour réussir à faire plier sa fille, tu voulais le marier !

Mia ne répondit pas, pas tout de suite. Comment expliquer certaines choses à la femme devant elle ? Comment se faire entendre par quelqu'un qui ne veut pas nous entendre ?

Elle ne pouvait pas s'expliquer. Leur absence d'intimité s'y opposait. Quand il l'avait demandée en mariage, ils venaient de faire l'amour, ils étaient nus l'un sur l'autre et dans le regard de Sandro il y avait eu tant d'espérance et d'attente qu'elle n'avait pu que se résoudre à accepter.

Les circonstances avaient été particulières, il faut l'admettre. Elle avait dit « oui », mais ne voyait ce mariage que dans un lointain hypothétique, quelque chose qui ne se produirait probablement jamais.

À ce moment précis, elle n'avait pas voulu lui faire de peine, c'est tout.

Pourtant, cet été-là, ils s'étaient fiancés. Mais Mia continuait de voir ce mariage comme une immense nébuleuse, trop incertaine pour qu'elle se matérialise. De fait, ils n'en parlaient plus vraiment. Qu'ils se soient fiancés officiellement suffisait aux familles pour calmer leurs esprits et épargner leur honneur pour un temps. Seulement voilà, Sandro était un saisonnier à Genève et il n'allait recevoir son permis de travail permanent qu'une année plus tard. Les permis saisonniers coûtaient moins cher au patronat, aussi son patron avait-il décidé de ne pas renouveler son contrat. Sandro allait devoir repartir en Italie. Une seule chose pouvait lui faire gagner le droit de rester autant de temps qu'il le souhaitait, son mariage avec un permis permanent.

Aussi prévit-il la date du mariage civil à Genève en décembre, sans la consulter.

Mia était prise au piège.

De toute manière, comment aurait-elle pu dire non à ce moment-là ? Encore une fois les demandes de Sandro survenaient à des moments cruciaux et inopportuns. Comment aurait-elle pu supporter seule le poids de la haine, du ressentiment et de l'incompréhension de leurs familles ?

Comment aurait-elle encore pu se regarder dans un miroir en sachant qu'elle avait gâché la vie d'un homme et, par ricochet, celle de sa famille qui tirait subsistance de lui ?

Elle ne le put pas et assista à son mariage civil comme d'autres assistent à une marche funèbre, dans une atmosphère aigre-douce, une joie irréelle qu'elle s'efforça d'afficher toutefois… pour faire plaisir à tout le monde, sauf à elle-même.

Mais bien sûr, tout cela, elle ne pouvait pas l'expliquer à sa mère. Alors elle continua de se taire et de garder en elle tous ces non-dits qui pèsent et bouleversent, qui nuisent et si bien nous détruisent.

Quand sa mère se mit soudain à pleurer en se demandant « ce qu'*elle* avait bien pu faire pour mériter ce que sa fille lui faisait subir », elle lui demanda de partir. S'il y en avait une qui subissait, et qui s'humiliait même, à ce moment précis, c'était bien elle, et personne d'autre !

Mais de cela, elle devait tout taire aussi.

On ne sait jamais ce que vivent les autres, on ne peut que l'imaginer et encore, souvent, sommes-nous si loin de la réalité.

Ce fut au tour de sa voisine commerçante d'entrer en imposant sa présence, et Mia ne put s'empêcher de penser à l'immense contraste entre la douce Mme Cachou et… ses deux autres visites ! Magdalena la considéra de haut en bas et lui lança :

— T'as bien fait de te mettre en pantalons. Tu devrais plus mettre de jupes… ça te va pas du tout ! T'as les jambes trop… *maigres* !

Dixit celle dont les jambes faisaient quatre fois les siennes !

Et voilà qu'elle avait trouvé le bon mot, le mieux blessant. « Minces » aurait bien fait l'affaire, mais

« maigres » était plus choisi, plus offensant, plus coupant. La jalousie est la monnaie de la frustration, dont une face est colère et l'autre impuissance.

On dit que ce n'est pas facile d'être laids en ce monde, mais ce n'est pas facile d'être beaux non plus. Magdalena la quitta après d'autres gentillesses du même genre auxquelles Mia ne répondit pas.

Certaines personnes ont la sensibilité d'une tronçonneuse. C'est la bienveillance de cette fille qui avait fait dire cette phrase à Marina. Marina… qui habitait ses pensées depuis son réveil et qui ne les quittait plus… Pourquoi ?

Quand Mia rejoignit Lana, elle était du coup de très mauvaise humeur.

Cette fois-ci, c'est chez elle qu'elle lui avait donné rendez-vous, à quinze heures, dans son appartement, juste à côté de sa boutique, à la rue Verte.

— Si tôt ?! Pourquoi ? lui avait-elle demandé la veille.

— Parce que j'aimerais t'emmener… dans un endroit très spécial, avait-elle fini par lui sourire et Mia avait accepté.

Elle entra dans un immeuble propre et clair et sonna à une porte du deuxième étage. Ce fut une Lana bien étrange qui vint lui ouvrir. Toujours souriante, de belle humeur et ravie de la voir, mais avec dans les yeux une étrange lueur. Mia fit presque un pas en arrière.

Lana l'attrapa des deux mains et la tira dans son bel appartement, petit mais tellement cosy et lumineux, un rêve pour Mia. Dès qu'elle eut fermé la porte, elle se tourna vers son invitée et l'embrassa sur la bouche. Mia ne s'y était tellement pas attendue ! Elle ne se retira pourtant pas, pas avant un instant.

Lana comprit, cessa son baiser, baissa la tête, la fit entrer au salon et lui servit un sirop grenadine pendant qu'elle finissait de se préparer. La fenêtre était ouverte, il faisait encore chaud à Genève. On entendait les quelques bruits de la rue paisible, le chant des oiseaux sur les branches des arbres encore verts. Un parfum agréable de fleurs fraîches flottait dans les airs et de merveilleux rayons de soleil venaient caresser la pièce. Mia se sentit à l'aise. Quand Lana revint près d'elle, elle lui promit de l'emmener dans cet endroit « très spécial »...

— Puisque tu ne veux pas faire autre chose... fit-elle sur un ton mi-question mi-reproche.

Mia, fatiguée et ne voulant que se mettre « au travail » pour en finir au plus vite avec cette histoire qui la consumait de plus en plus, eut un soupir.

— Ne t'inquiète pas, je comprends, lui affirma gentiment Lana en souriant malgré tout.

— Non Lana, ce n'est pas ça... Tu ne comprends pas ! commença Mia qui ne savait plus elle-même où elle en était. Plus du tout.

— Ben si, quand même, c'est « ça »... fit une Lana à la mine soudain triste, mais compréhensive.

Mia, avec une Lana maintenant pelotonnée tout à côté d'elle, lui expliqua, ou tenta de le faire, ce qui la forçait à repousser ses avances. L'attirance était grande, l'excitation et l'envie aussi, mais pas maintenant, pas tout de suite. Pas comme ça…

Elle était là pour gagner de l'argent puis partir vers son futur, sans fardeaux, sans poids, sans remords, pour pouvoir enfin vivre sa vie et accéder à son rêve unique, aimer et être aimée.

Elles quittèrent l'appartement après un moment. Entre caresses et baisers, les jeunes filles avaient discuté, beaucoup, s'étaient ouvertes l'une à l'autre, un peu, mais passionnément… Lana lui avait fait part de son propre rêve, un rêve simple comme tous les beaux rêves. Elle voulait également quitter cette vie, quitter Genève, quitter ce cousin qui la harcelait de son mieux et de tout son exécrable poids, faisant de sa vie un cauchemar. Lana voulait partir, mais dans ce verbe aux immenses expectatives, dans ce verbe si vaste, on en entend un autre. Lana voulait vivre, elle aussi.

Bras dessus bras dessous, sous le regard en coin des passants qu'elles croisèrent, elle l'emmena dans un grand hôtel sur les quais de la rive droite. Là, au premier sous-sol, se trouvait un lieu que Mia ne soupçonnait pas, un casino. Pas un véritable casino, puisque la ville interdisait les tapis verts, mais un espace habité par les plus redoutables des gouffres à sous, les slot machines.

Lana fut aussitôt enchantée par ce spectacle, qui désola Mia. Elle l'emmena vers la caisse, changea beaucoup d'argent en jetons et entraîna une Mia peu convaincue vers une machine. Durant des heures, elle joua et joua. Mia avait fini par s'éloigner. Elle avait pris deux thés menthe au bar, avait fumé quelques cigarettes et s'était approchée quelques fois de son amie pour s'enquérir de leur départ.

À dix-neuf heures Mia ne tint plus et retourna la voir avec fermeté.

Lana était assise devant la machine à sous qu'elle n'avait plus quittée. Elle continuait d'y enfiler encore et encore ses jetons, comme un geste qui vous berce et vous réconforte, qui vous hypnotise et vous abrutit, ne s'apercevant pas, semblait-il, du temps qui s'écoulait, sans elle.

Quand Mia arriva à sa hauteur, elle lui affirma qu'il était temps de partir. Lana la regarda avec des yeux de petite fille devant une friandise qu'on menace de lui retirer. Avec douceur, elle lui enserra la taille d'un bras, puis posa sa tête sur son ventre, réconfortée d'y trouver de la chaleur, avant de l'enlacer complètement de l'autre bras aussi. Elle était bien sur son ventre. Elle y resta un moment.

Quand elle la relâcha, elle leva à nouveau le visage vers elle.

Et dans ce regard qu'elles échangèrent en silence, éclipsant le reste du monde, se tenant seules l'une face à l'autre, se trouvaient tous les mots, toutes les phrases, toutes les ponctuations, les questions et les réponses de l'Univers.

Il n'est nul besoin de mots pour parler à celui qui entend notre cœur.

Mia dut s'en aller sans Lana.

— Et merde !!! lâcha-t-elle en sortant.

Elle quitta ce lieu avec une immense colère, qui se transforma doucement en tristesse puis, juste avant d'arriver au Salon, elle ressentit ce sentiment parfaitement inattendu, de la peur…

Mais une pensée fixe l'avait accompagnée toute la journée, partout où elle était allée, à tout moment, Marina. Elle ne savait pas pourquoi elle pensait tant à son amie, mais elle la sentait si près.

Et c'est cette unique pensée qui l'aida à affronter même son plus étrange sentiment du jour, sa peur.

Chapitre XIII

« Celui qui n'apprend pas de son passé est condamné à le recommencer éternellement. »
Johann Wolfgang von Goethe

Marina vivait sa vie d'exilée de son mieux. Elle n'avait pas fait tout ce chemin et avalé tant de couleuvres pour finir par passer ses jours à se morfondre sur tout ce qu'elle avait dû quitter, tout ce à quoi elle avait dû renoncer. Non, elle était partie pour vivre… et avait décidé que vie serait.

Elle voulait regarder en avant plutôt que voir ce qu'on lui avait enlevé. Elle n'aimait pas habiter en un lieu qu'elle n'avait pas choisi pour fuir celui dans lequel elle n'avait aucun choix de permis. Mais elle s'en accommoda, pour un temps, ce temps nécessaire à la mise en place de sa vie, un espace à elle, pour la première fois, à vingt-quatre ans. Elle trouva dans cet espace toutes sortes de forces qu'elle n'avait pas même soupçonnées, de joies, d'envies, de désirs retrouvés, de déterminations, mais surtout elle vit revenir une énergie nouvelle qui lui permit de tout faire, tout aimer, tout voir et tout croire.

Cette énergie allait aussi lui permettre de se réaliser et, ce verbe, elle l'aimait tant. Se réaliser, c'est achever le passé, accomplir le présent et atteindre le futur.

Verbe entier, il comble les vides pour concrétiser nos joies, pour nous permettre d'opérer de vrais choix, de ceux qui nous transportent dans tous les bonheurs de notre cœur. Aussi, au fil des jours, malgré son exil, elle se réalisa, s'émancipa, se matérialisa dans une vie qui commençait enfin à prendre un sens, à lui offrir une existence, sa vie.

Et elle découvrit ce qu'elle avait pourtant toujours su, que cette vie-là, elle l'aimait vraiment !

Mia et elle avaient été forcées de se marier, d'une certaine façon, ou plutôt d'une façon certaine. À partir du moment où elles sortirent avec un garçon puis se fiancèrent, tout le monde les avait attendues à l'autel. C'était la suite inévitable des événements. Personne ne s'y soustrayait !

Si certaines filles pouvaient avoir quelques flirts avant le mariage, dans les familles comme les leurs, elles ne le pouvaient pas. Les jeunes filles se mariaient avec celui qu'elles avaient choisi pour fiancé, encore que « choisi » soit un bien grand mot. Et peu importait si avec le temps elles comprenaient que ce choix n'était pas le bon, que cet homme ne leur convenait pas, que ce n'était pas avec lui qu'elles voulaient partager leur vie, qu'il était seulement celui à qui elles avaient en premier souri, peu importait si elles suppliaient ou se terraient dans des tristesses infinies que personne n'acceptait de regarder et de voir, elles devaient se marier. C'était une question d'honneur !

Ainsi tenir la main à un garçon à quinze ou seize ans signifiait qu'on ne pourrait jamais s'en séparer, lui sourire aussi, ou aller se promener avec. Il fallait le savoir… Elles ne l'avaient pas su !

Ces mœurs ne leur étaient guère familières. Elles avaient toujours vécu à Genève, de leur pays, elles n'en avaient jamais vu que les plus beaux aspects.

La Révolution de 68, apportant de belles perspectives et des ouvertures d'esprit bienvenues, n'avait pas pénétré dans tous les foyers. Ce n'était pas une question de géographie, mais de mentalités. Certains avaient barricadé leurs portes et avaient même mis un point d'honneur à cela, à l'instar de leurs familles respectives. Les jeunes filles se mariaient avec leur premier fiancé, qu'il y ait amour ou pas ! La question n'était point là. C'était ainsi depuis la nuit des temps et ce n'étaient pas elles, jeunes ingrates ne comprenant rien à rien, qui allaient changer cette règle ancestrale tacite, cachant bien des réalités plus inavouables et perverses qu'une simple tradition séculaire…

Elles durent s'y plier, pour l'honneur des leurs, pour celui de leurs mères… qui n'avaient pas aussi péniblement élevé des vauriennes, de ces filles « faciles » qui vous obscurcissent même les plus luisants blasons des familles les plus nobles.

Leurs mères s'étaient « sacrifiées » pour elles et, au nom de ce sacrifice, elles devaient accepter de brader leurs vies sur les marches infâmes des viles attentes de leurs familles…

Elles ne l'avaient pas accepté. Car c'est justement au nom de ce « sacrifice » qu'elles voulaient glorifier la vie et y être heureuses !

Les points de vue étaient trop divergents, comme deux rails qui ne se rejoindraient jamais. Ainsi toutes deux avaient toujours été un « problème » pour les leurs, de par leur ouverture d'esprit, leur optimisme inébranlable, leur soif d'apprendre et de comprendre, leur joie de vivre, leur croyance inégalable en un monde merveilleux et meilleur, des réalités bien trop éloignées de celles de leurs familles… et toujours elles avaient tenté de combattre cette mauvaise image qu'on avait d'elles et qu'on refusait obstinément de leur décoller.

Elles n'étaient ni ingrates ni si rebelles, et encore moins cyniques ou subversives, mais juste des jeunes filles qui avaient très vite, trop vite, compris que la vie peut être courte, injuste aussi, et que donc il faudrait se la rendre belle…

Mais leurs familles n'en démordaient pas, elles étaient des subversives sans cœur et sans raison. Quand on vous colle une étiquette, c'est souvent pour la vie et tout ce que vous pourrez faire, dire ou prouver pour démontrer qu'elle est fausse n'y changera rien ! Parce que quand on vous colle une étiquette, c'est qu'on le veut bien !

Elle était pourtant si fausse cette image… Mais elles ne le voyaient presque plus elles-mêmes car, sur cette scène, une invitée terrible avait fait son entrée, la culpabilité. La culpabilité est la plus grande des traîtresses et la pire des ennemies, celle qui nous emprisonne avec notre propre consentement, celle qui décide pour nous et nous oblige à nous agenouiller devant des choix qui ne nous conviennent pas ou nous font mourir dedans, mais des choix que nous accepterons en son ignoble nom, pour ne pas subir une vengeance plus grande et meurtrière encore, celle qui vient de l'intérieur.

Et la culpabilité traîne souvent avec elle la pitié !

Alors, oui, elles s'étaient toujours senties coupables de cette immense déception qu'elles procuraient à leurs familles, tout en tentant avec enthousiasme, tant bien que mal, de trouver leurs voies malgré tout. Mais quand depuis toujours on vous apprend à obéir pour ne pas trahir, pour ne pas déshonorer ou décevoir, obéir pour ne pas démentir ou démolir, il est très difficile ensuite d'être, et d'être pleinement... envers et contre tout, envers et contre tous.

Parce que se rebeller, pour ces familles-là, ce n'est pas prendre son indépendance ou marquer un point de vue autre, ce n'est pas prendre son envol ou avoir de l'autonomie ou amener au monde une idée nouvelle. Non. Se rebeller, pour ces familles-là, c'est déshonorer, et trahir !

Et le poids de cet acte-là est énorme, disproportionné. Tout le monde ne peut pas le supporter... et ceux qui y parviennent ne s'en sortent pas forcément indemnes.

Souvent, ce sont des estropiés de la vie.

Ainsi, pour ne pas trahir ni déshonorer leurs familles, pour cesser aussi de se battre sans répit contre des moulins à vent, et plus sûrement dans l'unique espoir de se voir enfin un jour acceptées et aimées, elles se plièrent à leur mariage. Mais... ceux qui refusent de nous aimer tels que nous sommes ne sont pas des personnes qui nous aiment.

On ne peut pas changer les autres, mais on peut devenir soi. Aussi, ayant un jour compris que, malgré tous leurs efforts, elles ne seraient jamais ni aimées ni acceptées et que leurs vies seraient toujours régentées par des personnes qui finalement ne leur voulaient pas que du bien, ayant aussi compris que de leurs maris elles n'auraient ni ne pourraient offrir de l'amour, elles se trouvèrent face à un choix. Le choix de leur vie.

S'épanouir et trahir, ou rester et dépérir ?

Le divorce d'avec leur mari n'était, pour l'une comme pour l'autre, que le premier pas vers une séparation bien plus grande et importante, celle d'avec leur famille ou, plus précisément, d'avec les coutumes et les exigences de familles qui se refusaient à les laisser vivre une vie qui pourtant leur avait été offerte. De ces familles qui ne donnent de l'amour qu'au conditionnel...

Divorcer était prouver le refus de voir leurs jours assiégés par les volontés et les attentes des autres, même si elles dérivaient de millénaires d'histoire.

On ne naît pas le jour de notre naissance. On vient au monde ce jour-là, et on y arrive avec un énorme passé qui prend ses racines bien en deçà du jour de notre arrivée.

On vient au monde avec l'histoire de notre famille, de nos aïeux, de notre peuple et de notre terre, de notre pays et de ses traditions… On arrive souvent avec un poids trop important à supporter. Certaines épaules se refusent à le porter ou, plus humainement, plus simplement, ne le peuvent pas.

Lorsqu'on vient au monde, nous avons des millénaires d'Histoire et d'histoires derrière nous. Nous ne sommes pas une page blanche.

La naissance, c'est autre chose.

Quand Marina regarda en face ce sentiment de se réaliser, mais en acceptant un éloignement forcé, elle ne l'aima pas. Elle voulait retourner à Genève ! Elle le voulait quitte à faire face aux plus cruelles médisances. Elle avait tenté de comprendre tout le monde, de faire preuve de la plus grande empathie, de trouver excuses et explications pour tout et pour tous, sauf pour elle. Son exil n'était pas la liberté dont elle avait rêvé. Il fut un temps d'arrêt, une petite oasis de paix dans laquelle elle avait pu se reposer et se retrouver. C'est tout.

Envers ces personnes qu'elle avait fuies, elle avait fait preuve d'abnégation comme de la plus grande patience. Mais la patience, lorsqu'elle est poussée à son extrême, porte un autre nom, n'est-ce pas ? et ce nom-là fait peur. La patience, lorsqu'elle s'éternise indolente, devient de la couardise.

Marina n'était pas lâche. Elle ne l'était pas envers les autres, et ne le serait plus envers elle non plus. Finalement, une fois encore, elle s'aperçut de leur avoir laissé toute la place dans sa vie, en s'embusquant dans un exil « salvateur »… mais qui ne devait pas perdurer. Parce que s'il s'éternisait, cela signifierait qu'elle leur avait laissé toute cette place que si justement elle réclamait, qu'elle leur offrait, sans respect pour elle-même et ses choix et ses combats, toutes les victoires de ses batailles.

Si elle restait en ce lieu alors qu'elle avait tout fait et tout subi pour retrouver sa Vie, alors c'est que, cette vie, elle ne l'avait pas trouvée.

Quand elle fit la connaissance de Robin le soir de son emménagement, elle y vit un clin d'œil du destin et en fut si joyeuse. Juste parce qu'elle avait répondu à son sourire dans la rue, un certain David l'aida à monter ses bagages. Plus tard ce soir-là, ce même David radieux vint sonner à sa porte pour l'inviter dans une pizzeria dans laquelle il lui présenta ses amis, Robin compris. Elle n'avait pas défait la moitié de ses valises qu'il sonnait chez elle, à sa plus grande stupeur… pour lui offrir une nouvelle vie. Elle y alla sans se poser de questions, avec cette confiance instinctive qui la caractérisait si bien. Et, pour la première fois en vingt-quatre années, elle s'amusa.

Toute la soirée ne fut que rires et joies, et nouveautés. Jamais auparavant elle n'avait connu des personnes comme Robin ou ses amis, David, Alex, Markus, Paul et d'autres, des personnes vivantes qui aimaient rire, danser, faire la fête, et aussi travailler. Ils passèrent une soirée mémorable, une soirée durant laquelle elle rencontra aussi, pour la première fois, une musique qu'elle allait tant aimer et qui allait la faire vibrer, penser, danser et vivre, une musique qui allait devenir la sienne, la techno.

Elle avait trouvé en elle quelque chose qui parfaitement répondait à son âme en peine, qui ancrait sa dérive à un monde qui valait la peine d'être connu, ce monde merveilleux en lequel elle avait toujours cru. Elle avait trouvé là, enfin, le goût majestueux en la vie, avec son rire, sa beauté, sa joie, ses bonheurs, ses mouvements gracieux et radieux, un hymne à l'espoir, de cet espoir qui fait tourner les pages de notre vie comme autant de sublimes, incroyables « possibles ».

Et c'est sur les pulsations de cette musique-là qu'elle vint à la vie, sur la fréquence de ces notes qu'enfin elle naquit.

Robin lui avait fait découvrir de merveilleuses soirées, un nouveau monde, et c'est ce monde qu'elle voulait maintenant présenter à Mia. Sa décision était donc prise, elle allait rentrer. Déjà elle avait préparé sa lettre de démission qu'elle remettrait le lendemain et en était si heureuse. Elle se sentait forte. Elle était prête. Prête à refaire face à la médisance et aux représailles, aux regards en coin et aux dégoûts à peine masqués, aux insultes et aux méchancetés bien voilées sous le fard intouchable de la « plaisanterie »…

Oui, elle était prête à prendre sa place dans sa vie, et elle retournerait à Genève, avec la force nouvelle d'une vie qui naît. De la « justice » bien-pensante d'une société malade qui se croit bien portante, elle n'en avait que faire !

Le choix si radical de Mia lui avait fait l'effet d'une décharge électrique ! Elle était son amie et allait la laisser se mettre en danger sans broncher, sans agir, sans lui venir en aide avec ou sans son accord ?! C'était hors de question ! Jamais !

Durant toute une nuit et tout un jour Marina s'était ingéniée à dénicher des idées pour l'aider et, enfin, avait fini par trouver.

Mia avait fait ses choix comme Marina avait fait les siens, chacune pour ses raisons propres. Elles s'étaient mis leurs familles à dos, et bon nombre d'amis aussi, mais n'avaient plus permis que l'on touche à leurs décisions ou à leurs vies. L'une comme l'autre avaient compris que le moment était venu de continuer leurs parcours, sans ceux qui ne les comprenaient pas...

On ne sait jamais ce qu'une personne vit, même si elle nous fait l'honneur d'une confidence, même si elle nous raconte des bribes de sa vie. Nous ne sommes pas elle et ne pouvons pas connaître la ré-elle valeur de ce qu'elle vit. Pourtant, il est si facile de juger, juste en regardant... Mais, qu'est-ce que la vie sans amour ? Une hirondelle sans ses ailes, un soleil sans ses rayons ardents, une terre mortifère.

Alors oui, elles avaient fait leur choix.

Elles auraient pu tout laisser en plan, rester en marge de la route de leur vie et regarder défiler, sur les chemins qui ne leur appartenaient plus, tous leurs rêves et leurs espoirs, toutes les mille petites choses qu'elles auraient aimé avoir. Elles auraient pu se complaire dans une errance dérisoire, où tous les déserts sans mer ne donnaient ni à manger ni à boire. Elles auraient pu se réjouir de trouver dans les détails du quotidien quelques joies qui, bien cultivées, auraient peut-être fini par fleurir.

Bien sûr, elles auraient pu cela, elles auraient pu ceci. Mais elles ne le voulurent pas.

Se sacrifier, se mortifier, se morceler, se maîtriser auprès d'un être mal-aimé, se brader dans les foires en hiver et pleurer au printemps... Pour qui ? Pour quoi ?

Que de nuits sans sommeil et de jours sans éveil, que d'yeux pour se dissimuler et d'oreilles pour s'assourdir des milliers de mensonges que l'on s'est racontés.

Auraient-elles dû faire taire un cœur qui chaque jour criait plus fort ? Auraient-elles dû rester droites et sans bouger dans les sables mouvants qui si bien les envasaient ? Auraient-elles dû assumer le choix d'un jour pour toujours ? Auraient-elles dû se taire pour aux autres plaire ? et s'abîmer sans jamais s'épanouir ? Auraient-elles dû abandonner rêves et désirs, sous prétexte qu'ils n'étaient pas conformes à ceux d'une femme mariée ?

Peut-être... Mais ce n'était pas compter avec leur personnalité.

Chapitre XIV

Mia rangeait son sac à main quand elle entendit la porte d'une des chambres s'ouvrir. Elle vit passer Rosie et son client, le 18 qu'elle avait entrevu la veille.

— Au revoir mon poussin, entendit-elle Rosie minauder devant la porte d'entrée.

Mia fronça les sourcils. Poussin était le dernier animal auquel elle aurait pensé en voyant son client. Grand, gras, en sueur, trop sûr de lui, la bouche pleine d'une substance apparemment poisseuse, assez vilain… non, pensa-t-elle, un autre animal aurait mieux fait l'affaire !

— À samedi ma biquette, mâchonna l'autre.

Une biquette est une chèvre ! s'énerva Mia. Elle prit une grande inspiration exaspérée. S'il y avait bien un animal auquel Rosie ne ressemblait pas, c'était à une biquette ! Décidément !

Quand Rosie la rejoignit, elle ne tenta même pas de lui expliquer pourquoi elle « semblait si contrariée », pour reprendre son expression. Il y aurait eu tant de choses à dire, que Mia n'aurait pas même su par où commencer. Aussi fit-elle mine de ne plus l'être et Rosie resta papoter un moment, heureuse d'avoir un bon auditoire.

— J'ai su que tu t'es très bien débrouillée hier chez Cologny, fit-elle d'un clin d'œil entendu. Bravo ! Pas facile celui-là ! Moi, je ne veux plus y aller, conclut-elle comme pour clore la conversation.

Mia n'eut aucun mal à comprendre ses motivations, mais elle fut surprise de voir à quelle vitesse voyageaient les informations. Des filles qui ne faisaient apparemment que se croiser étaient pourtant au courant de tout un tas de choses. Lana ou Maria devaient en avoir parlé...

Mia, qui commençait à peine à se détendre, se raidit d'emblée à la première sonnerie du téléphone. Elle ne voulait pas répondre à cet appel. Elle ne voulait rien savoir de ce coup de fil. Elle ne voulait qu'une chose, partir ! Mais Rosie l'informa qu'elle avait fini sa journée.

— Je suis exténuée, ma chérie. Je ne veux que rentrer chez moi et prendre un bain !

À contrecœur, Mia décrocha ce combiné. La voix d'un homme lui posa des questions, puis lui donna une adresse. Il l'attendait. Elle dut se rendre chez lui.

Lorsque le téléphone avait sonné la veille au soir, Marina était aux prises avec une fouille minutieuse de ses affaires qu'elle triait par petits tas, avant d'en mettre certaines dans une valise. Elle déménageait presque son appartement en entier, bien que l'appellation studio soit plus juste, quand la sonnerie la cueillit à l'improviste. Essoufflée, escaladant une petite montagne d'affaires en risquant de chuter, elle répondit à une Mia qui avait courageusement passé sa deuxième nuit, et avait dû faire des efforts surhumains pour ne rien révéler de ses plans à son amie… avant la visite qu'elle comptait lui faire le lendemain après-midi, à Genève.

Elle ne céda pas à la curiosité de Mia, ne répondit à aucune de ses questions et lui laissa juste entendre qu'elle aurait ses réponses très vite…

Avant de raccrocher, Mia l'avait encore remerciée d'avoir rempli son réfrigérateur de tant de bonnes choses, et Marina s'était félicitée pour cette idée qui lui avait tant fait plaisir.

À midi ce jour-là, Marina quitta donc son travail avec sa valise à la main. Elle ne semblait pas bien lourde, mais était encombrante. Elle n'y avait mis que quelques affaires, car elle ne se rendait à Genève que pour l'après-midi, ou du moins le pensait-elle à ce moment-là. Lorsqu'elle reviendrait, elle serait plus légère… Elle prit le train à la gare de Lausanne et attendit d'arriver en échafaudant mille scénarios, regardant par la vitre le sourire aux lèvres à l'idée de revoir Mia et de lui annoncer ses plans… Sur place, elle prit un bus, puis un tram et s'arrêta à la Terrassière. Elle monta la pente de la rue des

Glacis-de-Rive et entra dans un lieu insolite qu'elle n'aurait jamais pensé fréquenter un jour.

Quand elle en sortit, elle était assez heureuse et fière, mais moins qu'elle ne l'avait imaginé. Il fallait donc qu'elle aille dans un autre endroit, où elle n'aurait jamais pensé se rendre non plus un jour. Elle avait pris soin d'y prendre rendez-vous la veille, au cas où le premier lieu n'aurait pas été « suffisant ». Avec sa valise, le souffle un peu court, elle reprit donc le tram en sens inverse et sonna à une porte à l'étage, peu sûre d'elle, mais avec courage. Un bon moment plus tard, quand elle eut terminé, enfin, elle s'achemina pour retrouver Mia dans sa boutique, le sourire aux lèvres cette fois, soulagée. Il fallait qu'elle lui annonce sa monumentale surprise ! Mais… Mia n'était déjà plus là.

Pourtant, il aurait fallu qu'elle la voie !

Il était presque dix-sept heures et un petit mot sur la porte annonçait qu'elle avait dû fermer plus tôt. Marina l'avait manquée…

À tout hasard, elle se rendit chez elle, mais personne ne vint ouvrir non plus. Elle n'eut d'autres choix que de se résigner à retourner à Lausanne. Elle en fut très contrariée. Ce n'était pas si grave, tentait-elle vainement de se calmer, Mia allait sûrement l'appeler dans la soirée, et elle pourrait tout lui raconter. Ce n'était pas pareil par téléphone, mais c'était bien quand même… Seulement voilà, l'après-midi avançait et elle ne se calmait pas. Il n'y eut rien à faire ! De plus en plus, de mieux en mieux, elle sentait une nervosité monter, qui allait laisser place à une certaine colère, puis comme à de la tristesse et, à la fin, alors que son train arrivait en gare, à un sentiment inexplicable, la peur.

Marina avait peur, mais elle n'aurait su expliquer pourquoi...

Lorsque Mia arriva devant la porte de l'homme qui avait appelé au Salon, son corps était tendu comme un arc. Elle dut faire des efforts presque surhumains pour lever son bras et sonner. Rien en elle ne semblait répondre à ses attentes. Son corps ne paraissait qu'obéir à lui-même... ou à son inconscient. On devrait toujours écouter notre corps, il sait nous prévenir, et nous prémunir. Son corps répondait à la peur et, la peur, c'est de l'instinct. Mais Mia ne l'écouta pas et le força à obéir.

L'homme qui lui ouvrit était typé, le teint basané, les yeux sombres, des lèvres imposantes et une barbe repoussante de plusieurs semaines. Il lui sourit. Mais ce n'était point un sourire de bienvenue ou de contentement, non, plutôt un rictus d'auto-satisfaction, un sourire de pouvoir...

Mia ressentit une douleur atroce à l'estomac, mais fit mine de poser son sac sur un fauteuil, pour qu'il ne voie pas qu'elle avait blêmi. Elle ne voulut pas regarder la pièce autour d'elle, certaine qu'elle ne lui plairait pas. Elle respirait à peine, et mal. Elle ferma les yeux un instant et supplia cette fois Camilla de revenir. Elle devait à tout prix redevenir maîtresse d'elle-même. Elle ne devait pas céder à cette envie de s'enfuir.

Quand elle rouvrit les yeux, il semblait qu'elle allât un peu mieux… Elle demanda à l'homme ce qu'il souhaitait et ils rejoignirent sa chambre à coucher. Des cadres photos avaient été retournés, mais elle ne voulait rien savoir de sa vie et ne posa aucune question. Dans cette chambre, elle se déshabilla.

Quand elle dut le dévêtir, elle s'aperçut qu'il était d'une pilosité exécrable. Elle n'aima rien de cet individu et aucun effort ne parvint à lui trouver ne serait-ce qu'un point positif. Cependant, elle parvint à le faire jouir vite, étonnamment vite. Elle en fut un peu soulagée, malgré tout, bien qu'encore tendue. Elle se rhabilla, ses mains tremblaient un peu, et le rejoignit dans la pièce qui lui servait de living.

Elle n'aima pas son regard. Elle n'aima pas son attitude. Elle aima encore moins ce rictus béat et supérieur qu'elle surprit sur sa face, passé comme un éclair, mais un éclair sauvage et destructeur.

Dans son studio, Marina n'arrivait pas à trouver la paix, pas même un semblant. Il paraissait que la nuit n'allait pas calmer ses anxiétés. Plus elle avançait, plus ses inquiétudes s'amplifiaient.

Elle réentendait sans cesse sa mère lui dire « La vie est dure. Et elle est laide ! » Et elle, toute petite fille alors, se revoyait sans cesse hurler à l'intérieur d'elle-même son immense, profond cri du cœur « Ce n'est pas vraiiii ! »

Ce cri, c'était sa bouée de sauvetage, ce cri qu'elle allait porter dehors comme dedans sa vie durant. Parce que, si la vie est si laide et si dure, pourquoi mettre au monde un enfant ? Si elle l'est vraiment, pourquoi continuer de la vivre ? Et si elle l'est pour tout un chacun, pourquoi alors ne pas se donner la main pour la traverser ensemble, au lieu de le faire les uns contre les autres ?

Mais, la vie, ce n'est pas ça, n'est-ce pas ? Ce n'est pas que de la laideur et de la dureté, avec parfois un peu de joie. La vie, c'est bien plus que cela, c'est bien au-delà de cela.

La vie est unique et exclusive pour chacun, car elle a la valeur et la définition que chacun veut bien lui donner...

L'individu lui tourna le dos un instant. Mia voulait s'en aller, il ne la laissa pas. Quand il se retourna, il lui fit signe de s'asseoir. Non, pas sur le fauteuil, sur le divan. Il fut presque agacé. Ses gestes furent clairs, le mécontentement qui traversa sa face aussi. Quand elle fut assise où il le lui avait imposé, il s'assouplit.

Debout devant elle, il lui servit un verre. Elle ne buvait que peu d'alcool, n'en voulait pas, surtout pas de lui. Il argumenta, elle refusa poliment. Alors il insista. Elle ne pouvait pas partir comme ça ! L'acte avait été trop rapide ! Beaucoup trop rapide !

Un homme n'aime pas rester sur sa faim, fulgura-t-il, et, elle, elle lui donnait encore faim…

Le visage blême, le sourire forcé sur ses lèvres, elle approcha son verre et en but quelques gorgées. Cet alcool était infect ! Il lui brûla l'estomac, lui monta à la tête. Elle ne se sentit pas bien, fit mine de rien.

Voilà que, après sa mère, Marina s'était mise à penser à Max, son ex-mari. Décidément, la nuit semblait se hanter des fantômes les plus malveillants.

Grand, sûr de lui, apollon, escobar sur les bords, narcissique et beau parleur, Max lui avait toujours fait penser au Bel-Ami de Maupassant, mais en blond. Avec cela profondément élitiste et sectaire, il n'avait rien, mais alors rien, qui lui ressemblât ne serait-ce qu'un peu.

Ce fut son côté charmeur et esthète à l'avoir d'abord attirée, pour ensuite l'éloigner à des années-lumière. Ce n'était qu'un masque de plus pour mieux dissimuler une nature profondément amoureuse de deux seules choses, lui-même et sa réussite sociale dans un monde à conquérir coûte que coûte ! À vraiment n'importe quel prix !

Finalement, Max s'était révélé aussi dangereux que vaniteux, et irrémédiablement ennuyant… Elle avait fini par devenir son trophée, son faire-valoir, de par ses qualités et ses penchants. Il n'avait que faire de ses attentes, de ses envies, de ses joies ou de ses peines. Il l'exhibait comme on exhibe une œuvre d'art, mais il ne l'aimait que pour la gloire qu'elle lui procurait, ce qui, bien sûr, n'est pas de l'amour.

Quand Marina avait quitté son domicile conjugal, elle avait fait le meilleur choix de sa vie.

Mia n'osa plus porter le verre à sa bouche pour qu'il ne vît pas ses mains trembler. Elle n'osa plus parler, car sa voix aurait aussi tremblé. Elle n'osait plus bouger, seule sur ce canapé, alors que tout en elle voulait s'enfuir. Comme paralysée, de terreur, Mia resta là où on le lui avait ordonné.

Quand il s'affala à côté d'elle, sa gorge était si serrée, qu'elle n'arrivait même plus à avaler sa salive. Il le sentit, sembla satisfait et s'approcha plus encore.

Elle ne voulait que partir. Pourquoi ne pouvait-elle pas partir ? Parce qu'il avait payé une somme considérable pour son plaisir et que celui-ci avait été trop bref, à son goût ! Elle aurait pu inventer un mensonge, dire qu'on l'attendait dehors, mais il ne l'aurait pas crue !

Elle devait rester, de gré ou de force.

Marina se remémora les paroles de sa mère, un jour qu'elle revenait tout heureuse du premier anniversaire auquel elle avait eu le droit d'assister.

« Tu t'es amusée ?! Alors tu vas payer maintenant. Tout a un prix, tu sais ? »

Non, tout n'a pas un prix. Mais certains se font un devoir de toujours vous présenter leur monstrueuse note.

Durant des mois, elle dut payer son amusement, en corvées, en mauvaises humeurs, en cris, en réclusion, en acceptant tout ce qu'on lui imposait. Quelle claque prit-elle le jour où elle lut, plus tard, ce roman terrible de vérité d'Umberto Eco, *Le Nom de la rose*. L'interdiction de rire… c'était aussi toute l'histoire de son enfance à elle.

Avec le temps, cela devint une interdiction de vivre, selon ses propres valeurs.

Chacun devrait être accepté non pas *malgré* mais *avec* ses différences.

Élever un enfant dans le seul but qu'il incarne les normes de sa société ou de sa famille, ce n'est pas l'*élever* au sens d'élévation… mais l'élever par élevage. Ce n'est pas lui permettre d'exister et de s'édifier, non, c'est l'écraser et parfois le détruire. Lui nier son droit à la différence, c'est lui saboter la vie, c'est lui nier l'existence.

Nous n'avons pas tous pour vocation d'être des castrats.

Quand Mia tenta de lui dire que l'acte ne pouvait avoir lieu deux fois, l'individu se montra plus violent. Ses yeux s'assombrirent, ses paupières se fermèrent, sa face se contracta en même temps que son corps. Il lui prit le bras, qu'il serra un peu fort. Il devint menaçant, puis il pouffa, diverti, égayé, la relâchant. Pensait-elle vraiment qu'il avait payé pour « si peu » ? Elle se moquait de lui ?!

Il se colla à elle, murmura des mots qu'elle ne voulait pas entendre. Mia prit peur. Elle voulait bien ne pas être payée, elle voulait bien s'enfuir et tout oublier. Elle voulait tout sauf rester. Elle comprit que rien ne l'aurait satisfait. Elle sut ce qu'il attendait, ce qui l'attendait.

Alors, pour que cela ne se transforme pas en acte de la plus grande violence qui soit, il ne lui restait qu'une chose à faire…

Elle ferma les yeux, prit sur elle, accepta.

Mia n'était pas encore en miettes, mais elle était en danger.

Marina avait douze ans lorsqu'elle reçut son premier baiser. Un baiser si chaste, magique et merveilleux, sur la joue. Elle était au bord de la mer, en Italie. Ses amis lui avaient organisé une fête sur la plage avant son départ et elle avait pu s'y rendre, exceptionnellement. Giacomo l'avait emmenée un peu en aparté, sur son rocher face à la mer, et là, lui tenant la main, il lui avait posé un baiser sur la joue. Le monde explosa dans un millier d'étoiles. Le monde était beau, la vie était belle ! Tout était parfait et merveilleux. Elle avait reçu un baiser sur la joue, elle avait *vu* l'amour. Rien ne pouvait gâcher ce moment…

Elle n'avait pas vu sa mère approcher furtivement, pas entendu ses amis les prévenir de leur mieux. Elle était dans un autre monde, celui du premier amour, du bonheur pur. Comment imaginer qu'au beau milieu d'un Paradis se présenterait l'Enfer ?

Sa mère arriva, écarta le garçon qui lui tenait encore la main et, devant tous ses amis, avec un large sourire, elle prit son élan et lui donna une claque d'une telle violence, qu'elle lui perfora le tympan gauche… en y laissant une lésion à vie.

Mia était cette fois devant la porte, essayant de se maîtriser. L'autre voulait l'accompagner au bas de l'immeuble, ou peut-être chez elle… Non, ce n'était pas la peine, son patron l'attendait dehors, trouva-t-elle la force de raffermir sa voix, en mentant pour qu'il ne la suivît pas. Tremblante de la tête aux pieds, elle lui tourna le dos, se sentant déshabillée, du regard cette fois. Elle dut se maîtriser pour ne pas courir ni crier.

Au bout du couloir, elle ne prit pas l'ascenseur mais les escaliers. L'idée de se retrouver dans un espace si clos, si exigu, lui était insupportable. En bas, elle vit la porte de l'immeuble devant elle. Fermée. Il ne lui restait plus qu'à l'ouvrir, et elle serait libre ! Mais quand elle l'ouvrit, qu'elle se retrouva dans la rue, elle eut encore plus peur !

Le lieu était isolé, en marge et si loin de la ville, un quartier ghetto où personne ne s'attardait, encore moins de nuit. Elle se souvint que, dans ce quartier, pendant un moment, même la police n'osait plus entrer. Est-ce que ça avait changé ?

La fraîcheur de la nuit la surprit. Elle ne trembla plus seulement de peur, mais un peu de froid aussi. Elle regarda de tous côtés, cherchant la grande route… voulant juste s'éloigner à tout prix. Elle voulut appeler un taxi, mais il n'y en avait pas. Et elle n'était pas sûre qu'un seul viendrait là… Puis l'idée de trouver des pièces pour appeler d'une cabine publique ne lui plut pas. Qu'aurait-elle fait en attendant ? Elle serait restée là, seule, exposée ? Si proche de cet immeuble qu'elle avait en horreur ? Non, elle devait s'éloigner. Elle marcha le plus vite qu'elle put en direction de la ville si lointaine, claquant des dents, le corps agité de tremblements, le cœur battant à tout rompre, attentive à tout ce qui bougeait ou respirait, et priant pour ne pas rencontrer en chemin un autre malade.

Plus elle marchait, plus elle avait peur, plus elle tremblait. Que s'était-il passé ? Pourquoi avait-elle dû vivre cela ?

Ce n'était pas le moment de se poser des questions, mais celui de se dépêcher. Elle courut et courut pour s'éloigner du lieu qui l'avait vue souffrir. Mais elle avait si mal aux pieds… elle n'avançait plus si vite. Quelle idée avait-elle eue de mettre des talons ?! À bout de souffle, elle s'arrêta pour ôter ses chaussures. Ses pieds respirèrent, ils semblaient lui en être reconnaissants. Elle respira aussi, pour la première fois depuis qu'elle était arrivée là. En apnée depuis des heures, pas étonnant qu'elle eût des vertiges…

Elle tenta de faire quelques pas déchaussée. Ce n'était pas agréable, mais supportable. Puis elle s'entailla un pied avec un bris de verre et, en sang, elle le rechaussa. Tant pis si elle avait mal, blessée et pieds nus elle n'irait pas loin.

La ville était encore à des kilomètres.

Peu de voitures passaient, la voyant à chaque fois sursauter, se cacher, priant pour que le conducteur ne s'arrêtât pas. Elle avait peur de tout. Quand elle dut traverser la rase campagne, elle fut terrorisée, jetant sans cesse des coups d'œil à la rue, aux champs et aux bois. Le danger pouvait venir de partout. Dans la nuit noire, sur la chaussée austère aux réverbères si rares, courageusement elle continua d'avancer en forçant son corps à se surpasser. Elle avait si mal aux pieds… Se concentrer sur sa douleur aux pieds, et seulement sur elle, fut certainement ce qui l'aida le mieux à avancer. Il n'avait pas voulu de lubrifiant, alors elle avait aussi mal ailleurs, si mal… mais il ne fallait pas qu'elle y pense.

Avancer. Avancer. Se concentrer sur sa douleur aux pieds. Et avancer. Un moment, cette idée l'abrutit, lui donnant la force de faire un pas devant l'autre. Puis, à un autre, inévitablement, elle y repensa. Le sien n'avait pas été à « proprement » parler un viol. Mais il le serait devenu si elle n'avait pas consenti.

Il y a pourtant une différence énorme entre consentir et ne pas s'opposer. Il y a une différence énorme entre dire oui et y être forcé… pour qu'on ne nous fasse pas un mal plus grand.

L'attitude de l'homme avait été claire, ou elle se soumettait, ou il la soumettait. Elle avait choisi le moindre mal, c'est tout.

Elle en était dégoûtée, profondément dégoûtée. Elle se sentait honteuse, salie, souillée, endolorie et maudite, encore une fois, comme quand elle était petite. Elle se sentait mal, si mal. Peut-être tomberait-elle sur une voiture de police qui la sauverait de son naufrage et de sa peur ? Peut-être pourrait-elle le dénoncer ? Oui, bien sûr… Non, bien sûr ! Que lui répondrait-on ? Comment expliquerait-elle sa présence là-bas ? Comment la jugerait-on ? Rien qu'à ses vêtements, à ce métier qu'elle avait accepté de faire un temps, elle serait condamnée…

Les hommes ont toujours raison, ou alors on leur en a donné les raisons. Ils sont excusables, on peut les comprendre, et quand bien même on arrive à les prendre, leurs peines sont si légères que c'est comme subir deux fois une violence.

On « prend » à la femme ce qu'elle a de plus intime, alors qu'aucune cause au monde ne peut justifier ou excuser pareil acte. Une femme a le droit d'être sexy et belle et lumineuse, elle a le droit d'être séduisante ou voluptueuse, sans pour autant que l'on s'arroge celui de la soumettre et de la détruire !

Mais les lois sont ainsi faites qu'elles dérogent à nos valeurs. On croit que tuer est le pire des actes, mais qu'en est-il d'assassiner quelqu'un du dedans, en le laissant mort-vivant ?

Le jour où autant d'hommes que de femmes se feront violer, sans pour autant le souhaiter, alors peut-être que nos lois changeront.

Mais pour en arriver là, à ces changements de lois, il va d'abord falloir revoir nos valeurs. Et nos croyances innées et immuables. Parce que depuis la nuit des temps le plus grand des péchés a été mis sur le dos de la femme, on la croit responsable de tous les malheurs. Chassée du Jardin d'Éden, déchue, elle fut aussi la cause de la déchéance d'Adam… Mais sachant que la Bible a été écrite par l'homme et pour l'homme, traduite et retraduite tant de fois, sans jamais laisser accéder quiconque de laïc au texte original, encore moins les femmes, on est en droit de se demander quelle est sa part de vérité.

La femme tentatrice, la femme séductrice, la provocatrice et, enfin, pécheresse… La femme toujours avec sa faute, et pas des moindres puisqu'elle porte à dos le poids du péché originel. Ce n'est pas rien, le péché originel ! La femme est ainsi coupable, depuis toujours, du simple fait qu'elle soit femme. Quant à l'homme, il devient celui qui a subi la faute, ce pauvre homme qui, ayant aussi mangé un morceau du fruit défendu, n'a pu l'avaler entièrement et le garde depuis en travers de la gorge, ce bout de pomme de la discorde, sa pomme d'Adam.

Ce pauvre Adam pourtant viril qui, toute sa vie, lui fera payer l'acte qu'il a également commis librement, celui de goûter au fruit défendu. Maudit et banni aussi, sans jamais regarder sa propre faute, il garde envers la femme une défiance éternelle, cette femme qui doit être soumise pour ne plus pécher ! La femme est Ève, l'homme est Adam, l'une a péché, l'autre a subi le malheur de ce péché. Dans la Genèse tout est clair, tout est simple. Tous deux chassés du Paradis par la faute… de la femme. Mais la plus grande faiblesse de l'homme est sa névrose. « C'est pas moi, c'est les autres », tel est le principe même de cette névrose. Trouver un coupable, pour ne pas regarder en face ce qui est, est tellement plus arrangeant. Car, dans le Jardin d'Éden, le tentateur et le séducteur est bien le serpent, et le provocateur n'est autre que Dieu lui-même.

Qui donc n'aurait pas envie de goûter à pareil fruit, celui de l'arbre de la connaissance et de la vie ? Et pourquoi Dieu a-t-il choisi de placer le fruit interdit au beau milieu du Paradis ? Pourquoi Dieu, dans sa sagesse et sa bonté infinies, aurait-il placé l'Enfer au beau milieu du Paradis ?

Parce que dans tout bien existe une petite part de mal, comme dans tout mal se trouve aussi une petite part de bien… Tel est le principe de toutes les idéologies et les philosophies, le principe et l'équilibre de toute vie… qui pour croître doit parfois agresser aussi, qui pour naître doit accepter de mourir.

Mia avait loué son corps pour s'offrir une vie meilleure, une vie vraie, la vie que chacun mérite. Elle avait choisi ce chemin-là car, à ce moment précis, à ce croisement précis, elle n'avait pu faire autrement. L'urgence de sa situation, la perspective de ne jamais « voir le jour » et celle de rester prisonnière l'avaient effrayée au plus haut point, à un point tel qu'elle avait réussi à mettre de côté toutes ses pudeurs et ses peurs, toute sa personne et même son corps, à un point tel qu'elle avait accepté de se sacrifier pour que sa vie ait enfin une valeur !

C'était cher payé, elle s'en rendait compte maintenant.

Depuis le début, elle s'était rendue dans ce Salon avec courage et vaillance, mais tremblante et terrifiée, pliée de douleur, pour s'ouvrir une vie qui aurait un sens. Elle avait cru en un rêve qu'elle voulait réaliser, celui d'un jour aimer et en retour être aimée. Elle avait accepté de traverser le lac noir et dangereux sur une barge périlleuse, accompagnée par l'amitié de Marina, comme Morgane l'avait fait accompagnée de Viviane, dans un acte d'amour et de foi, de foi en la vie, en sa vie qu'elle souhaitait voir luire de Magie.

Mais avant de rencontrer le monde de féerie, il faut passer par le chemin de l'épreuve, de la détermination et celui du courage. Il faut être bien vaillant. Et, surtout, il faut y croire. Mia avait choisi ce moyen-là, bien que « choisir » soit un terme très relatif. Elle avait tout donné en attendant de recevoir... Mais là elle sentait son cœur prêt à éclater. Elle avait mal, mais pas seulement au corps. Elle n'avait voulu que du bien et était passée par un terrible mal... et elle ne pouvait pas même se plaindre. Certains penseraient que c'était son choix, « sa faute ».

Ainsi, si Mia avait dû subir la violence de cet individu, c'était bien par sa faute, n'est-ce pas ? Ou du moins par son choix, le choix de ce métier-là ? Non, bien sûr que non.

Mais on défend toujours les bourreaux. Parce que c'est plus facile.

Marina ne se défaisait pas des démons de sa nuit. Elle venait de repenser au moment où elle avait annoncé à sa mère qu'elle quittait son mari.

Sa mère n'eut aucune question pour elle, elle ne se préoccupa pas un instant d'elle, ne s'inquiéta pas une seconde de son avenir. Elle s'effondra sur une chaise et, tout le poids du monde sur les épaules, elle lui opposa un terrible :

« Et moi, qu'est-ce que je vais dire à ton oncle maintenant ?!? »

Marina en fut sidérée, presque anéantie.

Elle était censée rester avec un homme qu'elle n'aimait pas, avec un homme qui la faisait souffrir, durant une soixantaine d'années encore, parce que sa mère ne savait pas quoi dire à son propre frère ?!?

C'était insensé.

Mia arriva vers les premiers quartiers de la ville. Il lui sembla avoir marché depuis des heures. Par les hasards des chemins, elle dut repasser devant le Salon et eut un haut-le-cœur. Puis elle se souvint de la somme qu'elle avait sur elle et décida de la garder. Pourquoi irait-elle la donner à un autre sinistre individu ?

Elle accéléra le pas, la douleur faisait désormais tellement partie de son corps, qu'elle ne la ressentait presque plus.

Malgré elle, elle repensa à toutes ces filles, ses compagnes d'aventures, ces pauvres créatures plus ou moins forcées de se brader pour se sortir de leurs enfers. Rosie, sans références et sans diplômes, qui ne trouvait aucun travail permettant à sa famille de vivre dignement. Rosie dont le mari, éternel chômeur, tolérait qu'elle se vende pour payer les factures et se permettre ses beuveries… Et la belle Maria qui n'avait qu'un rêve, celui de reprendre son fils des mains de son père et l'emmener très loin. Elle ne voulait que vivre avec son enfant qui habitait si loin, trop loin. Elle se prostituait pour se payer un billet d'avion et une nouvelle vie. Et Lana, son étoile filante. Lana qui avait contracté un vice et une dette monumentale desquels elle était maintenant prisonnière. Elle avait d'abord joué pour s'abrutir, pour s'évader, dans l'espoir de gagner, dans l'envie de se sentir libre. Mais elle s'était emprisonnée. Pour payer ses dettes, elle avait travaillé chez Gérard, puis ce fut lui qui lui prêta de l'argent, beaucoup d'argent, beaucoup trop d'argent, exprès, pour la garder à sa solde. Lana, qui avait voulu fuir un cousin violent et avait rencontré un homme plus violent encore.

Lana qui s'était aperçue tard de préférer les femmes. Lana qui l'avait tant aidée, mais qu'elle ne pouvait ni aider en retour ni revoir un jour...

Cette fois son cœur se déchira et elle pleura.

Combien de temps allait-il lui falloir pour oublier tout cela ? Le temps est une clé qui ouvre bien des portes. Mais parfois il ne faut pas du temps.

Il faut un sauveur...

Quant à l'oubli, ce n'est qu'un leurre. On n'oublie jamais ce qu'on nous a fait. La répercussion de ce mal passa de son cœur à son âme, et y demeura.

Des larmes plein les yeux, elle pleurait, priait, et continuait de marcher. Elle avançait en ne pensant désormais qu'à une seule personne, mais en y pensant si fort et avec tant d'espoir et d'ardeur, que cette personne reçut sa pensée...

Marina, en proie à une alarme intérieure, décrocha son combiné et composa une centaine de fois le numéro de Mia, convaincue qu'il s'était passé quelque chose. Ne parvenant pas à la joindre et n'y tenant plus, elle se dépêcha de préparer sa trousse de toilette et quelques vêtements de rechange avec des gestes tremblants, avant de s'informer des horaires de train... quand le téléphone sonna, déchirant la pièce.

Il était un peu avant minuit quand Mia, détruite, en larmes, l'appela à l'aide.

Combien de fois meurt-on dans une vie ?
Autant de fois qu'il est nécessaire pour naître vraiment.

Chapitre XV

« Pleure : les larmes sont les pétales de ton cœur. »
Paul Éluard

La nuit porte en soi une lumière que le jour éteint. Nous ne nous confions jamais aussi bien que dans le noir, comme si toute cette obscurité permet une clarté, car c'est bien là le seul moment de sécurité où notre âme peut vraiment s'exprimer.

Si on parle le jour de nos petits grands tracas du moment, c'est bien la nuit qui nous verra le mieux parler de nos réels tourments. Car la nuit ne ment pas. Amie de la nuit qui éclaire tant de pensées, elle songea que la vie n'est pas toujours simple, elle ne ménage pas grand monde, si ce n'est personne. On peut rire même quand on est malheureux, on peut écouter même quand on a peu de temps, on peut se taire même quand on a beaucoup à dire...

Mais il y a des jours où l'on aimerait tout laisser tomber, où le courage pour affronter vient à manquer. Ces jours-là sont faits pour penser et panser. Ces jours-là sont faits pour s'arrêter.

Car il y a des jours, oui, il y a des jours comme ça, où l'on regarde en arrière pour n'y voir que nos misères, où l'on se sent dépérir rien qu'à l'idée de continuer, où tout en nous se refuse d'avancer. Mais si la vie nous met face à des tourments, elle place aussi à nos côtés les personnes pour nous aider à les surmonter.

Il y a un temps pour les mots et un pour leurs silences. Il faut être capable d'entendre les silences pour comprendre les mots.

Consoler, c'est savoir écouter les larmes de l'autre.

Quand Mia avait appelé Marina peu avant minuit, cette dernière lui avait dit qu'elle arrivait. Elle lui avait demandé de rester calme, et de l'attendre. Mais Mia avait été incapable de rester calme. Elle désirait tant ne plus penser, ne plus se souvenir, ne plus voir ni entendre, ne plus ressentir, ne jamais avoir eu la vie qu'elle avait eue. Elle voulait tant ne plus exister.

Elle prit une douche, en espérant ôter de son corps sa salissure et sa douleur, si triste à l'idée d'être seule en ce monde désabusé. Marina lui avait promis qu'elle arriverait vite, mais elle savait que le dernier train de nuit était passé et qu'elle ne la verrait pas avant des heures, heures auxquelles elle ne survivrait probablement pas...

Marina savait aussi avoir raté le dernier train, celui qui pourrait l'emmener vers son amie avant le matin. Aussi, consciente de la gravité de la situation, elle sonna à la porte de l'unique personne qui pourrait l'aider à pareille heure de la nuit, Robin.

Elle avait besoin qu'il l'emmène à Genève au plus vite. Il ne posa pas de questions, ne discuta pas, ils étaient en route. C'est si merveilleux d'avoir un ami sur qui pouvoir compter !

Dans la voiture, elle lui parla de sa lettre de démission et de son proche déménagement, et eut un pincement au cœur à l'idée de s'éloigner de lui. Ils s'étaient rencontrés à Genève, puis avaient emménagé presque ensemble à Lausanne. Ils se connaissaient depuis peu, mais leur amitié était grande et belle. Surtout, elle était sincère. Elle se sentait donc triste, mais fut émerveillée quand Robin lui confia qu'il retournait aussi à Genève, décision qu'il avait prise quelques jours plus tôt. Ils se mirent à discourir sur ce nouveau futur qui les attendait, heureux de rentrer chez eux, bien que Marina fût italienne de fait et de cœur.

Quand ils arrivèrent à l'entrée de la ville, elle lui donna l'adresse de Mia. C'était pour elle qu'elle avait eu besoin de lui... Il fut heureux d'avoir pu rendre service. Trouver une personne capable de faire des kilomètres en pleine nuit sans poser de questions ni sembler ennuyée est chose rare. Robin était une de ces personnes rares.

Aussi, vers une heure du matin, Marina avait pu sonner à la porte de Mia, dès sa sortie de la douche, une douche interminable de laquelle elle avait semblé ne plus vouloir sortir. Quand elle ouvrit, qu'elle la vit là, elle fondit dans ses bras et pleura, sans plus

s'arrêter, en proie à un chagrin immense fait de sanglots et de silences. Elle s'écroula.

Trouvant à peine les mots pour apaiser son
terrible chagrin, Marina contempla le doux visage
de sa merveilleuse amie qui continuait de pleurer.
Et sur ce visage, comme toujours, elle trouva la force
de vie. Mia vous mettait toujours tant d'espoir dans
le cœur, comme chaque matin amène sa lumière et
sa chaleur.

Toute la nuit, elle l'avait écoutée. Maintenant
l'aube allait gentiment se lever, le petit matin allait
naître. Les larmes de Mia s'épuisaient peu à peu.
Marina savait enfin quoi faire…

Elle l'avait laissée raconter, timidement,
tristement, sincèrement, puis doucement, tout doucement, elle avait essuyé son beau visage. Elle lui
mit un pansement au pied, de la pommade sur les
bleus et une petite lueur au cœur, mais avec ce
sentiment terrible de faire si peu. L'aube venait de
se lever, et avec elle l'espoir d'un jour nouveau et
meilleur. Dans les tendres rayons du jour naissant,
elle emmena sa meilleure amie au bord de la rivière.
« L'aube a des doigts en or », pensa Marina…
L'aube lui dirait quoi faire…

Elles trouvèrent une pierre et s'assirent. Ce n'était
pas le grand rocher de leur enfance face à la mer,
mais c'était une belle pierre, grande, généreuse,
capable de les accueillir toutes les deux, et elle était
face à l'eau. L'eau, le plus grand véhiculeur de pen-

sée. L'eau, symbole le plus puissant et régénérant qui soit, l'eau, source de toute vie.

Avec un peu d'imagination, la mer était là aussi… la mère, celle qui leur avait tant manqué.

Marina sécha les larmes qui coulaient encore sur le beau visage de sa merveilleuse amie. Elle ne lui demanda pas d'arrêter de pleurer, elle avait le droit de pleurer. Mais elle resta dans un silence recueilli, en attendant de trouver enfin ces mots qui panseraient quelques-uns de ses maux. En attendant que son alliée soit prête à les entendre aussi.

Dans ce lieu où elles trouvèrent de la paix, abritées des regards par les arbres et protégées des bruits de la rue par les remous de la rivière, elles étaient comme préservées pour un temps des vicissitudes de la vie. Marina y sentait une atmosphère étrange qui l'enveloppait et presque la protégeait. Ce lieu était particulier… Elle venait y faire petite des balades avec son père, sur le sentier qui longeait le cours d'eau, la promenade des Orpailleurs, celle des chercheurs d'or. Elle pensa que c'était peut-être pour cela que cet endroit semblait si spécial, mais… quelques années plus tard, elle allait découvrir la plus terrible des réalités. C'était en ce lieu isolé et solitaire que son père s'en était allé de ce monde, seul, dans la tristesse infinie de sa merveilleuse âme en peine, en proie à une souffrance abyssale.

Et c'était là que, sans rien en savoir, elle avait emmené son amie pour tenter de lui redonner vie.

Marina contempla un moment les remous de l'eau dans la jeune fraîcheur du matin, son courant, ses cabrioles sur les rochers les plus grands. Le visage de Mia tendrement posé sur son épaule, ses mains enlacées aux siennes, elle lui offrait dignité et chaleur. Mia lui avait raconté sa nuit, cette terrible nuit qui jamais n'aurait dû exister.

Aucun mot ne peut consoler certaines peines, tant elles sont immenses, tant elles sont blessantes, tant elles prennent racine bien en amont d'une blessure finale. Alors Marina avait écouté sans mot dire ses paroles, dont les plus douloureuses étaient sorties dans le noir de la nuit, ses larmes, ses silences, ses douleurs, sentant à chaque souffle un peu plus de vie qui partait.

Elle la regarda. Ses longs cheveux cuivrés légèrement ondulés tranchaient sur le bleu du ciel et les verts des arbres. Les rayons du soleil caressaient son doux visage, réchauffaient un peu son âme, tentant d'entrer dans son cœur pour y amener lumière et chaleur. On voyait qu'elle avait pleuré, mais on ne voyait pas combien.

Pauvre douce petite fille, qui s'était relevée de son mieux de son enfance pour échouer sur ce rocher et continuer de souffrir… C'était si injuste. Mais la justice ne fait pas toujours partie de la vie.

Mia avait perdu son papa à quatre ans. Un jour qu'ils étaient en montagne en famille, il ne rentra pas, elle ne le revit plus, plus jamais. Elle l'avait attendu au chalet, mais il était mort un peu plus loin, seul, dans un ravin qu'on n'inspecta pas avant des jours. Ils étaient venus là pour lui faire plaisir à elle, n'avait cessé de lui reprocher sa mère depuis, encore et toujours, martelant chaque fois mieux son pauvre petit cœur déjà éclaté, et c'est là que son père avait trouvé la mort, on ne savait trop comment…

Le poids de cette injuste accusation engouffra le cœur de Mia dans un abîme immense. Elle n'avait jamais aimé la montagne, alors ce n'était pas pour elle qu'ils étaient venus là, n'est-ce pas… Mais, au fond d'elle, rien ni personne ne put jamais l'empêcher de se sentir coupable.

Coupable, à quatre ans, de la mort de la personne qui le plus tendrement l'aimait ? Ou coupable, plus justement, d'avoir été si bellement aimée par une personne adorée, au détriment d'une autre qui, de l'amour, n'en avait que faire ?

C'est un drame de perdre un parent adoré quand on est jeune enfant. C'est un drame encore plus grand quand le seul parent qui nous reste ne nous aime pas.

C'est une blessure béante qui jamais ne se cicatrise. Elle reste dans notre cœur comme une flèche empoisonnée, elle hante nos tristesses, elle abîme nos joies, elle vit toujours un petit peu quelque part en nous, en noircissant de son mieux même nos jours les plus beaux.

Un parent qui nous fait du mal, par la violence de ses actes ou de son indifférence, laisse en nous une meurtrissure, une marque à vie. Inévitablement, cette marque nous conditionne, nous emplissant de colère ou d'humilité, de haine ou de noblesse, d'agressivité ou de douceur, selon notre nature. Elle nous force à nous surpasser ou alors nous enlise, elle nous assomme ou nous élève, elle est là et rien ne peut l'effacer. Cette marque fait partie de nous, oui, mais elle n'est pas tout ce qui est en nous.

Chaque matin porte en lui une lueur d'espoir, et il vient après la nuit. Chaque crépuscule porte en lui une petite brèche de chance, une porte entre deux mondes, et il est pourtant l'annonce du soir. Cette porte est en chacun de nous, et chaque jour elle se représente à nous…

La blessure de Mia semblait une cassure.

Le regard au loin, le chagrin à fleur de peau, Marina se laissa guider par son cœur, en allant puiser dans les trésors de la nature.

Il était temps de parler.

— Sais-tu d'où proviennent les perles Mia ?

— Les perles ?

— Oui… Les perles sont le fruit d'une blessure profonde.

» Quand une huître subit une blessure profonde, elle se protège en fabriquant de la nacre. Cette nacre devient, avec le temps, en se détachant, une perle.

Elle fixa Mia qui s'était un peu redressée.

— Quand on trouve une perle dans une huître, c'est bien parce que cette huître a été blessée et que, au lieu de mourir, elle a été capable de se protéger.

Le fruit de cette protection devient un joyau, un bijou, une perle si belle qu'on l'admire ou qu'on la porte avec respect et émerveillement…

» Une perle est ce qu'une huître a été capable de donner en réponse à une souffrance.

Cette fois Mia était entièrement redressée, la dévisageant avec curiosité, le front plissé.

— Tu peux faire trésor de ta blessure, continua Marina, tu peux te relever et avec dignité. Tu n'as à rougir de rien. Tu as fait des choix, pas tous bons, oui… et alors ?! Selon les choix que l'on fait, on passe à côté de nos vies. Or, toi, tu les as faits pour entrer dans la tienne.

C'était vrai. Mia avait fait ses choix pour une très bonne raison, une raison qui ne se discute pas, de ces raisons qui nous poussent vers des voies radicales, mais nécessaires.

— Et tu vas y entrer. Et elle sera belle, continua Marina en lui souriant.

Cette dernière phrase désarçonna Mia au point que ses yeux s'emplirent à nouveau de larmes. Il était temps qu'elle lui en parle… Il y avait bien une urgence dans sa vie, cette urgence qui l'avait poussée à se libérer coûte que coûte de ses chaînes pour entrer dans l'existence. Cette urgence qui lui avait intimé « Maintenant ou jamais ! » et qu'elle avait suivie sans hésiter, car elle savait que c'était la voix de la liberté.

Mia savait que sa vie serait courte. Elle était persuadée qu'elle mourrait à trente ans, et ne voulait réaliser qu'un seul rêve avant, aimer et être aimée. Un seul rêve, mais aux mille implications qui faisaient briller ses yeux et son âme d'espoir...

Et c'est ce savoir intime, ce secret, qu'elle révéla sur ce rocher à Marina.

Elle avait tout remis en question, elle avait tout accepté, tout quitté et tout donné pour cette cause noble, si noble et si belle qu'elle ne put que l'écouter et la suivre. Marina le savait maintenant. Elle savait pourquoi son amie devait tant se dépêcher, pourquoi il y avait urgence... La peine immense qu'avait provoquée cet aveu passée, Marina garda en elle l'écho de ces mots puisque, elle, c'était pour les mêmes raisons qu'elle avait aussi quitté son mari, un mois plus tôt...

Mais, à ce moment-là, elle n'en dit rien à Mia.

Quand elles s'étaient rencontrées à l'adolescence, elles avaient déjà été si surprises et même abasourdies par la ressemblance de leurs histoires, c'était tellement incroyable, exceptionnel, invraisemblable, mais ce n'était que le début. Au fur et à mesure que les pages de leurs vies se présentaient ou se tournaient, elles le furent toujours davantage... Leurs histoires continuaient d'être si ressemblantes, comme si elles n'étaient qu'une seule et même histoire. Elles s'étonnèrent, s'émerveillèrent ou s'ébahirent devant ce qui leur arrivait de si semblable, alors qu'elles ne s'étaient ni concertées ni accordées. Puis elles se rendirent à cette évidence qui n'échappa ni à l'une ni à l'autre, la vie est bien plus étrange que nous ne sommes capables de l'imaginer.

Il y a une harmonie qui se crée parfois entre les âmes, et rien ni personne ne peut la changer.

Combien de personnes essayèrent de les séparer ? Presque toutes celles qui croisèrent leur chemin jusqu'alors. Leur amitié était si belle qu'elle dérangeait, comme peut déranger le succès d'un ennemi pour ceux qui ne savent dire bravo ! ou se réjouir avec cœur de la réussite d'autrui. Mais aucune n'y parvint. En ce petit matin, elles étaient encore ensemble comme une seule... si proches l'une de l'autre.

— Mais maintenant tu vas arrêter de te faire du mal pour prouver je ne sais quoi à je ne sais qui ! continua Marina. Dans ce Salon, tu n'y retourneras pas ! Tu as assez payé de ta personne et donné pour t'offrir un futur digne. Tu t'es assez fait de mal comme ça !

Mia baissa les yeux.

— Peut-être que j'ai mérité ce qui s'est passé cette nuit, tu sais. Peut-être que...

— Mais tu n'y crois pas une seconde, Mia !?!

— Mais tout ce mal que j'ai fait aux autres, Marina... se désola Mia.

— Non, tu l'as fait à toi ! Et à toi seule.

Mia baissa les épaules, et la tête aussi.

— Marina... j'ai fait tant de mal... de mal à Sandro... Il était peut-être juste que je paye ?

Marina la regarda avec une peine immense.

— Tant de mal ? Mais de quoi tu parles ? Tu n'es pas sérieuse là ? Tu veux dire que tu aurais dû faire semblant de l'aimer et d'accepter son « amour » en retour, en lui mentant ta vie durant ?

Mia hocha la tête dans un mouvement qui signifiait « peut-être ».

— Tu veux dire qu'en lui jouant la comédie, tu vous aurais fait du bien ? Tu veux dire qu'en dissimulant tes états d'âme et en jouant de fausses vérités, tu ne vous aurais pas fait de mal ? C'est ce que tu veux dire ? Mia, tu ne le penses pas ?!?

Marina avait raison, Mia acquiesça. Est-il pire de dire la vérité, même si elle fait mal, ou de se jouer d'une personne une vie durant, en lui mentant tout le temps ?

Sandro n'était ni mauvais ni fondamentalement méchant, mais il le devenait par manque d'égards et d'attention… Il était indisponible pour elle, absent de ses désirs. Ils n'avaient plus les mêmes envies, la même conception du monde et de la vie. Ils ne partageaient plus de rêves, pas même un seul… Avoir une vie bien rangée dans une sorte de semi-clarté, Mia ne le désirait pas. Elle aspirait à autre chose. Elle avait un rêve à réaliser.

— Tu as raison, mais je lui ai quand même fait du mal. Je sais qu'il m'en a fait aussi. Mais, à mes yeux, ça ne justifie pas la blessure que je lui ai causée. Finalement je me dis que ma mère a raison, je suis une mauvaise personne et je fais du mal.

Marina balaya cette accusation. Elles avaient eu la même éducation et elle connaissait trop bien les ravages d'une telle calomnie.

— D'abord ce n'est pas vrai ! Tu es la plus belle personne que je connaisse sur cette terre. Un jour peut-être que tu l'accepteras ! Ensuite, bien sûr, que lui te fasse du mal, ce n'est rien ! mais que toi tu lui en fasses, c'est impardonnable, c'est ça ?

Marina regarda son amie se tasser sur la pierre. Elle était si petite, si douce, mais si forte aussi.

— Et tout le bien que tu fais, ça ne compte pas ? Il n'a aucune place sur ta balance ? Une balance, tu sais, c'est un poids et un contrepoids !

— Le bien ? Quel bien ? De quoi tu parles ?

— Tu n'as jamais fait de bien autour de toi ma Mia ? Tu n'as jamais aidé un ami ou un inconnu ? Tu n'as jamais souri à une personne, sans raison, en illuminant sa journée… ou apporté ton aide, ton soutien, à qui en avait besoin ? Tu n'as jamais consolé un adulte ou un enfant de ses chagrins ? Tu n'as jamais écouté quelqu'un te parler juste parce que ça lui faisait du bien ou donné de ton temps et de ta personne pour venir en aide, pour complimenter ou assurer à un être humain qu'il est *aussi* important sur cette terre ?

Marina avait en face d'elle une des personnes les plus altruistes et sensibles et gentilles de la terre, mais cette personne avait d'elle-même une idée si faussée, une idée si désespérée et désespérante que durant des années on lui avait inculquée, si bien inculquée d'ailleurs, qu'elle avait fini par y croire.

— Tu n'as jamais aidé, consolé, apaisé, relevé, aimé, donné ? Tu n'as jamais rien fait de cela ? Tu en es sûre ?

— Oui… quelquefois… Mais ce n'est rien.

— Si tu crois que le bien que tu fais n'est rien, c'est parce que tu n'en vois pas les conséquences pour les autres. Tu ne vois pas ce que ça leur apporte. Tu ne sais pas ce que les personnes reçoivent quand tu leur offres de ta douceur, de l'attention, de la joie ou de la chaleur. Quand tu leur offres ton amitié. Tu n'as pas souvent l'occasion de voir les répercussions extraordinaires de ta générosité !

» Ce que tu donnes aux autres représente beaucoup pour eux.

— Oui, peut-être, mais… ce n'est pas grand-chose.

— Le bien que l'on fait est cent mille fois plus puissant que le mal. Sois-en certaine !

Mia regarda au loin, désemparée.

— Mais le peu de bien que j'ai fait n'est qu'une goutte d'eau dans l'océan !

— Peut-être bien… Mais sans toutes ces gouttes, l'océan ne serait pas.

Mia lui sourit.

Partie IV

« Aimons toujours ! Aimons encore !
Quand l'amour s'en va, l'espoir fuit.
L'amour, c'est le cri de l'aurore,
L'amour, c'est l'hymne de la nuit.

Ce que le flot dit aux rivages,
Ce que le vent dit aux vieux monts,
Ce que l'astre dit aux nuages,
C'est le mot ineffable : Aimons !

L'amour fait songer, vivre et croire,
Il a, pour réchauffer le cœur,
Un rayon de plus que la gloire,
Et ce rayon, c'est le bonheur !

Victor Hugo, *Aimons toujours ! Aimons encore !*

Chapitre XVI

Le bien que l'on fait n'est peut-être qu'une goutte
d'eau dans le vaste océan mais, sans chacune de ces
gouttes, l'océan n'existerait pas.

Mia continuait de se le répéter comme une douce
mélodie venue enfin réchauffer sa vie. Marina
l'avait laissée monter seule chez elle. Elle arriva peu
après, les yeux brillants, un peu rougis, mais le
sourire aux lèvres, l'air de rien, les bras chargés de
pains au chocolat et de croissants chauds.

— Tu sais toujours quoi m'apporter, lui sourit Mia
avec une douceur ravie.

En préparant le café, Marina fut heureuse de la
voir manger, un peu de couleur semblait enfin
teinter son beau visage. Elle reprenait un peu vie.

Cette histoire de bien et de mal avait continué à
trotter dans la tête de Mia. Et elle avait repensé aux
mots de son amie « Dans ce Salon, tu n'y retourneras pas ! »

— Je n'y retournerai pas, d'accord, convint
soudain Mia hors de propos dans un soupir, en

continuant la conversation qu'elles avaient eue auparavant. Mais… dans ce cas, j'aurai fait tout ça pour rien ! sa voix se brisa. Je n'ai pas assez d'argent pour déménager, je ne pourrai pas m'en aller…

— Bien sûr que tu en as assez, s'était retournée d'un coup Marina. Tu pourras partir et, demain, tu iras signer ton bail, emménager et commencer ta nouvelle vie. Tu verras, lui sourit-elle avec la plus grande sincérité, ce sera magique !

Magique ?! Marina était sa bouée de sauvetage, son phare dans la nuit. Elle l'aimait immensément, mais elle ne semblait pas se rendre compte de certaines réalités. Cependant Mia ne voulut pas la blesser en insistant sur le fait qu'elle n'avait vraiment pas assez d'argent. Elle était venue la rejoindre en pleine nuit, sur un simple appel, ne se serait pas présentée à son travail pour la journée, en risquant de le perdre, et elle avait fait tout ça rien que pour elle. Elle l'avait écoutée, consolée, appuyée sans jamais la juger ou la fustiger. Elle l'avait fait avec naturel et en silence. Peu de monde est capable de vous écouter et de vous entendre, sans comparer vos douleurs aux siennes, sans amoindrir les unes pour valoriser les autres.

Marina l'avait fait. Alors, pour tout ce qu'elle ressentait pour elle et pour tout ce qu'elle représentait à ses yeux, elle ne pouvait pas lui révéler cette vérité si fruste, et pourtant si réelle, qu'elle n'avait pas assez d'argent pour partir vers sa vie. Les larmes lui montaient à nouveau aux yeux à l'idée d'en être toujours là, d'avoir fait tout ça pour rien... à l'idée d'avoir dû souffrir, pour ne pas pouvoir partir.

— Bien sûr que tu peux t'arrêter ou te détruire, lui dit soudain Marina. Tu en as le droit. Mais tu as aussi un devoir, celui de continuer pour voir pourquoi tu as fait tout ça. Pourquoi tu es allée jusquelà ! Ce que tu as fait a été si radical, si grand, que ce ne peut pas être pour « rien ».

Elle lui sourit, semblait si convaincue de ce qu'elle disait. Puis, sans que Mia en voie la connexion, Marina lui dit :

— Bon, il va falloir faire un peu de ménage... Tu vas laisser à Sandro un appartement propre.

Mia approuva. Même si elle ne s'en sentait pas la force.

— Ma mère est passée à la boutique... hier, l'informa-t-elle. Je crois... Enfin je ne crois pas qu'elle ait accepté cette idée. Je n'ai pas l'impression qu'elle lâchera prise et me laissera faire... La réputation de la famille, tu comprends ?

Marina eut un regard noir. Son cœur s'était emballé. Les familles pouvaient parfois faire semblant d'accepter, semblant de se retirer, pour mieux attaquer.

« La réputation, tu parles ! » pensa-t-elle.

La vérité est ailleurs...

Il y a ceux qui tuent les vivants, et ceux qui les réparent.

Tout le monde ne supporte pas le bonheur des autres. Certains s'emploient toute leur vie à nous le saccager, à l'abri sous les masques moralisateurs de la bienséance, des coutumes et de l'honneur...

Il existe des croyances meurtrières qui nous séquestrent et nous empoisonnent, et nous emprisonnent dans la souffrance. Elles nous usent et nous détruisent, colportées par ces personnes qui disent agir pour notre bien, en s'autorisant le droit de nous voler le choix, et l'existence.

Il existe des gens qui nous tuent à petit feu, rien qu'en faisant partie de notre entourage. Et que penser des témoins... Est-on complice, quand on voit et qu'on ne fait rien ?

Marina sentait une grande nervosité monter, mais elle se maîtrisa. Elle n'en dit rien, s'efforça de respirer normalement. Elles burent le café délicieux qu'elle avait préparé, sentant malgré tout sa chaleur et sa force habiter leur corps et leur cœur.

— Putain de bordel ! lâcha-t-elle soudain dans un élan de fureur, elle si peu habituée aux gros mots, les dents serrées, regardant droit devant elle d'un regard meurtrier, comme si elle s'apprêtait à assassiner quelqu'un !

Mia sortit de sa torpeur, comme si une baguette magique venait de la gracier, et eut pour la première fois un vrai rire, qu'elle offrit à son amie.

— Quoi ? demanda Marina, se tournant vers elle.

— Putain de bordel ? répéta Mia avec un demi-sourire, c'est bien ce que je suis...

Marina secoua la tête. La prostitution existe à bien des niveaux...

— Non Mia, ce n'est pas vrai ! Ce n'est pas ce que tu es. Des prostitués, il y en a de tous les genres, de tous les types. Et ils ne le font pas par métier, pour un temps, pour gagner leur vie ou se sortir d'un bourbier ou je ne sais quoi. Non, c'est plus pernicieux, plus vicieux, plus immoral. Les prostitués, hommes et femmes confondus, sont ceux qui se prostituent pour un oui, ou pour un nom…

» Ceux qui le font juste pour un avancement, pour se caser, pour se placer, pour se mettre en avant, pour être enfin *quelqu'un* quelque part, mais au milieu de nulle part !

Mia la regarda intriguée, un sourcil levé, pendant qu'elle continuait.

— De ces gens-là, il y en a partout et, ça, ce sont des vrais de vrais ! Pas de ceux qui se louent avec un rôle défini, non. Mais de ces putains prêts à baiser les autres ou à se laisser posséder par n'importe qui n'importe quand, du moment que ça leur rapporte quelque chose de « sonnant »… toujours prêts à écraser pour monter d'un cran, et à détruire au besoin, parés dans leurs habits de saints. De ces gens qui se prostituent tout en critiquant salement ceux qui le font par métier, alors qu'eux-mêmes ne le font même pas proprement !

Mia éclata de rire.

— Waouh ! s'exclama-t-elle, voilà que leur compte est réglé !

Cette fois elles rirent ensemble.

— Tu me fais du bien, sourit Mia.

Lorsque Mia se réveilla, le jour était bien avancé. Il y avait dans la maison une bonne odeur de fraîcheur et de propreté. Elle sourit quand elle entendit Marina s'affairer à la cuisine et se leva. L'appartement brillait comme un sou neuf.

— Bonjour, enlaça-t-elle Marina par la taille en lui donnant un énorme baiser sur la joue.

Il était seize heures passées. Mia avait dormi un bon moment, bercée par la présence et la chaleur de Marina, par ces paroles réconfortantes, tout cet optimisme qu'elle lui mettait dans le cœur. En toute confiance, elle avait accepté de se reposer et, durant ce temps, son amie avait nettoyé son appartement. Elle lui faisait un café, avait eu l'intention de la réveiller mais… la voilà qui était là, certes les traits encore tirés, certes l'air encore fatigué, certes encore blessée, mais avec à nouveau dans le regard le plus beau des cadeaux que l'on peut offrir à un ami, un sourire de reconnaissance.

Pendant un moment, la voyant là, Mia avait semblé oublier ce qui s'était passé… Marina lui servit un café bien noir et fumant et s'assit. Mia se lova contre elle en s'approchant de son oreille.

— *Ti voglio bene*, lui dit-elle en italien. Je t'aime, répéta-t-elle en français, avec toute sa bonté.

Puis, avec l'élégance d'un elfe, elle s'assit tout à côté de Marina, prit sa tasse et, le sourire aux lèvres, le cœur empli de douceur, but ce breuvage qu'elle aimait tant.

— Il va falloir que tu prépares tes bagages, l'informa Marina en souriant. Avec toutes ces histoires, je n'ai pas pu te le dire avant mais… j'ai une surprise… Voilà !

Mia, qu'une vague de tristesse venait subitement de traverser, baissa le regard, soudain intriguée par l'enveloppe qu'elle lui tendait.

— Qu'est-ce que c'est ? demanda-t-elle.

— C'est à toi, lui répondit Marina.

Quand elle l'ouvrit, elle n'en crut pas ses yeux. Elle considéra Marina, revint à l'enveloppe et enfin scruta carrément Marina avec suspicion.

— C'est beaucoup d'argent !!! Mais… Tu as pris tout ça où ?

Elle lui expliqua avec un large sourire qu'elle ne l'avait pas *pris* mais *gagné*.

— Hier après-midi je suis venue à la Caisse publique des prêts sur gages, tu connais ? C'est aux Glacis-de-Rive. Je ne savais même pas que ça existait mais, dès que je l'ai su, j'ai trié mes affaires et… ben voilà, j'y suis allée, fit-elle soudain un peu gênée par ce regard insistant de Mia.

— Mais, comment ça tu as trié tes affaires ? Tu n'as pas autant de choses que ça ?! Il y a énormé- ment d'argent là-dedans !

— Oh, tu serais étonnée de toutes ces babioles qu'on accumule. J'avais un paquet d'affaires ! Maintenant je suis plus légère, rit-elle.

— Mais enfin Marina, qu'est-ce que tu as vendu pour avoir tout ça ? s'alarma Mia.

— Ooooh, pas grand-chose, tu sais… fit Marina mine de rien. Mais parfois on possède des choses dont on est surpris de la valeur…

Mia s'affola. Elle n'allait quand même pas lui dire qu'elle avait vendu sa montre Ebel qu'elle avait reçue des meilleurs amis de son père pour ses dix-huit ans et Dieu sait quoi encore ?

— Non, je n'ai rien vendu du tout, j'ai mis en gage, tenta de se défendre une Marina peu convaincante. Oui, la montre et l'alliance aussi et d'autres babioles…

— L'alliance, s'étrangla Mia, *ton* alliance ?!?

— Eh bien oui la mienne. Tu voulais que j'en fasse quoi ? De toute façon, ce n'est pas un très bon souvenir, tu sais.

Mia qui avait souri de bon cœur devint d'un coup sérieuse. C'était quoi ces autres babioles ? Elle était prête à se fâcher si elle ne lui répondait pas sur-le-champ ! Elle n'avait quand même pas mis en gage ses plus beaux livres, n'est-ce pas ? Une des premières éditions brochées de Machiavelli pour laquelle elle avait même contracté un crédit ? Eh bien oui, elle l'avait fait et c'était d'ailleurs ce qui lui avait rapporté le plus, se défendit une Marina devenue soudain toute petite. De toute façon, elle n'avait rien vendu, rien perdu, pas vraiment… Dès qu'elle le pourrait, elle ramènerait l'argent et retrouverait ses biens, enfin, ses livres du moins, sourit-elle, le reste avait une moindre importance.

— Hors de question ! trancha Mia, fâchée. Je refuse cet argent ! Demain tu iras tout rendre et tu reprendras tout !

— Certainement pas ! imposa Marina. Je n'y retournerai pas demain et je ne reprendrai rien du tout ! Il y a des choses plus importantes que les biens matériels ! Et je n'ai pas fait tout ça pour rien !

Cette dernière phrase résonna très fort en Mia. Elle compta approximativement la somme dans l'enveloppe et ouvrit de grands yeux ronds. À moins que son amie ne lui ait caché de posséder de très grands biens, elle n'avait pas pu obtenir tout ça aux prêts sur gages. Impossible !

— Bon d'accord, avoua une Marina vaincue. J'ai fait autre chose aussi. Je n'avais pas obtenu assez, alors je suis allée dans un autre endroit et ensuite j'avais ce qu'il me fallait… Voilà, tu es contente ?

— Non, je ne suis pas contente ! suffoquait Mia. C'est quoi cet autre endroit ? et tu as fait quoi ?

— J'ai fait ce qu'il fallait ! Pour venir en aide à ma meilleure amie. C'est tout !

Elle n'avait rien fait que Mia n'aurait aussi fait pour elle, c'était certain.

Elle avait un peu haussé le ton, s'était un peu chauffée. Mia comprit qu'il ne servait à rien d'insister. Elle la laissa gagner, pour l'instant, mais elle reviendrait à la charge, pour sûr. Tôt ou tard elle saurait ce qu'elle avait fait… Et quand elle le saurait, cela resterait leur secret.

Elle posa l'enveloppe sur la table et fonça sur Marina qu'elle embrassa à l'en suffoquer. Puis elle l'enlaça et, enfin, les bras autour de son cou, la tête sur son épaule, lui avoua tous ces mots si beaux qu'on ne prononce jamais trop haut...

C'était plus qu'une enveloppe qu'elle lui offrait, c'était la possibilité d'entrer dans une nouvelle réalité. C'était la clé de sa liberté, la porte de la chance et de la vie. Les amis sont faits pour cela aussi. Après cela, Mia boucla ses quelques bagages en un temps record. C'est utile d'être une personne ordonnée, on sait exactement où se trouve ce que l'on cherche. Quand elle eut fini, elle alla jeter dans le vide-ordures vêtements et ses belles chaussures de la veille, entre tristesse et colère. Elle ne pourrait plus les voir sans y repenser... Puis elle entra dans la cuisine où Marina avait préparé l'apéritif. C'était magnifique !

— Par contre, je suis si épuisée que je n'arriverais pas à préparer le repas, avoua Marina. On va à la pizzeria. Tant pis, tu auras une chaise en moins.

— Une chaise en moins ?! répéta Mia surprise en prenant une olive. Ça veut dire quoi ça ???

— J'étais sûre que tu n'y avais pas pensé, s'exaspéra Marina en riant. Remarque, j'ai bon dos de te dire ça, je n'y avais pas pensé non plus avant que ça ne m'arrive.

Elle lui raconta gaiement que le premier soir de son emménagement, elle était si heureuse à l'idée d'avoir un chez elle qu'elle n'y arriva qu'avec ses maigres bagages.

— C'est après que j'ai réalisé que je n'avais aucun meuble, aucune chaise, table ou même lit ! sourit-elle. La première nuit, j'ai étendu un linge de bain par terre et j'ai dormi à même le sol, fit-elle toute fière et resplendissante. Je me suis réveillée courbaturée, mais j'ai mis ma musique, j'ai pris un livre et mon café, je me suis installée par terre et j'étais la fille la plus heureuse du monde.

Mia ne l'avait jamais su. Elle se souvenait juste du bonheur de son amie et du fait qu'elle avait rencontré le soir même des nouveaux amis qui lui avaient fait passer une soirée inoubliable. Ce qui l'avait émerveillée ! Elle avait été si fière de son bonheur.

— Alors, continua Marina, si on va à la pizzeria, il va falloir prendre dans l'enveloppe et tu auras une chaise en moins.

Elles éclatèrent d'un rire sincère, en dégustant leur apéro que Marina avait servi avec le Martini blanc frais qu'elles aimaient, agrémenté d'une demi-rondelle d'orange, d'une olive et de glace pilée. Elles portèrent un toast à leur futur, à leurs vies. Puis, pendant que Marina se changeait pour la soirée, Mia prit une photographie...

Quand elles sortirent du restaurant, heureuses et d'humeur si merveilleuse, elles marchèrent pour rentrer. La nuit était belle et encore chaude. Elle était accueillante. Elles y marchèrent avec espoir et confiance, et bonheur. Puis, sur un banc, elles s'arrêtèrent un moment.

C'est ce moment que choisit Marina pour lui annoncer son retour. Mia était folle de joie. Elle se leva du banc, prit Marina dans ses bras, la souleva, l'embrassa. Elle était si heureuse. C'était si beau, si merveilleux, elle se sentait comme dans un conte de fées. Marina rentrerait à la fin du mois, peut-être même avant, se réjouissait-elle. Puis soudain elle se rembrunit. Allait-elle supporter ces personnes à l'origine de son départ ? Allait-elle supporter leur méchanceté, leur impudeur, leur médisance ?

Marina lui sourit.

— Tu te souviens de cette chanson qu'on chantait tout le temps à l'époque ? fit-elle, comme si elles avaient eu un âge canonique et que cette chanson datait de Mathusalem. Celle des Collage.

— Oui, rayonna Mia, émue, « Les gens parlent ». C'est clair que je m'en souviens ! On adorait cette chanson, et ce groupe.

Et elles se mirent à la chanter, les yeux embués de souvenirs, de douceur, cette chanson italienne qu'elles aimaient tant. Cette chanson qui parlait d'elles.

Je t'aime tant, telle que tu es,
Pour les incertitudes que tu me donnes,
Parce tu es mon porte-bonheur,
Parce que tu es le vent et puis la lune.

Les gens parlent
De tes manières étranges,
De ces chemises que tu ne boutonnes.
Les gens parlent…
Mais ne se sont jamais noyés dans tes rêves fragiles,
Dans l'espace immense de tes yeux limpides.

Les gens parlent, et nous font du mal,
Les gens un peu conventionnels.
Si tu te découvres la poitrine,
Déjà dans leur lit, ils t'imaginent.
Les gens parlent, oui,
Mais à phares éteints dans le brouillard,
Ils ne savent pas,
Que la médisance jusqu'au ciel ne va pas.

Elles restèrent un moment dans l'écho de ces derniers mots, bercées par le silence de la nuit. L'une enlacée à l'autre, heureuses d'être ensemble toujours et de se comprendre.

— Alors oui, je reviendrai, conclut Marina avant de lui dire que Robin en ferait de même.

— Tiens ! s'amusa Mia. Lui aussi… Dis, tu as quand même remarqué qu'il t'adore Marina ? Tu ne voudrais pas sortir avec lui ?

— Non mais ça va pas ?! s'éveilla soudain Marina. Jamais de la vie ! Il est suisse !

Mia éclata de rire. Qu'est-ce que c'était que cet argument qui ne tenait pas la route ?! Il allait falloir un peu de temps à Marina pour s'apercevoir des sentiments de Robin, dix mois exactement. Il allait lui falloir vivre une autre histoire mouvementée entre-temps, mais elle allait s'en apercevoir, de ses sentiments à elle aussi pour lui. Et lui allait l'attendre. Et c'était bien le plus important.

Puis, par association d'idées, Mia pensa qu'elle non plus n'aimait pas les blonds… Pourtant, s'il y avait un garçon qui lui était resté dans le cœur, c'était bien Andrew, et il était d'un châtain presque blond. Elle se sortit Andrew de la tête, avec peine… Inutile de penser à lui, elle ne le reverrait plus jamais. Son cœur se serra très fort avant de faire un bond dans un lieu solitaire nommé tristesse, ses yeux s'embuèrent, tout en elle refusait de le laisser aller. Elle ne cessait de penser à lui, comme si elle l'aimait, comme si elle l'avait aimé au premier regard. Mais c'était impossible…

Il fallait qu'elle l'oublie.

Elle en était à penser cela quand elle demanda avec une pointe de tristesse :

— Dis Marina, tu crois vraiment que je n'ai pas fait tout ça pour rien ?!

— Oh, non, je ne le crois pas. J'en suis sûre !

— Alors pourquoi l'ai-je fait ?

— Je ne sais pas… Seul le temps nous le dira. Mais je suis certaine que c'est pour quelque chose de grand, de très grand et même d'immense.

Le sourire de Marina se perdit sur les lèvres de Mia.

— Je ne sais pas si j'arriverai à supporter toutes ces personnes qui disent déjà tant de mal de moi et, surtout, si j'arriverai à quitter Sandro demain... Tu crois que j'y arriverai ?

— Bien sûr que tu y arriveras. Je n'ai aucun doute là-dessus.

— Mais je n'ai pas ta force, moi...

— Non. Mais tu as la tienne.

Mia l'embrassa.

Le lendemain allait être un nouveau jour, le premier jour de leurs vies.

Mia avait tout fait pour changer de vie. En croyant en son rêve, en se battant pour lui et en lui ouvrant grand la porte pour qu'il puisse se réaliser, sa vie allait comme basculer dans un nouveau monde. À partir du lendemain, tout allait être différent, tout allait aller très très vite...

Si les étoiles sont si belles à admirer, c'est qu'elles nous montrent le lointain, le devenir de tous les possibles.

Admirer le firmament, c'est ressentir la promesse du puissant, c'est voir d'immenses et merveilleuses voies s'ouvrir vers les richesses éthérées et les joies. Toutes ces promesses de joies qui ennoblissent notre cœur et le rendent vaillant.

Dans la nuit étoilée, les deux filles restèrent un moment lovées sur leur banc avant de se remettre en route, dans une ville qui semblait s'être transvidée pour mieux les laisser en intimité.

— Alors, si je n'ai pas été une prostituée, revint à la charge Mia qui avait besoin de réponses comme de clore une conversation inachevée, j'ai été quoi ?

— Toi… Tu as été… une belle de nuit.

— Une belle de nuit ? Mais c'est une fleur, non ?

— Oui aussi, lui sourit Marina. C'est une mirabilis… un des plus beaux mots en latin. Ça signifie étonnant, merveilleux, extraordinaire, et aussi étrange et admirable. La mirabilis est sublime et prodigieuse… car elle éclot dans l'obscurité. Et tu sais encore pourquoi elle te ressemble ? Parce qu'elle croit tellement en la vie, qu'elle est capable de pousser n'importe où… en inondant des champs vastes et entiers de ses splendides couleurs.

Elle fit un beau sourire à Mia qui le lui rendit, puis continua pensive.

— Une belle de nuit, ça me fait aussi penser à un papillon.

— Mais, un papillon, ça ne vit qu'un jour ! s'inquiéta Mia le cœur soudain serré.

— C'est vrai, lui sourit Marina, mais lui ne le sait pas. Parce que pour lui, ce jour, c'est toute sa vie…

Tout peut arriver en un instant, même la vie.

Comme un papillon virevoltant de fleur en fleur, de champ en champ, inconscient du reste de sa vie, insouciant de sa durée de vie, juste heureux d'être là maintenant. Libre d'aimer et de s'émanciper, un papillon est aussi éphémère, il ne vit qu'un jour.

Mais lui ne le sait pas, parce que ce jour est toute sa vie... Toute sa saveur et toute son ampleur.

Parce qu'en ce jour il a gagné son immortalité.

Un jour peut être toujours... Ce qui compte, ce n'est pas le temps, mais l'intensité du moment.

Ce qui compte, c'est le pouvoir d'un rêve.

Chapitre XVII

« J'ai senti une caresse sur mon visage arriver jusqu'à mon
cœur. »
Pablo Neruda

— Tu viens faire un tour avec moi ? lui sourit-il.

— Où ça ? lui demanda-t-elle encore incrédule.

Elle n'en revenait toujours pas qu'il soit là, devant elle, si près, et maintenant en train de lui demander ça ! Mais les plus belles choses de la vie arrivent toujours sans prévenir, sans crier gare, aux moments les plus inattendus...

— Dans mon cœur... dans mes rêves... dans ma vie. Où tu veux, mais avec moi, lui dit-il doucement, tout près de l'oreille pour qu'elle l'entende bien, dans un sourire plus beau encore et un regard qui lui pénétra l'âme.

Il la fixa avec une sincérité à faire fondre, une douceur à faire pleurer. On pouvait y lire tout un attachement, toute une admiration. Il ne la quitta pas des yeux, ne baissa pas les paupières, il paraissait ne plus pouvoir se détacher d'elle. Avec lui, tout semblait si naturel, si beau, si facile... Elle plongea dans ce merveilleux regard. Chancelante d'abord, le souffle court, puis libérée par la joie, elle eut un sourire de grande émotion et, avant même qu'elle n'ait pu répondre, il lui prit la taille de ses mains douces et fortes à la fois et l'enlaça, la regardant toujours droit les yeux, dans ses yeux où il semblait vouloir se perdre.

Elle n'eut point besoin de répondre. Il comprit. Son corps s'était tendu durant l'attente puis, en voyant son sourire s'épanouir, il sut qu'elle lui avait dit un incroyable miraculeux « oui ».

Alors, ne pouvant contenir son enchantement, il releva la tête en envoyant un gigantesque cri de victoire dans la salle bondée de musique et de joie. Heureux, si heureux, il la souleva de terre, la fit virevolter, elle si légère, elle vêtue de charme et d'ardeur et, avec le plus beau sourire du monde, plongea cette fois pleinement dans son regard où il se perdit vraiment, un regard qui avait tant à donner… et à recevoir.

Ce n'était pas possible qu'elle soit là, devant lui, avec lui, dans ses bras. Ce n'était pas possible qu'il puisse l'admirer, la toucher, l'enlacer. Ce n'était pas possible qu'il l'ait retrouvée là, ce soir-là.

Et pourtant… c'était vrai.

Depuis combien de temps attendait-il celle qui allait bouleverser son âme ? Il avait voyagé dans le monde entier, il l'avait retourné ce monde, pour la trouver, mais rien n'y avait fait. Il ne l'aperçut nulle part, ne la trouva pas. Puis un jour, alors qu'il ne s'y attendait pas, voilà qu'elle apparut devant lui, dans l'unique lieu où il ne l'avait pas cherchée, un lieu où il était allé pour la première fois, juste pour essayer de trouver un peu de plaisir, sans faire du mal à une fille qui se serait attachée à lui, sans que lui n'éprouve quoi que ce soit pour elle. Il ne voulait plus de ces aventures qui n'amènent que frissons au début et que problèmes ensuite. Il ne voulait plus de ces histoires qui n'engendrent que de mauvaises histoires, des cris et des violences, des nuages sans ciels bleus, des ouragans sans accalmies.

Il voulait une personne avec qui se sentir libre, avec qui se sentir grand, à qui offrir toute cette gentillesse et cette bonté et cet amour qu'il avait en lui et qu'il cachait si difficilement, sous un masque bien rodé d'indifférence désenchantée, pour ne plus se les faire ni voler ni abîmer...

Des histoires, des flirts, des aventures, il en avait eu assez. Il était jeune, il était beau, cultivé, fin et judicieux, il avait des qualités, bien des filles tombaient à ses pieds, mais aucune dans son cœur. Il commençait d'ailleurs à croire à une malédiction, il ne tomberait jamais amoureux... Mais c'est qu'il avait de l'amour une idée si grande et majestueuse, qu'il avait tant à donner et à recevoir, qu'il est impossible de penser que n'importe qui pourrait l'accepter, le percevoir, l'accueillir, sans l'abîmer.

Non, il faut une personne spéciale pour cela, celle qui est faite pour nous... Il voulait la personne avec qui partager sa vie entière, celle à qui il pourrait tout donner, celle qui lui ravirait l'âme et le cœur et sûrement plus encore…

— Je m'appelle Andrew, lui redit-il ému, comme il l'avait fait quelques jours auparavant, mais tu peux m'appeler Andy.

— Je m'appelle Mia, lui avoua-t-elle en souriant, et tu peux m'appeler Mia.

Le visage d'Andrew s'illumina mieux encore. Il lui sourit comme une caresse, de reconnaissance et de joie. Il avait toujours su qu'elle ne s'appelait pas Camilla… Mia, ça lui allait si bien.

De ses mains il lui prit le visage, en douceur, le caressa, l'approcha du sien. Il passa ses pouces incrédules, presque hésitants, sur ses pommettes, puis sur la ligne volontaire de son menton, pour les laisser se rejoindre sur sa bouche, qu'il caressa lentement, avec poésie. Il effleurait ses lèvres, qu'il couvait du regard, un regard qui les embrassait avec bonheur. Il revint vers ses yeux, dont il se souvenait des moindres détails, des moindres variations de couleurs, ses yeux qui sentaient le secret, la puissance, la fragilité et la plus belle des promesses.

Il s'approcha plus près d'elle, dans un contact qui fit frémir chaque grain de sa peau, qui fit brandir chacun de ses muscles. Leurs fronts se touchèrent, se reconnurent. Ses muscles se relâchèrent, en même temps que ceux de Mia, sentant qu'ils avaient trouvé leur lieu de paix, leur récompense, leur sécurité. Sentant qu'ils étaient sauvés.

Ils auraient pu rester là pour l'éternité, l'un et l'autre si proches et si bien.

Il lui murmura à l'oreille des paroles qu'elle n'entendit pas, mais elle sentit son souffle, ce souffle qui lui avait tant manqué depuis qu'elle l'avait rencontré la première fois, ce souffle qu'elle avait finalement comme cherché partout, depuis toujours, désespérée de ne point le trouver. Ce souffle dont elle venait seulement de comprendre l'importance.

Et voilà qu'il était là…

Son cœur fit un grand saut dans une immensité qu'elle ne connaissait pas, mais dont elle avait toujours su l'existence. Et lui, les yeux brillants de gratitude et de larmes aussi, chercha sa bouche de ses lèvres cette fois, pour y déposer un baiser, un baiser d'une grande douceur, un baiser chaste d'amour et de bonheur. Un baiser à peine esquissé, tout juste déposé. Puis il éloigna gentiment son visage, l'enserrant encore dans ses mains généreuses… pour la questionner du regard, pour voir l'expression de celle qu'il avait aimée au premier regard, de celle qu'il n'avait cessé de chercher depuis, et depuis toujours.

« On n'embrasse pas sur la bouche », lui avait dit Camilla. Mais pour Mia, était-ce autre chose ?

La jeune fille répondit à nouveau en silence à cette question feutrée. Sa respiration se fit caresse. Ce qu'il s'était passé entre eux dès le premier instant de leur rencontre quelques jours plus tôt relevait de la pure magie, de l'incroyable, de l'indicible.

Lorsque les liens sont tissés, invincibles parce qu'invisibles, jamais ils ne se défont. Nul ne peut leur nuire, les dénouer ou les détruire. Et c'est une alchimie monumentale et universelle qui va opérer, pour permettre à deux âmes intimes d'à nouveau se rencontrer et, dans toute la beauté du monde, enfin resplendir.

Peu importe le lieu, peu importe le moment, tout est fait pour que vive pareil instant. Parce que cette rencontre s'inscrit dans le bonheur du monde, et elle est si importante.

Mia chercha d'instinct son corps qui l'attendait, s'approcha enfin et Andrew, les yeux embués cette fois, trouva sa bouche qu'il embrassa pleinement avec la plus grande des passions, dans un baiser aussi beau, doux et puissant qu'un premier jour merveilleux de printemps.

Et dans cette immense salle de discothèque remplie de corps en sueur, de danseurs disjonctés bougeant au rythme d'une techno déchaînée à cent trente battements minute, dans cette salle aux parfums exacerbés et aux hormones en délire, il tenait fermement de ses bras l'amour de sa vie, la femme de ses rêves et il l'embrassait... comme jamais il n'avait embrassé avant et comme jamais il ne le referait avec aucune autre après.

Elle s'appelait Mia, il le savait maintenant, et elle avait accepté de le suivre... dans son cœur, dans sa vie, dans ses rêves, comme au petit matin on ouvre une fenêtre pour laisser entrer dans notre demeure

l'air frais et pur du nouveau jour, en toute simpli-
cité, avec bonheur.

Alors oui, il l'embrassa encore et encore, éperdu
de bonheur et de reconnaissance. Mais la proximité
de son corps, le goût de son baiser, la sensualité qui
émanait d'elle, toute cette électricité entre eux et
cette musique de malades et tous ces corps à demi
dévêtus provoquèrent en lui un désir bien plus fort
que tout, l'appel de la nature et de l'amour.

Il la voulait avec lui, il se voulait en elle, il voulait
l'aimer, la posséder, de tout son corps, de toute son
âme, de tout son être. Et peu lui importait le lieu où
ils se trouvaient, tout ce monde qui les entourait,
peu lui importaient les regards, il voulait juste lui
faire l'amour. Alors il se mit à l'embrasser plus fort,
à l'enlacer plus fort et à parcourir de ses mains ce
corps si merveilleux à ses yeux. Il caressait son dos,
sa taille, sa nuque, ébouriffait ses cheveux, retournait vers la taille pour remonter doucement vers sa
poitrine, qu'il sentit frémir sous ce petit col roulé
noir de fine laine vierge. Son baiser s'enflamma, il
dut s'éloigner, mais à portée de bras, pour ne pas la
déshabiller là, devant tout ce monde.

Il lui sourit d'un peu plus loin, hochant la tête,
n'y croyant pas, puis retourna à elle, à son dos, à ses
reins, ses formes les mieux dessinées, toujours dans
son éternel baiser qui portait en lui toute la gloire de
la vie.

Leurs respirations s'accélérèrent, se cherchant et
se répondant l'une à l'autre, de plus en plus fort et

certainement qu'ils auraient fait l'amour là, si une fille n'avait pas lancé :

— Mais c'est qu'ils vont nous faire un enfant !

Ils éclatèrent de rire en même temps que les spectateurs autour d'eux, à nouveau conscients du lieu où ils se trouvaient.

— Alors, on va le faire, ce tour ? l'invita-t-il une nouvelle fois, corps et cœur prêts à partir.

— On y va, lui répondit-elle resplendissante de joie.

Il la souleva du sol pour l'embrasser, juste un baiser, et l'emporta hors du lieu dans un ouragan de bonheur. Mia eut tout juste le temps de saluer une Marina ravie. Dans la rue, ils coururent. Ils passèrent trois rues en courant, se tenant par la main, puis ils s'arrêtèrent haletants, heureux.

— Pourquoi court-on comme ça ? fit Mia à bout de souffle.

— Parce qu'on a rendez-vous avec notre vie, lui sourit-il avec foi. Parce qu'on s'est retrouvés… et qu'on ne se quittera pas cette fois, n'est-ce pas ?

Elle se souvint des paroles de Marina la veille.

« Ainsi, demain, tu vas te retrouver… Quel beau rendez-vous tu as là ! »

En reprenant sa liberté, et ainsi se retrouvant, c'est le chemin vers la vie qu'elle trouva, le chemin vers la gloire, la bonne fortune et la chance, ce chemin qui avait toujours été là, attendant juste d'être foulé par ses pas. Attendant qu'elle soit prête à en recevoir la beauté… et à la mesurer.

En repensant aux paroles de son amie et à ces merveilleuses routes qui s'ouvraient enfin devant elle, ses yeux se dilatèrent plus encore, s'il est possible de le croire, lui donnant un air perdu, timide, mais fier et infiniment reconnaissant aussi. Il lut dans son regard toute la gratitude qu'elle portait à ce moment, leur moment, et, lorsqu'elle commença à lui sourire avec la plus tendre douceur, elle acheva de le faire fondre.

Il est des personnes qui n'ont point besoin de se parler pour se comprendre, leur langage candide passe par un bien autre lieu que la parole. Il est fait de sensibilités, d'émotions et de sentiments, il est ce lien sacré que rien ni personne ne désunit puisqu'il est impossible de le défier.

Il est des personnes qui sont faites pour se retrouver et s'aimer.

Main dans la main, arrêtés dans la nuit étoilée, ils reprirent leur souffle qui avait été coupé par bien autre chose que leur course. Il regarda sa main dans la sienne, douce, si tendre. Il eut un pincement au cœur. Il n'en revenait vraiment pas.

Il releva les yeux sur elle et s'amarra à son regard, perdant de vue le reste du monde et de la rue.

Il la plaqua doucement contre le mur d'un immeuble, sans la lâcher des yeux, en cette nuit illuminée par leur soleil torride, s'apprêta à parler puis se tut, comme au Salon. Il effleura ses cheveux soyeux et parfumés et l'embrassa encore une fois. Un baiser peut tout dire. Son baiser fut un cadeau.

Il passa ses mains sous son pull fin, retrouva sa peau chaude, douce et frémissante, cette peau qui lui avait tellement manqué, cette peau qu'il n'avait cessé de chercher, cette peau précieuse qu'il connaissait déjà et retrouvait avec reconnaissance et ardeur. Il l'explora, la caressa, doucement, gentiment, et arriva jusqu'à ses seins…

Sentant ses mains se promener sur tout son buste, Mia se raidit puis s'abandonna, dans une envolée de plaisirs et de désirs qui le combla plus que tout.

Elle laissa échapper un soupir.

Il lui répondit par un sourire.

Il n'avait cessé de la chercher depuis leur rencontre. Elle n'avait cessé de penser à lui depuis ce même moment. Il voulait maintenant l'emmener chez lui, pour qu'elle entre dans sa maison, pour qu'elle habite dans sa vie, si elle le souhaitait, si elle acceptait… Ils reprirent la route, ensemble.

Dieu qu'il était heureux !

Dieu qu'ils étaient heureux !

Chapitre XVIII

« Dans un monde prisonnier, mon chant libre, c'est toi. »
Lucio Battisti

Dès qu'ils entrèrent dans sa modeste mais si vaste demeure, il la serra si fort contre lui qu'elle put sentir toute l'immensité de son âme dévouée, la générosité de ces cœurs nobles qui ne vivent que pour aimer.

L'ondée de ses battements la percuta de plein fouet, faisant fondre en un instant toutes les neiges éternelles, accumulées au fil des années, sur les blancs et froids sommets de son âme en tourments. Et quand ces neiges se perdirent, laissant apparaître le vert de l'espérance qui depuis toujours attendait son heure, elles firent sublimement fleurir tous les rêves de son enfance, plaçant enfin en son cœur ce merveilleux sentiment de bonheur.

Pour la jeune enfant aimant la nature et les fleurs, le moment promis était arrivé, celui de vivre sa saison la plus douce, la plus belle et miséricordieuse, le printemps de sa vie. Sentant les parfums les plus doux et puissants enivrer son monde et l'emplir de beauté, sans hésiter, elle céda à cet amant, à cet amour, qui ne lui promettait que majesté.

Ses seins le rendaient fou, son corps le rendait
fou, son regard le rendait fou. Tout en elle le rendait
malade d'amour. Tout en lui l'attirait et la rassurait,
tout en lui l'aimait. Elle se perdit dans la beauté de
ses mains, dont elle sentait la générosité lui caresser
la peau, avec suavité, tout en douceur, parce qu'il
avait vu ses bleus... Elle avait les yeux qui chan-
taient de bonheur et son corps entier se mouvait,
léger, flottant et merveilleux, sur ce rythme de joie.

Il lui fit l'amour avec toute la force de sa douceur.
Elle lui fit l'amour avec toute l'ampleur de sa féminité. Puis ensemble, une nouvelle fois, ils trouvèrent
cette immense extase qui maria leurs âmes à jamais,
dans un immense feu d'artifice de couleurs, de vo-
luptés, de promesses et de joies.

Toute la nuit, ils s'aimèrent. Puis ils parlèrent, se
racontèrent et s'aimèrent à nouveau, ensemble enfin, incrédules encore, comme dans une promesse
qui fut rêve avant de devenir réalité.

À un moment, il ouvrit grand la fenêtre pour
laisser entrer les étoiles et tout le firmament, puis il
lui fit un café, sachant qu'elle l'aimait tant, et le lui
servit... sucré. Elle fit une grimace.

— La force, tu l'as déjà, lui murmura-t-il en
souriant, avant de poser un baiser tendre sur son
cou. Il te faut de la douceur maintenant.

Elle lui sourit à son tour, c'était le meilleur café
de la terre.

Avec le temps, il allait lui en servir de plus en plus doux, rien que pour voir la surprise et la perplexité dans son regard, qui le faisaient tant rire. Être avec elle deviendrait du bonheur pur.

— Je rêve ou ils sont de plus en plus sucrés ?! en avait ri un jour Mia, qui avait presque plus de sucre que de boisson dans sa tasse.

— C'est parce que je t'aime de plus en plus, lui avait-il répondu, entre rires et baisers.

Mais pour ce premier café sucré il n'en avait mis qu'une cuillère et elle l'avait aimé. C'était même « le meilleur café de la terre ».

Ce devait être ça, l'amour...

Il l'enlaça, l'embrassa et lui avoua être retourné au Salon tant de fois, pour la revoir, pour la retrouver, pour l'emmener, peut-être, si elle l'avait voulu. Mais il ne l'y avait jamais revue. Une fois, il était tombé sur une fille d'une rare violence qui lui avait dit qu'elle ne travaillait plus là. Il en était ressorti si triste, si peiné, que ce chagrin avait commencé à devenir l'unique habitant de son cœur.

Adèle, pensa Mia, ce ne pouvait être qu'elle, et elle comprenait maintenant pourquoi elle avait été si violente. Quand un garçon pareil ne vient chercher que vous, forcément ça crée des jaloux... Elle se souvint aussi que le premier soir où elle l'avait vu, Adèle était entrée au living en même temps qu'elle. En tant que nouvelle, Mia aurait dû lui céder la place mais... lui n'avait eu d'yeux que pour elle. Il avait fait son choix. Il fut son premier client, un ange envoyé du ciel pour lui assurer qu'elle était sur la bonne voie. Elle fut sa première et unique fille de joie.

— Oui, je t'ai cherchée partout, lui répéta-t-il dans un doux murmure de soulagement, puisqu'il l'avait retrouvée.

— Mais tu ne sais rien de moi…

— Mais tu vas me raconter. Ce que tu veux… quand tu veux… si tu veux.

Elle soupira, il l'embrassa.

L'accepterait-il vraiment telle qu'elle était ?

Avec tout ce passé, tout ce présent ?

Oui, il l'accepterait. Elle le savait.

En toute sincérité et sans ambages, elle lui parla de ce choix qu'elle avait fait, de cette vie qu'elle voulait trouver, commencer, vivre, de quelques-uns de ses rêves, mais finalement un seul qu'elle ne dévoila pas, pas avec des mots en tout cas… celui d'aimer et en retour d'être aimée. Il n'est point besoin d'expliquer à ceux qui vous comprennent sans parole.

Elle lui dit tout d'elle, de son passé, sans rien lui cacher, sans zones d'ombre, car c'est ainsi que commence la liberté. Et elle avait aussi pensé à lui souvent, si souvent que ça en était inquiétant.

Ils en rirent.

Ce soir-là, premier soir de sa nouvelle vie, son amie avait frappé à sa porte, pour l'emmener danser… Elle n'avait pas voulu d'abord, elle voulait rester seule, et réfléchir.

— Mais tu n'as fait que ça toute ta vie, exagéra à peine Marina. Il y a une soirée géniale au Palladium et on t'emmène... Robin est dans la voiture, il nous attend. Apéro, restaurant puis boîte de nuit, sourit-elle. J'ai reçu en cadeau, pour ma première nuit de liberté, une musique, une danse, un rythme. Je veux t'offrir ce même cadeau, car c'est grâce à lui que je suis née.

Comment refuser cela à Marina, qui aurait su convaincre un caravanier qu'il fallait plus de sable encore dans le désert.

Elle s'était préparée, l'avait suivie, en toute confiance, comme toujours. Puis quand, dans la discothèque où elle découvrit cette musique de malades qu'elle aima tant aussi, elle sentit une main sur son épaule, un murmure dans son oreille et une voix merveilleuse lui dire doucement, mais avec émerveillement : « Camilla... C'est toi ? », elle n'en revint pas, elle eut presque peur.

Elle vacilla. Il dut la stabiliser.

Elle avait l'air plus fatigué. Elle avait les traits un peu tirés et une pointe de tristesse dans les yeux, un air un peu perdu, mais il l'avait reconnue au premier regard. C'était elle et bien elle et personne d'autre. C'était incroyable ! C'était surréaliste !

Jamais il n'aurait imaginé cela !

Il devait lui parler ! lui qui n'avait pas non plus eu envie de venir en ce lieu, lui qui aurait préféré rester chez lui à penser. Mais son meilleur ami était venu le chercher, il s'appelait Matthew, était anglais comme lui et avait beaucoup insisté… Il avait voulu l'emmener danser.

Quand il le lui présenta, Mia l'aima d'instinct. Et lorsqu'elle présenta Andrew à Marina, lui l'aima sur-le-champ aussi. Mais Marina avait failli s'étrangler quand elle lui avait donné son prénom. Puis, dès qu'il s'était éloigné pour aller chercher à boire, elle l'avait réprimandée :

— Non mais tu es malade ! hallucina-t-elle. Tu me dis comme ça, l'air de rien, « Marina, je te présente Andrew »… et tu n'attends même pas que je finisse d'avaler ma boisson ! J'aurais pu mourir, tu sais !

Elles en avaient tellement ri. Elles furent si heureuses, bien qu'incrédules, devant ce tournant de la vie, dont elles ne soupçonnaient pas encore l'ampleur et l'immensité et la magie, mais dont elles devinaient toutes les deux l'importance…

Ce tournant qui était arrivé sans crier gare, simplement, incroyablement, comme toutes les plus belles choses de la vie…

Puis Andy l'avait emmenée sur la piste et enfin chez lui. Instantanément, il lui avait ouvert son cœur, sa vie, sa demeure.

Il avait offert de la lumière à sa nuit.

Mia le regarda sans encore vraiment croire à ce qui se passait, sans rien y comprendre du moins. Retrouver Andrew de cette manière relevait de l'exceptionnel, de l'admirable. À peine vêtue, sur son canapé, belle comme le jour, intimidante et intimidée, elle ne frissonna pas de froid, mais de confiance.

Une seule chose était désormais sûre, une seule évidence se dessinait sous ses yeux ébahis, son amie de toujours avait eu raison. Il s'était bien passé quelque chose dans cette chambre, ce premier soir. Quelque chose s'était invité dans ce lit, dans ces draps, dans le cœur de ces deux êtres qui s'étaient unis pour la première fois. Quelque chose d'immense, de phénoménal, de sublime, qui entre dans nos vies pour les bouleverser et les rendre vivantes, les rendre vibrantes, pour nous relever et nous ériger dans une majestueuse puissante poussée de joie et de foi, l'amour.

Il est des gens qui n'arrivent dans notre vie que pour nous emmener dans la lumière. Avec lui elle allait sortir de sa nuit, oui, de cette nuit qui ne pouvait qu'exister seule, sans l'espoir d'un grand beau soleil matinal.

La nuit des temps à fleur d'iris et de mirabilis…

De ces chatoyants rouges et violets, et tous ces roses qu'elle aimait, comme si toutes les vies du monde y étaient réunies en une seule… Celle de ces gens qui n'ont rien et pourtant nous offrent tout, ce qu'il y a de plus important du moins, de plus précieux, de plus humain, une qualité de présence.

Un lien plongeant au fond de notre âme pour l'amarrer à celle du monde et lui permettre de ne faire qu'un.

Chapitre XIX

« On transforme sa main en la mettant dans une autre. »
Paul Éluard

Le crépuscule est la porte entre les mondes.

Il est l'épilogue du jour et le prélude de la nuit. Il est ce moment prodigieux où on laisse derrière nous la réalité pour entrer dans toutes les réalités, celles de l'imaginaire de nos rêves les plus pieux ou les plus fous.

Le crépuscule nous offre une petite brèche de chance, cet espace infime mais réel, qui ne dure qu'un instant, mais qui chaque soir nous permet, si nous le saisissons, de ne pas fermer la boucle, de ne pas laisser les cercles continuer de s'enlacer à l'infini, dans une réalité qui ne nous convient plus. Saisir ce dégagement, entrer dans cette brèche de chance, c'est arrêter la superposition des cercles, c'est pénétrer dans notre nouvelle réalité. C'est permettre à notre vie de prendre un nouvel envol.

Souvent c'est naître, tout simplement.

Le crépuscule est cette petite brèche de chance qui nous est offerte chaque jour, à l'orée de la nuit...

Et c'est au crépuscule du samedi 6 septembre 1997 que Marina était venue frapper à la porte de

Mia. Cette dernière avait quitté Sandro le matin, était allée signer son bail et avait pénétré pour la première fois dans son nouveau chez elle, dans sa nouvelle vie, dans son nouvel espace. Elle voulait d'ailleurs y rester seule tout à coup, pour réfléchir. Elle commençait à se poser des questions, beaucoup trop de questions, à se remettre en cause, à douter, à se perdre… Qu'avait-elle fait là ?

Marina lui avait dit d'être certaine que quelque chose de très grand, d'immense même, l'attendait. Elle était certaine que ça allait être magique, mais Mia commençait à en douter sérieusement. C'est à ce moment qu'elle avait frappé à sa porte. Sa meilleure alliée qui, sans le savoir, allait lui offrir la chance de voir se matérialiser son rêve le plus beau, le plus pur… et le plus grand.

Mais Mia ne pouvait l'imaginer, à ce moment-là. Elle ne voulait pas sortir. Marina dut insister. Beaucoup, tellement, qu'elle ne put qu'accepter, et se laisser guider. Marina n'aurait su dire pourquoi elle insista tant. Elle ne fit qu'écouter son cœur et son cœur lui disait qu'elle ne devait pas laisser Mia seule ce soir-là, qu'elle devait l'emmener s'amuser et danser et vivre et espérer et croire… puisque c'était dans ce but-là qu'elle avait tout donné !

Elle parvint à la faire sortir, de sa morosité, de sa peine, de ses doutes.

Elle l'emmena danser. Elle l'emmena à la première rencontre avec cette musique qu'elle connaissait depuis peu, mais qu'elle aimait plus que tout, puisqu'elle était la première à lui avoir offert un espace de liberté, la première à avoir fait battre son cœur de jeune femme. Elle adorait se lancer sur la piste pour danser, à cent ou à mille, sur les battements d'un cœur immense capable d'aimer l'univers en entier. Elle adorait quand elle était balancée à cent trente battements minutes, dans des salles en délire de corps luisants, qui faisaient revenir en surface tous ses plus grands espoirs et ses plus beaux rêves d'enfant.

Lorsque nous sommes enfants, nous avons beaucoup de peurs et beaucoup de rêves. En grandissant, nous oublions souvent nos rêves et nous gardons nos peurs. Nous gardons éperdument nos peurs... parce que nous oublions nos rêves.

Mia l'avait ainsi suivie avec toute la confiance qu'elle mettait toujours en son amie. Mais jamais elle n'aurait imaginé rencontrer dans cette soirée, dans cette musique, dans cette nuit, le plus grand et bel amour qui soit, l'amour de sa vie.

Alors qu'elle avait été prête à arrêter son train pour pouvoir en descendre, alors qu'elle commençait à tout remettre en question, à presque vouloir revenir en arrière et à se maudire, on avait frappé à sa porte, et elle avait fait un choix. Elle avait suivi Marina. Seul on peut être fort, mais c'est ensemble qu'on devient puissant. Si on choisit des chemins, c'est qu'on est capable de les fouler. Si on choisit un combat, c'est qu'on est capable de le mener. Voilà ce que lui disait Marina, en remettant dans son cœur ce qui n'aurait jamais dû le quitter, cette dose phénoménale d'espoir...

Rencontrer l'amour de sa vie, le premier soir de sa nouvelle vie, ce n'est pas donné à tout le monde. Et tout arrêter, tout quitter, tout laisser, pour le suivre dans les battements des cœurs qui s'aiment, qui donc est capable de le faire sur une intuition, et de le faire vraiment ?

Seules les personnes qui croient en la magie.

Mia et Andrew s'étaient retrouvés, par l'entremise de leurs meilleurs amis qui les avaient convaincus de sortir, les emmenant dans un même lieu... ouvrant ainsi grand la porte à la Bonne Fortune. Ainsi tous deux, ensemble, en même temps, avaient saisi instantanément cette chance, dans le bonheur de se retrouver, et avaient couru vers cette nouvelle réalité, vers leur vie où, unis, ils devinrent des amants.

Sans aucune hésitation, quelques jours plus tard, Mia avait fermé sa boutique, liquidé ses affaires, remis le bail de ce nouvel appartement qu'elle n'avait finalement jamais occupé et salué sa famille, pour partir saisir sa chance, au-delà des montagnes, dans les prés verts de l'insouciance.

Seulement, quand elle quitta Genève pour suivre Andrew partout, pour fouler ensemble tous les plus beaux chemins de la terre, cela ne plut pas à tout le monde, encore une fois. D'autant qu'elle le fit avec un tel émerveillement, une joie si délicieuse et de si éblouissants sourires, qu'elle n'aurait dû que forcer le respect… Mais non. Certaines personnes ne changent jamais. Certaines personnes sont d'une laideur repoussante.

Elle fut à nouveau critiquée, salement jugée, malmenée et montrée du doigt. On abîma son image, on parla d'elle comme de la plus ingrate et égoïste qui soit, comme celle qu'il fallait remettre sur le droit chemin… et peut-être punir.

De toute façon, qu'elle soit heureuse ou malheureuse, la critique, le jugement et la frustration faisaient depuis toujours partie de sa vie. Alors autant être heureux, se mit-elle l'âme en paix. Ces personnes réussirent toutefois à obscurcir certaines de ses plus belles joies, qu'elle apprit à garder pour elle, à ne pas partager pour les protéger, pour se protéger. Mais elle en demeurait triste, car il n'y a rien de plus beau que de partager un bonheur. Ne pouvaient-ils donc jamais la laisser tranquille ? Non, ils ne le pouvaient pas.

Parce qu'elle était belle, elle eut droit à toutes sortes de méchancetés. Parce qu'elle était mince, elle eut droit aux fruits de la frustration. Parce qu'elle était intelligente et cultivée, à ceux de l'envie. Parce qu'elle était entière, intègre et phénoménale, elle eut droit aux pires jalousies !

On ne la jugea jamais que sur ses apparences !

Et maintenant, parce qu'elle était heureuse, enfin, on voulait la châtier. Mais quand elle avait été si profondément malheureuse, aucun d'entre eux n'avait été là pour l'aider. Quand elle avait appelé à l'aide, au secours, quand elle avait supplié, crié, hurlé, il n'y eut jamais qu'une seule main pour l'aider...

Personne ne vit ses combats, ses guerres et ses batailles qu'elle perdait ou gagnait une à une, mais que toujours elle menait avec la plus grande sincérité et le plus grand respect. Du respect envers les autres, ces autres qui pourtant la condamnaient, mais pas toujours envers elle-même. Personne ne voyait ses chutes et ses rechutes, jamais.

Personne en ce monde ne semblait vouloir entendre les cris d'une âme en peine puis en colère, qui ne voulait de la vie qu'une chose unique, mais grande et belle et rare, aimer et être aimée !

Personne, sauf son unique amie, et plus tard l'amour de sa vie.

Toujours certains essayèrent de lui pourrir la vie, par leurs actes, la violence de leurs moqueries, par leurs paroles et leurs acidités. Les gens parlent, oui, et souvent ils parlent mal ou trop fort ou à tort. Les gens parlent quand ils n'ont rien d'autre à faire, rien à opposer, rien à montrer. Mais on ne devrait pas parler pour condamner quelqu'un qui ne nous a rien fait. Et l'empoisonner et le meurtrir.

Pourquoi nous embête-t-on ? Pourquoi certains veulent absolument nous plier, nous froisser, nous soumettre, quitte à nous blesser sauvagement ? Pourquoi certains veulent-ils à tout prix nous rendre malheureux, en brisant en éclats les plus belles de nos joies ?

Parce que peu de gens ont la vie qu'ils désirent.

La conception de la vie n'est pas la même pour tous. Chacun trouve en ce monde ce qu'il veut, ce qu'il peut. Chacun donne à ce monde ce qu'il a. Et quand une personne ne sait pas construire, mais a besoin d'agir pour ne pas y penser, alors elle ne peut que détruire ce que d'autres ont si durement composé...

Cependant, celles et ceux qui l'aimaient étaient heureux, pour elle et avec elle, et la comprenaient. Ils étaient fiers aussi, de ses bonheurs, de ses victoires, d'être ses amis, d'être leurs amis, à tous les deux. Et quant aux autres, qu'en savent-ils ? Qu'en savent-ils, les cœurs stériles, de ce que veut et rêve une jeune fille en fleur, qui n'est pas qu'une belle sans âme ?

Quand le sourire frappe à notre porte et que le bonheur l'accompagne, on se réjouit, on ouvre cette porte, et on remercie.

La mélodie des anges chante cela ainsi.

Marina aussi entra dans sa vie avec la force et la joie sincère de ceux qui y croient, et ce pour le plus grand bonheur de Mia bien sûr. Elle y entra en rêvant et en s'émerveillant. Elle y entra avec un enthousiasme à faire fondre les glaciers éternels. Elle avait suivi son cœur, avait repris les rênes de son existence, cette fois sans laisser aux autres la gloire de ses combats. Marina s'était également battue pour en arriver là, et elle était prête à recevoir la plus belle et majestueuse magie.

Elle finit par sortir avec Robin, qu'elle aimait de tout son cœur, même s'il était suisse. « Personne n'est parfait », plaisantait-elle souvent quand il lui en reparlait, lui qui en riait toujours et ne lui en voulait jamais, parce qu'il l'aimait. Et, très vite, pour couronner leur superbe amour, ils eurent un enfant, le cadeau le plus merveilleux, précieux, fragile et puissant à la fois. Ils furent si heureux.

Les cadeaux que la vie nous offre sont à prendre ou à laisser. Certains les prennent, remercient et les chérissent à l'infini.

D'autres les laissent et s'avilissent.

Tels sont les choix de chacun.

Marina n'eut jamais aucune hésitation. Elle aima Robin, puis leur enfant à l'instant où elle la sut vivante. Elle découvrit même de l'avoir aimée depuis toujours, bien avant sa naissance ou sa conception, parce que toute sa vie avait tendu vers cet amour-là, parce que toute sa vie lui avait promis cette qualité d'amour-là et que cette promesse était enfin tenue. Et la première chose qu'elle vit, ce fut son cœur. Elle ne mesurait que deux millimètres, mais on voyait déjà son cœur !

La vie est incroyable, le cœur est ce qui naît en premier ! Il ne faudrait jamais l'oublier.

Et son enfant avait un cœur plus grand qu'une montagne, plus haut que le ciel, plus puissant que tout ce qu'il y a de puissant en ce monde. Un cœur immense de générosité et de courage, tel était le cœur de sa merveilleuse petite Amy. Ainsi, ensemble, ils devinrent une famille. Ce fut le plus beau, généreux et précieux des cadeaux de Marina. Elle avait réussi, elle avait sa famille. Maintenant elle possédait le plus gigantesque des trésors.

Elle quitta son métier pour s'occuper de son enfant qui avait besoin d'elle, elle liquida ses affaires, laissa tout tomber et, par un après-midi angoissant d'été, alors que sa petite n'avait que quinze mois et elle-même vingt-sept ans, elle se mit à écrire, parce qu'il le fallait, réalisant ainsi un autre rêve de toujours... Elle raconta l'histoire de son père, autre âme belle et généreuse, venue en ce monde pour y amener une lumière.

Ce récit, c'est pour sa petite qu'elle l'écrivit, pour qu'elle sache par elle et à sa façon à elle l'histoire de son grand-père. Elle y mit tout l'héritage qu'elle avait su trouver et qu'elle souhaitait laisser à son enfant, la gentillesse, la chaleur, la générosité et sa bonté. Elle pesa chaque mot, calibra, mesura, soupesa, pour y aller en douceur, pour ne pas ajouter de l'insoutenable à l'horreur...

Rendre hommage est rendre justice et non justicier.

Et celle qui fut certainement la plus heureuse aussi, ce fut Mia qui bondissait de joie, qui n'en revenait presque pas et qui, toujours, sans faille et sans fard, se réjouissait de leur bonheur, ce bonheur qu'ils affichaient envers et contre tous, juste heureux d'être ensemble. Voir Marina et Robin unis, accompagnés de leur belle enfant, la rassurait et l'enchantait. Elle ne manqua jamais de l'appeler, pas une fois. Chaque soir, quand elle n'était pas à Genève, elle lui téléphonait, la questionnant sur sa vie, sur la petite Amy, heureuse d'apprendre ses progrès, son envolée vers la vie, ses grandes petites montagnes que chaque jour elle franchissait.

— Le sommeil va mieux ? s'enquit-elle un soir.

— Oh oui ! répondit Marina amusée. Elle se lève à cinq heures maintenant...

— Oups ! C'est pas beaucoup ça...

— Tu plaisantes ! On a gagné une heure, le rêve !

Elles éclatèrent de rire.

On avait dit à Marina que, dès que la petite marcherait, elle dormirait plus, épuisée par l'effort. Or, depuis qu'elle marchait, c'était tout le contraire qui se produisait. La petite Amy était si heureuse de découvrir le monde sur ses jambes, qu'une énergie nouvelle, plus grande et plus forte encore, l'habitait désormais. Elle semblait enchantée par sa conquête de l'espace autant que perplexe parfois, face à ce qu'elle y découvrait. Elle était galvanisée par ses capacités et toutes ces nouvelles perspectives qui ouvraient grand devant elle les vastes portes des plus incroyables possibilités.

Pour sûr, dormir devenait une plus grande perte de temps encore. Si bien qu'elle se levait avec un enthousiasme débordant de vitalité, prête à toutes les explorations qui s'offraient à elle, ou qu'elle allait chercher, laissant ainsi ses parents sur les rotules, les yeux embués de sommeil. Mais si fiers.

Mia aussi était fière, et heureuse d'être toujours tenue au courant. Avec l'arrivée des téléphones portables, elles pouvaient se joindre à tout moment. Plusieurs fois par jour, elles s'appelaient et se racontaient. Et chaque fois qu'il arrivait quelque chose à l'une, l'autre la contactait immédiatement, avertie par cet instinct, cette télépathie qui depuis toujours avait existé entre elles.

Ainsi Mia put assister aux plus grands événements de la vie de son amie et de sa grande petite famille. Elle vécut les premiers mots, les premières dents, les premières chutes, les tracas, les grandes conquêtes et toutes les joies. Elle eut droit à des histoires craquantes, qui la faisaient rire toute seule chaque fois qu'elle y repensait, comme celle du malheureux ordinateur de Robin... La petite Amy, qu'on avait avertie que ce boîtier, à même le sol, n'était pas un jouet, malgré ses lumières clignotantes, avait bien compris qu'elle devait en prendre soin, puisque ses parents semblaient y tenir. Que pouvait-elle faire pour le choyer ? Elle ne vit qu'une réponse, le nourrir. Aussi prit-elle son biberon avec résolution, marcha vaillamment vers l'ordinateur clignotant sur lequel son père travaillait et lui enfila la tétine dans un des interstices pour partager généreusement son lait chaud.

L'ordinateur émit un drôle de bruit, un hoquet de surprise certainement... Puis il se mit à faire des étincelles, sûrement de bonheur, et, entre fumée et une vague odeur de brûlé, il s'arrêta net. Il devait avoir bien aimé, pour se tenir aussi tranquille maintenant. Amy fut fière d'elle et leva vers son père des yeux d'ange, pendant que ce dernier restait interloqué, comme Marina, avant d'éclater de rire ensemble. Que sa fille eut détruit son ordinateur ne fâcha nullement Robin, il n'était pas de ces personnes qui s'attachent aux objets plus qu'aux êtres... Au contraire, cela l'amusa, les déductions de la petite, son entreprise, sa gentillesse à vouloir partager un biberon qu'elle ne gardait habituellement que pour elle. Toutefois il installa le suivant sur son bureau et non plus au sol.

Quand Marina avait raconté cette histoire à Mia, il n'y avait que de l'amusement dans sa voix, malgré les frais que pouvaient parfois occasionner les résolutions généreuses de la petite, à eux qui étaient déjà si souvent dans le besoin.

L'important, ce n'était pas cela.

Chaque jour, quand Mia était en ville, elle leur rendait visite, restait des heures et des journées entières, le plus souvent avec Andrew, et sa plus grande joie était toujours de jouer avec la merveilleuse petite Amy, une petite Amy qui la faisait toujours fondre et rire. C'étaient de ces joies simples qui font de la vie une merveille. Ils passèrent ainsi, tous les cinq unis, des moments inoubliables de rires, de chaleur et de pur bonheur. Pour Marina, la sécurité, c'était cela, la vie aussi, dans ce qu'elle offre de plus beau et généreux, l'amitié et l'amour.

Et quand Mia lut l'histoire qu'elle avait écrite, elle insista mieux que quiconque pour qu'elle la publie. C'était un devoir. Ce livre pouvait aider tant de monde, disait-elle, qu'elle ne pouvait pas le garder pour elle. Marina ne semblait pas s'en rendre compte. Alors Mia y mit tant de force et de croyance et d'insistance que Marina, bon gré mal gré, finit par s'y plier et ainsi devint... une romancière. Et même si écrire cette histoire, avec tant de larmes à la fin qu'elle n'y voyait plus rien, lui avait coûté très cher, elle ne regretta rien. Les émotions de ses lecteurs qu'elle reçut en retour furent sa plus belle preuve de fraternité et d'amour.

Toucher le cœur de ses lecteurs est le plus beau des cadeaux pour un auteur. En touchant le leur, c'est dans le sien qu'ils entrèrent. Il existe quelque chose d'extrêmement puissant en ce monde, les liens qui nous unissent.

Et elle avait pu donner à son père un espace où s'exprimer, elle l'avait presque fait revivre, elle avait permis à sa gentillesse, sa bonté et sa bienveillance d'exister toujours et encore, de vaincre au travers des lignes simples de son témoignage... Son message avait été délivré, elle se sentait l'âme en paix. Elle voyait désormais toujours briller sur eux sa bienveillance et son sourire et sa joie, parce qu'au cœur de sa grande petite famille à elle il y avait bien la plus belle des lumières et des chaleurs et des couleurs qui soient, il y avait leur enfant.

Un enfant est le plus grand et beau et doux des rêveurs. Un enfant ne doit pas devenir trop vite grand. Il vit dans l'Âge d'Or et jamais ne remet en question que les oiseaux parlent et que les arbres leur répondent, que la vie est partout, que les dragons sont les gardiens d'un trésor et que la poussière de fée peut nous émerveiller, et nous sauver.

Souvent, alors qu'on tente de lui enseigner la vie, c'est lui qui nous en apprend les plus belles valeurs.

Chapitre XX

Il doit certainement y avoir en nous, quelque part, le souvenir d'une autre vie.

Il doit certainement y avoir, en notre cœur, la mémoire d'y avoir été aimé... la mémoire d'un amour infini et éternel qui, telle une perle, en est sa blessure et sa joie.

Il doit certainement y avoir en nous le souvenir d'un monde ou d'un lieu où l'on a été heureux.

L'amour est un grand saut dans l'immensité de l'inconnu, mais en toute confiance. L'amour, c'est se sentir chez soi où que l'on soit, parce que l'être aimé est à nos côtés.

Une légende raconte qu'un couple de jeunes amoureux, à qui il avait été interdit de se marier, s'était enfui dans les montagnes. En les voyant se cacher d'un monde qui ne les comprenait pas pour vivre leur amour, la déesse de la Terre les prit en pitié. Elle changea donc le jeune homme en un gigantesque cactus, puis prit l'esprit de la femme pour le placer au cœur de la plante. De temps en temps, la jeune femme émerge afin d'admirer la vue qui s'offre à eux, sous la forme d'une fleur de cactus. Cachés mais protégés, heureux et réunis pour l'éternité. La fleur de cactus est rare, comme le regard candide sur la beauté est rare. Comme croire au pouvoir d'un rêve est rare.

Certaines personnes sont vraiment faites pour vivre ensemble et offrir au monde le plus beau des cadeaux, le fruit de leur amour.

— Si c'est un rêve, Marina, ne me réveillez pas ! rayonnait Mia quelques temps après sa rencontre avec Andrew. Jamais !

Marina lui souriait. Non, ce n'était point un rêve. Mais peut-être que si, et alors ?!

Elle était si heureuse, si fière de son amie, si émue devant les milliers de merveilleuses promesses qui s'ouvraient devant elle. Voilà que ce quelque chose d'immense s'était vraiment offert à elle. Plus que nul autre, Mia pouvait entrer dans le bonheur et y rester, elle avait tant fait, tant bataillé pour en arriver là, là où elle était si bien, là où elle avait trouvé sa demeure.

— Tu es celle que j'attendais, celle que j'ai toujours attendue, lui avait avoué Andy. Je t'ai cherchée partout et, depuis que je t'ai retrouvée, chaque jour est le plus beau jour de ma vie.

C'était si beau, que ça faisait presque mal.

C'était si grand, que ça faisait presque peur.

— Je crois que je serai damnée pour tant d'amour, avait-elle confié à Marina, mais avec un splendide sourire, parce que pour rien au monde elle ne renoncerait à ce bonheur.

Elle voulait croire à cet amour, elle voulait le vivre pleinement. Elle avait tout donné pour le rencontrer alors, sans aucune hésitation, elle s'était jetée dans ses bras bienveillants. Et Marina savait qu'elle se trouvait en de généreuses mains, en cœur noble et valeureux, en sécurité dans un lieu protégé. Elle avait eu une grande conversation avec Andy, qui lui avait fait tant de confidences. Ils étaient devenus instantanément amis, dès le premier soir de leur rencontre en discothèque.

— Elle est celle que j'ai toujours attendue, toujours cherchée, s'était-il confié, ému.

Il avait fait une pause, parce que sa gorge s'était serrée, parce que les mots qui s'y entassaient étaient grands et importants et qu'on ne pouvait les sortir sans solennité.

— Elle est la princesse de mes rêves, celle que j'attends depuis plus de mille ans. Je ne peux pas l'expliquer mais... Je crois que je l'ai toujours aimée.

C'était la première fois qu'il osait l'avouer à quelqu'un. À qui d'autre aurait-il pu l'avouer ? On aurait pu le prendre pour un fou. Marina ne le fit pas. Elle comprenait parfaitement de quoi il parlait. Certaines choses ne s'expliquent pas.

On sait qu'elles sont vraies. C'est tout.

Pourquoi, quand on rencontre certaines personnes, a-t-on l'impression de les connaître déjà ?

Pourquoi a-t-on ce sentiment de les retrouver, alors qu'on les voit pour la première fois ?

Parce qu'il y a certainement une vie dans notre cœur qui souvent nous demeure inconnue.

Mia et Andrew, main dans la main, cœur dans le cœur, âmes pures et belles dans l'âme universelle, s'en allèrent ainsi vers leur vie, leur bonheur, s'acheminant ensemble, avec toute la confiance et la joie du monde.

Pendant près de six ans, ils vécurent en chœur, se firent confiance, se firent du bien et s'aimèrent comme peu de personnes peuvent se vanter de le faire. Ils devinrent des enfants du soleil, cherchant sans relâche la beauté du printemps et la chaleur de l'été, voyageant à la recherche de ces saisons, de continent en continent, de coutumes en croyances, émerveillés par les beautés de la Terre, comme deux âmes vagabondes, mais toujours unis et souriants. Et partout où ils passèrent, ils irradièrent les lieux et les gens de la lumière de leur amour.

Andy composait ses photographies avec poésie désormais, puisqu'il avait à ses côtés celle que le plus au monde il aimait. Elle devint naturellement son aide précieuse, sa muse et sa plus belle musique. Elle devint l'harmonie de sa vie, le plus précieux battement de son cœur.

Elle cadençait son existence de joies, enchantait son monde et éclairait ses photos de lumière. Sans nulle possibilité de se tromper, on pouvait identifier les clichés pris avec Mia à ses côtés. Elle donnait à l'espace un envoûtement particulier, une poésie qu'il parvenait, en excellent magicien de l'image, à nous faire ressentir dans toute sa féerie. Elle donnait à ses photos de la force aussi et comme une aura de magie. Parce que l'amour, ça se photographie.

Les couleurs devenaient ainsi envoûtantes ou iridescentes et, même dans le lieu le plus commun, Mia parvenait à réchauffer l'ambiance. Et quand il prenait des photos d'elle, quand il captait son regard comme s'ils étaient en intimité, alors c'était des émotions à foison qu'il offrait. On y voyait de la douceur, de la chaleur, un peu de tristesse mais tant de bonheur, toute une histoire, toute une vie, tant d'espoirs, racontés au travers du miroir d'une âme qu'il parvenait si bien à capter.

L'amour qui transparaissait à travers ses images faisait ressentir toute cette affection qu'il y avait entre eux, cet appétit, cet attachement doux et fort, tous ces sentiments, dont ces photos demeurent aujourd'hui encore le plus beau des témoignages.

Elles furent le cadeau que présenta Andrew au monde, en remerciement de celui qu'il lui avait été donné de vivre, d'explorer et de chérir. Ses clichés se vendirent dans de prestigieux magazines, parce qu'ils n'étaient plus de simples photos, mais de véritables œuvres d'art qu'il offrait en retour de ce cadeau merveilleux, de cette luminescence féerique, qu'il avait désormais auprès de lui, la femme de sa vie.

Il devint pour elle la plus belle, douce et forte des mélodies de son âme. Il devint son harmonie, sa sécurité et son foyer. Avec lui habitant son cœur elle pouvait s'envoler vers ces milliers de paradis que la mer lui avait toujours promis. Elle fut heureuse, si heureuse. Elle avait eu tellement raison d'accepter cette voie-là, qui devant elle s'était ouverte pour ne lui montrer que merveilles. Elle était reconnaissante aussi et si souvent émue, par tant de beautés, tant de bonheurs, tant de plaisirs et de joies. Partager sa vie avec lui était un cadeau inestimable et fabuleux.

Être avec lui, c'était habiter dans un rêve.

Dans ses bras était sa demeure.

Et la plus belle preuve d'amour qu'il lui offrait chaque jour était son attention, l'attention qu'il donnait à ses paroles et ses silences, à ses désirs, à ses souhaits, l'attention qu'il mettait dans ses caresses et ses regards, l'attention qu'il portait en tout temps à celle qu'il aimait.

Et parce que tous les jours elle se voyait si belle dans les yeux de son prince, de son ange, elle resplendissait de bonheur. Une femme, comme une fleur, ne révèle sa splendeur que si on la laisse éclore.

Un matin, elle s'était placée devant un miroir. Là, droite, debout, elle regarda cette image qui lui apparaissait nouvelle et lui plaisait enfin. Naissait une jeune femme qui se souriait, de plaisir, de surprise… À se regarder, nue, elle se sentait enfin belle. Un corps fin, aux formes jeunes, bien dessinées, aux proportions si harmonieuses. Andrew le lui disait toujours, le lui répétait sans relâche, il l'aimait tellement.

Ses caresses trouvaient un dos droit, des bras fragiles mais nerveux, un ventre et des cuisses de la douceur de la soie, des seins fermes qui tenaient chacun en une main, frais comme la rosée du matin, des épaules effrontées, une taille de rêve et un visage beau et intrigant, parfois même inquiétant. Les traits étaient tantôt doux tantôt durs, ses grands yeux marron chaud invitaient ou repoussaient, et avec ça un regard qui vous transperçait, pour faire fondre ou geler. Et dans ce regard où l'on pouvait se perdre, il y avait une infime lueur noire que les âmes les plus sensibles percevaient immédiatement. Elle avait souffert, elle avait donné, elle avait bataillé. Cette lueur était sa tristesse, sa solitude et aussi sa colère, tout ce qu'une femme garde, et souvent cultive, dans le plus secret de ses jardins intimes.

Son chagrin avait été de ne pas trouver la liberté, l'amour et donc la vie, alors qu'elle savait que sa vie serait courte. Son plus grand chagrin devenait de les avoir enfin trouvés, en sachant que sa vie serait courte... Sa vie serait peut-être courte, mais elle serait belle ! Telle fut la promesse qu'elle se fit.

Et elle ne voulait plus que se perdre dans les magnifiques yeux d'Andy, dans sa façon de la regarder, de l'aimer, de l'émouvoir. Elle voulait surprendre encore, dans son regard, la joie qu'il éprouvait quand il la croisait par hasard. Elle voulait toujours continuer d'entendre retentir, comme le plus beau des présages, toute la gentillesse de ses bonjours et la bonté de ses bonnes nuits, le soleil de ses jours et les étoiles de ses nuits. Elle ne voulait être qu'avec lui et toujours continuer de sentir sur sa peau la suavité de ses caresses, qu'il savait si bien lui offrir, qu'il variait si souvent, car tout ce qui est admirable et beau est fragile, lui murmurait-il, ému.

Le premier matin où Andrew s'était réveillé à ses côtés, il en avait été fou de joie. Son cœur avait éclaté en milliers de lueurs quand il l'avait vue encore là. Elle s'était donnée à lui cette nuit-là, ce n'avait pas été qu'un rêve puisqu'elle était encore là. Il aurait aimé l'embrasser, la caresser, lui refaire l'amour, mais il leur réserva ce moment pour plus tard, il ne voulait pas la réveiller. Il s'était levé, doucement, elle semblait avoir tant besoin de se ressourcer… Dans la cuisine, il lui avait préparé un petit-déjeuner de roi, mais surtout un bon café.

Quand il l'avait entendue se lever, il l'avait embrassée, ce fut son deuxième grand cadeau de la journée. Puis il lui avait dit un bonjour merveilleux, qui ne fut que le premier d'une grande et bellissime série, dont elle ne se lasserait jamais. Plus tard, il l'avait rejointe à la salle de bains, pour lui amener une deuxième tasse, toujours sucrée, de cette boisson qu'elle aimait, surtout si c'était lui qui la préparait, lui avait-elle avoué en riant. Il arriva au moment où elle sortait un étrange objet d'une trousse qu'elle gardait dans son sac à main.

— C'est quoi cet objet de torture ? l'avait-il questionnée, avec une pointe d'inquiétude dans les yeux et dans la voix.

— Une pince à épiler, lui avait-elle souri. Tu veux que je t'enlève un sourcil ?

— Jamais eu une proposition pareille… Vas-y, lui avait-il souri confiant, en s'approchant d'elle pour pouvoir la prendre par la taille.

Sitôt qu'elle lui eut enlevé ce sourcil, une douleur aussi aiguë qu'inattendue lui avait arraché une larme, une larme unique que Mia avait arrêtée sur sa joue, avant de la porter à sa bouche pour en connaître le goût, et partager sa douleur…

— Mais je te fais pleurer ? s'était-elle désolée.

— Toujours, lui avait-il avoué. Depuis le premier jour où je t'ai vue. Surtout quand j'ai cru que je n'allais plus jamais te retrouver.

Mia en fut infiniment émue. Un énorme silence s'était fait en elle, un silence soudain prêt aux larmes, quand il ajouta :

— Mia, je ne sais pas si je peux te le dire… si tu es prête… Mais je dois te le dire.

Elle se sentit vaciller tout à coup.

Le sol n'était plus stable. Que se passait-il ?

Elle avait retenu sa respiration. Qu'avait-il à lui avouer de si important ? Elle avait attendu. Dans ce silence sincère et bienveillant qu'il avait reçu en retour, il sut qu'il pouvait continuer sans crainte, qu'avec elle il pourrait toujours tout dire.

— Mia, je t'aime.

Elle avait fondu, le corps relâché d'un coup. Elle eut un vertige, le sol devint encore plus mouvant qu'avant. La tête lui tourna, mais elle se sentit stable tout à coup, sa taille entre ses mains. Et, en retour de son présent si merveilleux, elle lui offrit à son tour, avec la plus grande joie et sincérité, son propre cadeau. Elle lui offrit son mot d'amour. Ce mot d'amour qu'ils échangèrent à l'infini.

— Andrew, je t'aime.

Je t'aime...

Certains sont effrayés par ces mots. Mais le plus effrayant serait de ne jamais pouvoir les prononcer.

Andrew avait eu raison de se fier à son instinct. L'instinct est infaillible. Quand âme, cœur et corps tendent tous vers une personne, ce n'est pas pour rien. Et lui, avec Mia, fut si heureux.

Il avait eu une enfance solitaire, avec des parents qui s'aimaient surtout entre eux, sans pour autant lui faire manquer de quoi que ce soit de matériel. Mais le matériel, quand il n'y a que ça, ce n'est pas ce qui nous anime, ce n'est pas ce qui nous rend éclatants, ce n'est pas ce qui nous nourrit ni nous rend vivants... Il dut ainsi faire face à d'immenses carences, mais ne rencontra pas de trop gros problèmes, sauf à l'école où sa sensibilité lui joua des tours. Alors il se sentait malgré tout reconnaissant envers une enfance qui avait aussi contribué à faire de lui l'homme doux, fort, gentil et généreux qu'il était. Un homme bienveillant, particulièrement respectueux et sensible aussi.

Ce qu'il y a de merveilleux chez les personnes sensibles, c'est que, malgré tout ce qu'on peut leur faire subir, elles continuent de garder dans leur cœur la plus belle tendresse.

Il faut être si fort pour être sensible en ce monde.

Andy avait cette si rare, belle et précieuse sensibilité, dont certains abusaient, mais qui lui valait, la plupart du temps, de superbes rencontres. Toutefois, il désespéra toujours de trouver son espace d'amour. Cet extraordinaire amour qui ne serait né que pour lui. Cet amour auquel il avait cru depuis tout petit et dans lequel il avait mis toute sa foi. Il avait même fini par croire qu'il n'y arriverait jamais. Mais dès qu'il aperçut Mia, il sut. Il comprit qu'elle était l'amour de sa vie !

Et il ne se trompa pas.

Il la sauva, la guérit, la protégea aussi et l'accompagna dans l'envolée des plus belles prairies fleuries de la vie. Il la préserva, l'émerveilla, la fit rêver et vibrer, parce qu'il l'aima.

Et parce qu'elle gardait de sa si triste enfance des séquelles physiques aussi, il s'improvisa cuisinier, pour la préserver. La nourriture mal préparée ou avariée, la seule à laquelle elle avait eu droit durant des années, avait violemment ravagé son estomac. Alors il lui mitonna des petits plats, calmant ainsi ces acidités qui la tuaient à petit feu. Aux premiers essais, Mia se cramponnait à la table, divertie, les mets d'Andrew ressemblant davantage à des expérimentations. Ils en riaient tellement. Puis elle lui enseigna des recettes simples et il s'améliora, en s'appliquant de toute son âme dans sa cuisine qui devenait de la tendresse, tout un amour qu'ils savouraient ensemble. Pour elle, il donna tout ce qu'il avait et même tout ce qu'il ne pensait pas avoir.

Chaque fois qu'elle vacillait, il la stabilisait.

Chaque fois qu'elle était soucieuse, il la sauvait.

Il chuta à chacune de ses larmes, chavira à chacun de ses sourires, mourut à chacune de ses peines et se fabriqua des souvenirs à chacun de ses rires.

Il s'aperçut de se transformer et de renaître chaque jour, chaque fois qu'il était face à son amour. Mia était son incohérence, sa préoccupation et sa plus belle assurance. Elle était sa quintessence, son principe essentiel, sa plus grande merveille.

Et elle, elle l'aima si sincèrement en retour, si totalement, que pour raconter cette histoire il faudrait bien des pages… ou peut-être un seul mot, la passion. La passion, c'est de l'amour, c'est du respect, c'est de l'énergie et de la création pure, c'est partir ensemble vers une seule destination, le mariage de deux âmes, dans l'inconnu.

Mia l'aima plus que tout, mieux que tout, et elle le fit vivre, rire et rêver. Elle le révéla. Elle le fit croire en ses capacités et en toutes les possibilités. Elle le rassurait aussi, dans ses peurs, ses doutes et ses démons, parce qu'un homme peut avoir des peurs, des doutes et des démons. Sinon, il n'est pas un homme…

En entrant dans son cœur, elle fut sa demeure.

Mia et Andrew, c'était de l'amour pur.

C'était du bonheur pur.

Est-il possible que deux personnes ne viennent au monde que dans le seul but de se trouver et de s'aimer pour donner à cette vie, à ce monde, à cette humanité, le plus bel exemple de foi, d'amour et de félicité ? Pour peindre avec des pinceaux imbibés des plus belles couleurs sur cette obscurité qui trop souvent envahit nos cœurs ? Pour prouver avec la plus grande des vigueurs, qu'au fond du vase de Pandore, qui déversa sur terre tous les pires maux de l'univers, il restait bien le plus précieux des cadeaux, le plus précieux des trésors à chérir pour l'éternité, l'Espoir ?

Ou pour voir s'émanciper, même dans le terrain le plus stérile, la plus incroyable et surprenante des fleurs, dont le parfum est à lui seul une solution, un remède et une issue, l'amour ?

Est-il possible que deux personnes naissent sur terre dans le seul but de se rencontrer pour laisser fleurir leurs sentiments ? Oui, c'est possible.

Il semblait que tous les combats de Mia l'avaient menée là, sur cette route où elle avait rencontré sa meilleure et plus fidèle amie et, plus tard, l'homme de son plus grand et bel amour, tous deux pour la vie. Vers ces deux personnes qui allaient être son unique, vraie et resplendissante famille. Sur cette route où elle allait donner et recevoir de l'amour, pour toujours.

Elle avait accepté sans hésiter de le suivre, dans ses rêves, dans son cœur, dans sa vie, dans sa demeure, comme il le lui avait demandé, pour leur plus grand bonheur à tous deux, en repensant à l'histoire de ce papillon, qui ne vit qu'un jour.

La vie court, oui, et elle va si vite…

On peut s'arrêter, mais pas la laisser passer.

Dans la lumière d'un sourire, la chaleur d'un baiser, dans la grandeur d'une étreinte, dans la splendeur d'un regard, dans l'indicible tendresse d'une caresse, elle est là. On peut la voir, on peut la toucher, on peut la sentir, on peut la vivre. Et l'amour fait partie de cette vie, il est notre cadeau. Il nous appartient et on peut en faire ce qu'on veut, le jeter, le gâcher, le narguer, ou alors le recevoir, le sublimer, le laisser vivre avec les plus beaux et resplendissants des superlatifs, avec toute la noblesse de notre cœur, la gigantesque grandeur de notre âme.

Avec parfois aussi, pour seule garantie, la mirobolante folie d'un incroyable moment. Mais un moment qui allume en nous une extraordinaire étincelle… d'éternité.

Un moment qui est toute une vie.

Partie V

Rien ne rassemble mieux les vivants que la mort.

On arrête les montres, on arrête les clochers et les
horloges. On arrête le monde, comme un battement
de cœur qui s'épuise… et s'effondre.
Parce que le temps s'arrête.
Parce que le temps n'existe plus.
Parce que le temps, c'est nous.

Le Temps, c'est nous.

Sonia Frisco

Chapitre XXI

« Tous les êtres humains naissent libres et égaux en dignité
et en droits. »
Déclaration universelle des droits de l'homme

Bien sûr, ce n'est pas vrai.

L'égalité n'est encore que mirage, et même face à la mort nous ne sommes pas tous égaux. Celui qui meurt trop tôt, trop mal, trop vite, trop injustement, celui qui ne meurt jamais. Il n'y a pas de justice, pas d'égalité, pas d'équité.

Et souvent, ce sont les plus gentils qui s'en vont en premier. Peut-être parce que leur mission d'amour sur cette terre est terminée ? Peut-être parce que de par leur générosité, leur sensibilité, ils ont assez souffert, assez donné ?

Certainement parce qu'ils ont su mieux que d'autres nous laisser sur terre une merveilleuse graine d'espoir, de gentillesse et de bonté. Graine qu'il nous incombe en retour d'arroser avec amour pour, avec bonheur et chaleur, pouvoir à notre tour propager et fleurir, avant de partir...

Andrew était porté disparu.

La nouvelle tomba comme une énorme pierre de granit froid et éclata le monde. Elle sonna comme un glas, pour fendre les cœurs, surtout celui de Mia.

La seule fois où elle ne se trouvait pas avec lui, les seuls trois jours où, depuis près de six ans, elle ne l'avait pas suivi, il avait disparu. Dans le lieu où il se trouvait, il y eut un séisme. La terre ensevelit bien des vies. Elles n'eurent plus de nouvelles de lui depuis…

— J'ai toujours su que je mourrais à trente ans, s'effondra Mia dans l'effroyable sanglot qui étouffait son âme, mais je n'ai jamais pensé que ce serait d'avoir le cœur brisé.

Cette fois Marina ne pouvait la consoler. Il y a des chagrins si grands qu'ils sont de vertigineux ravins. Il existe des chagrins si abyssaux, que rien au monde ne parvient à les guérir. Ils nous engouffrent dans des peines infinies, ils étreignent notre cœur à l'en faire éclater, mais ils ne nous tuent pas. Ils ne font que nous laisser morts-vivants, telles de pauvres âmes errantes et sans défense sur une terre de misère. Maints chagrins sont des cercueils desquels certains ne peuvent s'extraire.

Mia pleurait. Oui, depuis des heures elle pleurait et rien ni personne ne pouvait arrêter ces larmes-là, parce qu'elles étaient celles du déchirement le plus profond, de l'épreuve la plus cruelle, chacune hurlant une peine infinie. Ses larmes silencieuses étaient des appels désespérés, les témoins d'une immense douleur. Et ça vous arrachait le cœur.

Marina resta auprès d'elle, le plus près possible de sa douleur, de sa souffrance et de son cœur.

Mia avait fêté ses trente ans trois mois plus tôt, heureuse d'arriver à pareil âge, finalement confiante en son espérance de vie. Elle avait passé le cap de cet anniversaire, alors elle pouvait espérer vivre encore longtemps. Et surtout vivre avec son amour en recevant de la vie le cadeau le plus doux, un enfant. Andrew en souhaitait un. Elle aussi, mais cette certitude qu'elle avait toujours eue de mourir jeune l'avait empêchée de mettre au monde un enfant, en devant imaginer de le laisser orphelin. Elle lui en avait parlé, avait été sincère avec lui, comme elle l'avait été depuis le premier instant où ils s'étaient aimés. Et lui, âme plus généreuse encore s'il est possible de le croire, lui avait proposé d'attendre ses trente ans pour serrer dans leurs bras leur enfant. Il l'avait comprise, n'avait jamais voulu la brusquer, ne voulait que l'aimer et la rendre heureuse.

Mais il lui assura aussi qu'elle vivrait très âgée, et qu'à cent quarante ans encore elle se pencherait sur ses clichés pour les commenter, et qu'il continuerait à voir dans ses yeux, sans besoin de paroles, s'ils étaient bons ou mauvais, excellents ou quelconques. Il lui assura qu'elle continuerait encore longtemps à prendre toute la place dans leur lit, à boire ses cafés sucrés, à lui faire chavirer le cœur chaque fois qu'il la voyait apparaître.

Oui, il le lui avait assuré, avec ce sourire merveilleux qui la faisait toujours fondre, en pénétrant son âme. Peut-être parce qu'il avait senti qu'ils allaient devenir des amants éternels...

Alors Mia, étreinte de sa confiance et de son amour, chaudement enveloppée de toute sa protection, attendait de savoir s'ils allaient être parents. Elle était restée à Genève, lui était parti, juste trois jours lui avait-il dit, mais les yeux brillants de larmes et d'émotion. Comme s'il avait su qu'il ne la reverrait plus... Comme s'il avait su qu'il allait quitter cette terre.

Le cœur de Mia était en pièces. Le cœur de Mia ne se recollerait pas. Il l'avait accueillie dans sa vie, dans son cœur, dans sa demeure, comme il le lui avait promis. Il lui avait érigé des dômes de lumières, cueilli des parterres de fleurs, il l'avait aimée sous tous les cieux, toutes les lunes et tous les soleils. Il l'avait protégée, érigée, sublimée, toujours plus, toujours mieux, chaque année, parce qu'elle était bien « la princesse de ses rêves, celle qu'il avait attendue depuis plus de mille ans ».

Il l'avait recueillie pour la chérir à l'infini.

Il lui avait restitué tout ce qu'on lui avait enlevé.

Il l'avait aimée comme nul autre ne pourrait jamais plus l'aimer.

On ne survit pas à ce genre d'amour-là.

Nous étions le jeudi 1er mai 2003.

Mia pleurait toutes les larmes de son âme en dérive, immergée dans une peine monumentale, quand elle s'arrêta un instant, pour obtenir une promesse, à laquelle elle tenait tant.

— Un jour, tu raconteras mon histoire ?

— Oui, promis. Je la raconterai.

— Mais tu le feras à ta façon, n'est-ce pas ?

— Bien sûr. Je ne pourrais le faire autrement…

— Et tu me protégeras ? Tu nous protégeras ?

— Je ferai tout ce qui est en mon pouvoir pour qu'on ne vous reconnaisse pas, ni Andrew ni toi, lui promit aussi Marina le cœur serré à en éclater, étouffé de sanglots, pour qu'on ne vous nuise pas, plus jamais, finit-elle dans un murmure, car il est des mots trop durs à prononcer.

« Et je raconterai votre histoire avec tout mon cœur, toute mon âme », se dit-elle pour elle-même, le cœur si gros, empli de tant de larmes, mais Mia semblait s'en douter… Elle lui sourit, malgré son immense peine, elle lui sourit comme un cadeau et l'étreignit en sanglotant aussi.

Elle lui raconta qu'elle était allée annoncer la disparition d'Andrew à sa mère, parce qu'elle l'aimait malgré tout, et qu'en pareil moment elle avait cruellement besoin de son amour en retour. Elle s'était vraiment attendue à un peu d'humanité ou de compassion, mais leurs cœurs continuaient de voyager en parallèle, ils ne se rencontreraient ja-mais. À son annonce, elle avait vu passer un éclair de joie dans les yeux de sa mère. Elle n'avait pas voulu y croire d'abord, mais elle l'avait bien vu. Elle en fut si emplie d'effroi que, pour ne pas sombrer, elle s'accrocha à son ultime espérance, peut-être était-il encore vivant... Cette fois, ce fut un éclair noir de haine qu'elle vit passer dans son regard. Sa mère ne souhaitait pas qu'Andrew revienne. Sa mère ne voulait pas de son bonheur...

Sa mère ne voulait même pas de son espoir.

Mia s'en était allée... détruite.

Marina écouta son récit atterrée. Son sang s'était glacé. Elle en avait des vertiges. Bien sûr qu'elles devaient garder confiance, lui assura-t-elle. Andrew était porté disparu, pas mort. Il était peut-être blessé ou pas encore retrouvé sous les décombres ou frappé d'amnésie... Tout était possible.

Un peu d'espoir parut revenir un moment en Mia. Elle sembla y croire, même si son regard avait l'air de pointer vers un au-delà duquel elle ne reviendrait peut-être jamais.

Elles étaient à nouveau sur cette pierre face à la rivière qui les avait accueillies un jour. Les cheveux cuivrés de Mia tranchaient toujours sur le bleu du ciel et les verts des arbres. Ses larmes perlaient à nouveau ce visage, cette âme, qui semblait n'être née que pour vivre dans les plus grands excès, dans les couleurs les plus opposées et contrastées, le blanc et le noir, l'amour et la haine, la création et la destruction. Mais une âme merveilleuse et généreuse, embarquée dans une vie pleine, entière et profonde, qui ne s'était jamais arrêtée à l'artifice de la première surface venue, qui n'a ni saveur ni parfum et ni même valeur.

Mia ne pouvait pas s'arrêter de pleurer, Marina non plus, au fond de leurs cœurs, elles savaient qu'elles ne reverraient jamais plus Andrew... Elles s'embrassèrent et restèrent dans les bras l'une de l'autre. La chaleur humaine est ce qu'il y a de plus beau en ce monde. S'il n'y a pas d'égalité, il peut y avoir une fraternité, une compassion, une main, un élan du cœur, une amitié, un amour.

Car l'amitié, c'est de l'amour aussi.

On peut aimer tant de monde, notre cœur est si grand, mais chacun de façon différente. Chaque amour est unique et pur. Chaque amour a sa douceur, son invincibilité, sa douleur.

Marina savait aussi qu'elle ne survivrait pas à ses trente ans. Elle l'avait su depuis longtemps mais elle ne se voyait pas vraiment mourir, juste ne pas survivre, comme si quelque chose de monstrueux allait arriver dans sa vie pour la briser.

C'est aussi pour cette raison qu'elle avait quitté à vingt-quatre ans l'existence qui l'avait emprisonnée, emmurée, l'avait rendue triste à mourir, pour trouver sa liberté, sa chance et sa vie, avant qu'elle ne s'en aille et qu'il ne soit trop tard.

Et elle l'avait trouvée.

Avec Robin à ses côtés, ses jours étaient devenus espoir et saveur. Bien que leur vie ne fût pas toujours facile, ils riaient toujours, emplissaient tout d'humour. Vivre avec lui était si simple, si beau, si grand. Elle lui en était tellement reconnaissante et fut si heureuse avec en plus, dans sa nouvelle vie, ce cadeau le plus inestimable qui soit, leur toute petite merveilleuse fille que de tout son cœur, de toute son âme et de tout son être elle aima. Et elle reçut en retour le cadeau le plus généreux et précieux, le cadeau que seul un enfant au cœur immense peut offrir sans rien demander en retour, une montagne, un monde, un univers entier et infini d'amour.

Elle avait vingt-six ans quand elle eut leur enfant, qui venait à peine de fêter ses quatre ans. Marina la regardait grandir et s'épanouir avec une reconnaissance et un plaisir infini. Elle était sa joie sur terre, le plus sublime cadeau de l'univers.

C'est pour elle, et par amour, qu'elle raconta l'histoire de son père avec ses mots à elle, de la façon la plus juste et humaine, et en douceur. Et parce qu'elle vit qu'il pouvait aider, en mettant des mots sur les maux, elle accepta de le faire publier. Immédiatement, il entra dans le cœur des lecteurs et, généreusement, lui ouvrit les portes de l'immense monde littéraire, qui attendait ses prochains désormais. Le lendemain, elle avait un rendez-vous au Salon du livre, pour discuter de son nouveau roman en cours, l'histoire d'un portail et d'un merveilleux petit enfant, à une jeune femme qu'elle appréciait tant, une jeune femme qui avait cru en elle et en ses lignes au premier instant, lui ouvrant grand les portes de l'arène littéraire.

Mais elle ne se sentait pas bien.

À ce salon, elle ne pourrait jamais aller. Cette adorable jeune femme, elle ne la reverrait jamais plus. Puisqu'elle aussi s'en alla trop tôt...

Nous étions le jeudi 1er mai 2003 et Marina avait aussi fêté ses trente ans trois mois plus tôt.

Le silence de Marina inquiéta Mia. Elle avait toujours su quoi lui dire, comment la consoler, elle avait toujours trouvé les mots, mais pas cette fois. Elle se tourna vers elle, affolée.

Ce silence, elle ne l'aimait pas.

— Mon Dieu ! Mais tu es brûlante de fièvre Marina, s'épouvanta-t-elle devant son amie si pâle.

En tremblant, elle l'aida à se lever, la ramena chez elle, lui prépara une tisane et l'installa sur le canapé. Elle revint tous les jours, jusqu'au dimanche, et s'occupa d'elle comme une mère, comme une sœur, comme la meilleure des amies au monde.

Elle voulait se persuader qu'elle n'avait rien de grave. Ce n'était qu'une maladie d'enfance qui l'avait rattrapée... qu'un simple virus. Les médicaments ne semblaient pourtant pas la soulager. Le lendemain matin, Marina devait d'ailleurs commencer un nouveau traitement, et tout irait bien... Mia voulait s'en convaincre...

Mais en ce dimanche soir du 4 mai, quand Mia s'en alla, au moment où elle l'embrassa, Marina ressentit une peine infinie.

Puis elle le vit, tout était là… Comme un arbre malade qui ne verra plus jamais sur ses branches ni feuilles ni oiseaux faire leurs nids, comme un arbre malade qui ne connaîtra plus de reverdir, les jeunes pousses le chatouillant, la mousse le protégeant, l'espoir du meilleur lendemain, comme un arbre fatigué et affaibli qui ne connaîtra pas son prochain printemps… pour la première et dernière fois de sa vie, Mia avait baissé les bras.

Elle qui ne s'était jamais pliée avait capitulé. Tout paraissait terminé. Il n'y avait plus en elle ni lueur ni rêve ni espérance, tout juste un vaste, terrible, monstrueux et injuste chagrin. Elle avait perdu son bonheur, son chemin, sa demeure. Elle avait perdu l'amour de sa vie.

« Prépare-toi au pire », voilà ce que Marina entendit résonner dans sa tête en ce dimanche soir, au moment où Mia l'embrassa.

Mais peut-on vraiment se préparer au pire ? Et comment se préparer au pire ? Et puis c'est quoi le pire, d'abord ?

Le pire, ce n'est jamais ce que l'on croit.

Aucune des deux n'aurait pu imaginer que, le lendemain, une allait partir et l'autre survivre… Que l'une allait périr et l'autre dépérir.

« Prépare-toi au pire », voilà ce que j'entendis.

Parce que Marina, c'est moi.

Chapitre XXII

« Quand l'amitié te traverse le cœur, elle y laisse
une émotion qui jamais ne s'en va. »
Laura Pausini

Le lendemain matin tôt, lundi 5 mai 2003, au moment où je sombrai dans le coma, Mia perdit la vie.

Une voiture lancée trop vite la percuta de plein fouet, pour l'envoyer s'abattre des mètres plus loin, sur une chaussée meurtrière, qui porta longtemps encore les marques de son meurtre et de son sang.

Et moi, je ne voulais pas me réveiller de ce coma, qui portait en soi une douceur, une bienveillance, une chaleur, une présence que je ne rencontrerais peut-être plus, que je ne m'expliquais pas. Mais la voix de ma petite fille que j'entendais parfaitement parvint à m'en extraire…

Quand je m'en éveillai péniblement commença pour moi une descente vertigineuse dans un monde qui n'était pas le mien… un monde mortifère que j'allais devoir habiter des années entières.

De mauvais diagnostics en mauvais traitements, à cause entre autres d'un mauvais médecin, au fil des jours qui suivirent, j'allais perdre l'usage de mes nerfs, à commencer par celui de l'audition à mon oreille la plus fragilisée, la gauche... pour finir par me retrouver avec un corps qui ne répondait plus.

J'avais été rattrapée par une maladie d'enfance... un simple mal d'enfance, de ces enfances dont on ne se remet pas, trop dures, trop injustes, trop cruelles, de ces enfances saccagées qui restent vivaces et nous persécutent, comme une cicatrice toujours ouverte, toujours douloureuse, parce qu'elles ne sont ni métabolisées ni comprises ni pardonnées.

Mais peut-être que la première personne à qui il faudrait pardonner, c'est à ce petit enfant qui n'a pu ni crier, ni se défendre, ni se protéger, ou juste se faire entendre. Un enfant qui n'a pu empêcher qu'on le blesse ou l'emprisonne... encore et encore.

Quand je sortis de cet hôpital dans lequel on ne fit confiance qu'au mauvais médecin, j'étais sur une chaise roulante, terrassée. On me dit que j'aurais de la chance « si les lésions de mes nerfs s'arrêteraient là ». On me dit que je devais « me préparer à vivre dans un corps qui se mourait ». Des mots terribles, proférés de façon cruelle. J'étais anéantie.

Les premiers nerfs touchés, après celui de l'ouïe, furent ceux de la vue, du goût, de l'odorat et de la sensibilité. Une grande partie de mon corps était anesthésiée, paralysée. D'autres nerfs importants suivirent. Je sombrai.

Je ne sentais plus mon corps, juste d'immenses douleurs, les névralgies. Sur le moment, personne ne voulut comprendre que mon coma avait été provoqué par un médicament. On continua donc de me traiter sur la base d'une supposition erronée. Et, par intraveineuse, on m'infligea trois fois par jour une dose massive d'un nouveau médicament d'une violence extrême qui parvint presque à me tuer.

Ce fut si douloureux que, pour le supporter, je dus serrer les dents, et me démis la mâchoire. Le ménisque se luxa. Mais on ne s'en occupa pas. Cela devint mon calvaire, mon plus terrible cauchemar, une torture qui perdura. Et plus on me « traitait », plus je dépérissais. Je suppliai les médecins d'y mettre un terme, je savais que je mourais, mais personne ne m'entendait... On me tuait à petit feu, lentement mais sûrement. La névrite gagnait du terrain, pendant que j'en perdais. Les personnes qui étaient censées m'aider et me sauver furent celles qui m'anéantirent le mieux. Mon foie fut en partie détruit par une hépatite médicamenteuse, et quand ce fut le choc médicamenteux, je signai pour sortir. C'en était assez.

Contre l'avis de tous, détruite sur une chaise roulante, sans futur rose, je partis de ce lieu pour tenter de me sauver la vie. Je partis dans un seul et unique espoir, pouvoir rester auprès de mon enfant et la voir grandir et pouvoir continuer de l'aimer. Finalement, on accepta et on me congédia.

Mais j'étais terrorisée. J'étais si isolée. On m'avait violemment blessée, presque tuée. On m'avait fait si mal. Où s'arrêteraient les lésions de mes nerfs ? On m'avait dit que ça s'aggraverait... Je ne savais plus quoi faire, quoi espérer. Je pensai que je n'allais jamais survivre à cela. Mais la survivance, c'est rester quand même, et surnager et tenir. C'est refuser de se rendre.

La survivance, c'est de la persistance... en attendant le jour d'une nouvelle naissance.

En attendant, je n'étais plus que peur et douleur, perdue au milieu d'un gigantesque amas de ruines et de poussière, dans les flammes de mon enfer. Et chaque jour me voyait perdre du terrain. Mon édifice psychologique s'écroula alors, sous ces forces destructrices. Ce fut le cataclysme.

Il n'y avait rien, plus rien qu'atroces douleurs, tristesses et terreurs. J'étais détruite au milieu d'un immense effondrement, égarée dans l'espace-temps d'une réalité redoutable qui ne m'appartenait pas.

Je n'étais plus rien. Avais-je fait le bon choix ?

J'ai passé de grands déserts, traversé d'immenses océans, sans bouée de sauvetage. Je me suis battue et épuisée et me suis souvent retrouvée sans même plus la force de me battre. J'avais du mal à me nourrir. Je ne pouvais plus lire, plus écrire, je ne pouvais plus marcher ou sortir et souvent plus parler. Je n'entendais plus rien d'un côté, ou alors trop fort de l'autre, beaucoup trop fort. Je ne voyais presque plus. J'avais si mal. J'avais si peur.

Le monde me faisait peur. Le monde m'avait trahie. La vie était trop dure. J'étais si seule.

Au fur et à mesure que je perdais les sens, c'est le monde entier qui perdit de son sens. Je suppliai les personnes autour de moi de cesser de me parler d'horreurs, de mort et de maladies, de cesser de me torturer avec des histoires épouvantables, qui me terrorisaient et m'ensevelissaient plus encore, mais elles ne m'entendaient pas, ou ne le voulaient pas.

Paralysée, assourdie, tétanisée et aveuglée, ce n'était pas assez... certains se mettaient en devoir de m'ensevelir. Nous avons tous des oreilles pour entendre, des yeux pour voir et un cœur pour comprendre. Mais nous ne les utilisons pas toujours. Tout le monde n'a pas de la compassion, tout le monde n'est pas généreux.

Je trouvai ce monde cruel, hostile et terrifiant. Alors je m'éloignai de ce monde, pour tenter de survivre. Je me mis en marge de la route et, de toutes mes forces, du mieux que je pus, je m'accrochai à la vie. Mais j'allais d'abord devoir me perdre dans l'immensité de ma solitude et de ma tristesse, dans un gigantesque chagrin, dans un vide infini et des terreurs sans fin avant de trouver un chemin.

Je suppose qu'on n'atteint pas le rivage sans passer par l'épreuve des flots...

Perdre l'usage de l'ouïe d'une seconde à l'autre est déjà anxiogène en soi, mais quand d'autres nerfs s'y mettent les uns après les autres, au fur et à mesure d'un traitement inapproprié, c'est une torture et une peur panique indicible qui vous laissent sans contrôle, à la merci de la consternation et de l'effroi. Une angoisse profonde a ainsi fait violemment surface avec toute la férocité bestiale de la bête immonde et affamée, que l'on a gardée trop longtemps à jeun et en captivité. Déchiquetant, avalant et ravageant tout sur son passage, elle a démoli mon monde en me frappant d'épouvante, me laissant perdue en un lieu sordide et terrifiant où n'existaient plus ni ciel ni terre, ni matérialité ou consistance... Une déferlante monumentale avait englouti ma réalité. Seule l'angoisse était devenue maîtresse de mes jours et de ma vie.

Rattrapée par mes peurs les plus profondes et enfouies, par l'incompréhension de mon enfance, la violence du mal que mon corps avait subi et la disparition brutale et monstrueuse de ma plus belle et unique amie, je n'ai pu faire face seule à cette démence démesurée, qui venait de s'abattre sur ma vie. Dans l'urgence, et parce qu'une part de moi encore érigée me l'a permis, je me suis fait aider.

Demander de l'aide est toujours un signe de vie.

Et, pour la première fois, des personnes m'ont entendue, écoutée et sauvée, en m'évitant de sombrer dans une nébulosité infinie qui m'aurait définitivement engloutie. Peu nombreuses, elles furent capitales. Ces personnes sont devenues des piliers qui ont commencé à structurer mon monde, en lui donnant une consistance. Je n'étais plus totalement en errance... Plus tous les jours, pas à tous les moments.

La douleur, l'incompréhension et la peur, longtemps solides à mes côtés, m'avaient offert le plus
terrible visage de la vie. Mais chaque force a sa
contre-force et j'en avais de puissantes aussi, auxquelles je me suis arrimée, la croyance en la vie,
l'amour pour ma famille, la générosité de mon enfant et, de ce fait, tout l'amour de l'univers à mes
côtés. Alors, quand la même petite fille de quatre
ans, mon enfant, revint pour me tendre la main,
pour m'aider à marcher puis à guérir, je pris cette
main qui fut mon plus grand et précieux secours.

Une main tendue, c'est souvent plus qu'il n'en
faut pour se relever car, derrière, il y a un univers
entier d'amour, de bienveillance et de possibilités. Il
y a une personne splendide et généreuse qui vient
vers vous pour vous aider. Une personne merveilleuse qui ne vient que pour vous, et qui le fait avec
cœur.

Le cœur est le plus beau joyau de l'âme.

Dans les larmes, la peur et la souffrance, mais
dans les plus grandes espérances aussi, pour ma
fille surtout et mon époux, pour Mia, pour Andrew
et pour moi, contre toute attente, j'allais me relever.
Toutefois, il y eut ce qui allait pouvoir être réparé et
ce qui resterait brisé, à jamais abîmé. Il y a mille
façons de mourir tout en restant survivant.

La vie est une chanson aux mille tons... joyeuse,
triste, un train de bonheur ou une gare vide. Un
enfant qu'on a perdu ou celui qu'on n'est plus. Une
joyeuse espérance ou une terrible errance.

Où es-tu ma vie que je ne retrouve pas ?
Je ne sais pas.
Je ne comprends pas.
Mais j'y arriverai.

En me prenant par la main, mon enfant m'a offert un abri et m'y a relevée. Je lui ai donné la vie, mais je lui dois la mienne. Et en m'écoutant raconter mes détresses, mes terreurs, mes souffrances, empli de patience et de bienveillance, mon époux me permit d'édifier un premier lieu de sécurité.

Mes systèmes d'alarme désormais toujours en alerte maximale, les circuits en surrégime, mes sens toujours tendus et en éveil, le corps en déroute et l'âme dans le pire abominable tourment, toute idée de sécurité s'était évanouie, ensevelie sous mes amas de ruines… Mais à eux deux, ils me permirent de réunir mes forces, pour revenir à la vie.

Moi qui ne savais même plus où était ma maison… Je découvris que ma maison était toujours là où les êtres que j'aimais se trouvaient.

Là où il y a de l'amour se trouve une demeure.

Gentiment, très gentiment, j'allais retrouver le chemin vers la vie. Parce que je l'ai pu, parce que je l'ai voulu, et me suis laissé cette chance… Malgré les séquelles que je gardais, celles que je garderai et celles nombreuses que je tairai par pudeur, malgré les lourds handicaps avec lesquels j'allais devoir apprendre à vivre, je devais y arriver.

Malgré tout, oui, malgré aussi un effroyable acouphène permanent, pouvant se mettre sur d'insupportables fréquences aigües, et une surdité subite de l'oreille gauche qui m'isolaient et me déséquilibraient totalement, car l'ouïe est bien le centre de l'équilibre, ainsi qu'une hyperacousie de l'oreille droite qui me faisait entendre le monde trop fort, trop vite et trop durement, chaque son m'étant injecté directement dans le cerveau de manière singulière et démesurée, des sons que l'oreille humaine n'a pas l'habitude d'entendre et de gérer, provenant de partout, tout le temps, sans filtres, avec la précision glaciale d'une seringue affutée, malgré cette douleur intense que chaque décibel disproportionné me procurait, et ce flux continu de surinformations que je recevais, me déstabilisant, je me mis à regarder autour de moi ce qui pouvait m'y aider, je m'accrochai, et finis par trouver.

J'ai recommencé à marcher. J'ai recommencé à sourire pour guérir, dans ce verbe que j'aime, où l'on entend *guerre* mais *rire* aussi… J'ai recommencé à y croire. Et surtout, surtout, j'ai recommencé à faire quelque chose qui ne paraît rien, mais qui est énorme, retrouver la capacité de rêver !

Le chemin vers le rêve a été le plus dur et le plus long, mais le plus important aussi.

Car rêver est un grand et inestimable pouvoir.

On n'oublie jamais un événement traumatique, on ne le pardonne pas forcément non plus, mais on peut recommencer, se donner une chance, et le temps d'élaborer… une nouvelle vie. Même s'il faut l'ajuster souvent, la redéfinir, l'inventer parfois. Ou revenir en arrière pour changer d'itinéraire…

Vivre avec la douleur, c'est composer au quotidien avec l'imprévu. Tout comme les fragilités physiques nous imposent des frontières. Mais on peut y arriver. Même si plus rien n'est « comme avant », même s'il faut faire des concessions douloureuses, se rendre à des choix qui nous mortifient ou s'adapter de son mieux à une nouvelle réalité. On peut redimensionner sa vie et continuer…

Accepter n'est pas pardonner. Mais accepter les séquelles et le mal subi, des limites souvent cruelles, c'est se donner une chance d'avancer. C'est la première porte qui s'ouvre sur une vie qui n'est pas finie, tant que le dernier acte n'est pas écrit.

Cependant le plus douloureux est d'imposer à sa famille, aux êtres que le plus on aime, les frontières de cette nouvelle réalité devenue la nôtre, nos handicaps, nos limites, tout ce qu'on ne peut plus faire ou « supporter »… C'est cela le véritable coup au cœur. Mais pour elle, et pour nous, on peut se surpasser et transcender au mieux ce mal qu'on nous a fait.

Je mis du temps à retrouver les couleurs que j'aime tant, des années, mais elles étaient bien là, en moi et tout autour de moi, m'attendant éternellement, comme elles attendent tout un chacun. Aussi je pris tout ce qu'il y avait de bon, tout ce qui pouvait enluminer la vie et l'éclairer et l'abriter. Je pris des mots doux, des sourires, de beaux regards, la gentillesse des enfants, l'élégance des fleurs, la fraîcheur des aubes, toute la bonté que je pouvais. Et, petit à petit, gentiment, même fragile, je m'érigeai. Je revins à la vie en faisant un pas devant l'autre, au quotidien, *doucement*, en ce mot double où se trouve une idée de douceur et de temps...

La douceur nous aide parfois mieux que la force à nous en sortir... encore qu'il est inconcevable d'imaginer que l'une ne soit pas dans l'autre.

Je ne pensais pourtant pas avoir la force de revenir vers la vie, pas aussi amoindrie du moins. Blessée et perdue, isolée, terrifiée, je ne pensais pas avoir en moi ce courage. Mais finalement, c'est ça le courage, avoir peur et y aller malgré tout.

Parce que si nous n'avons pas peur, alors ce n'est pas du courage. C'est de la témérité ou de l'inconscience, ou tout ce que vous voulez, mais pas du courage.

Je ne comprends pas toujours le monde dans lequel nous vivons, mais j'ai décidé d'y revenir. Parce qu'il en vaut la peine. Parce que, la plupart du temps, il mérite qu'on se batte pour lui. Parce qu'on y rencontre des personnes fabuleuses aussi.

Mais Mia n'était plus.

Elle n'avait que trente ans quand on l'arracha à la vie, en la tuant. Ma plus belle et généreuse amie, la plus forte et douce aussi, la plus merveilleuse et valeureuse, la plus loyale, avait perdu la vie.

À cause de qui ? Pour quoi ? Au nom de quoi ?

Aucun témoin ne sut vraiment décrire la femme au volant de cette voiture qui l'avait tuée volontairement, du même modèle et de la même couleur que celle de sa mère. La voiture disparut. Elle fut « volée »...

On ne retrouva jamais ce chauffard.

Son meurtre restera impuni.

Pour Mia comme pour moi, jamais on n'inquiéta le responsable du saccage de nos vies.

Il existe des personnes qui se sentent autorisées à entrer dans nos vies pour les détruire.

Il existe des personnes assassines, qui pillent nos maisons, nos rêves, nos cœurs, des personnes sans gêne ni pudeur, qui assaillent nos existences, pour les enterrer sous leur propre décadence.

Souvent, en toute impunité.

Du moins en apparence... Car elles ne peuvent s'empêcher de vivre à leurs misérables côtés.

J'aimerais dire ceci :

Vous avez tué mon amie, pas son message.

Mais attention, l'amour, ça se propage.

Et la vérité, ça se dit.

Chapitre XXIII

« À la fin, nous nous souviendrons non pas des mots de
nos ennemis, mais du silence de nos amis. »
Martin Luther King

Après avoir été de merveilleuses compagnes
d'aventure, après nous être mutuellement secourues
des pires cauchemars psychologiques, cette fois,
c'était à nos corps qu'on s'en était pris.

Le piège était refermé. Il n'y avait plus d'issue...

Quand Mia fut assassinée, c'est une partie de moi
qui mourut.

Ainsi la similitude de nos histoires avait perduré
jusqu'au dernier virage, ce dernier virage qui vint
scinder notre histoire en deux destins. La vie est
bien plus étrange que nous ne sommes capables de
l'imaginer. La réalité dépasse si souvent la fiction...

Je ne pus assister à l'enterrement de ma meilleure
et plus fidèle et plus belle amie. Mais, dès que cela
me fut possible, même détruite, j'allai la trouver, et
y croisai souvent du monde. Sur la tombe de Mia, je
vis bien des larmes et des lamentations, des certitu-
des aussi et des rancœurs, mais aucune demande de
pardon, aucun remords, aucune compréhension.

Rien d'humain, de doux ou de bienveillant. Et un seul cœur saignait, brisé de chagrin, le mien.

Personne n'allait se noyer comme moi dans l'immense chagrin de sa disparition. Personne n'allait jamais *comprendre*. Ce que Mia avait dû faire pour échapper à son destin, et s'ouvrir enfin une belle vie, personne ne le savait. Parce que, de ces choses-là, les jeunes filles n'en parlent pas. Parce qu'on garde souvent dans nos cœurs des lieux intimes de peines et de douleurs, de ces lieux secrets gardés par le silence... puisqu'ils n'appartiennent qu'à nous. De ces lieux sacrés, dans lesquels nous créons aussi nos perles.

Personne ne connaîtrait sa détermination, son optimisme, son courage ! Personne n'imaginerait à quel prix elle y était parvenue, avec quel sacrifice et au nom de quel idéal.

On parle, on juge, on condamne, mais souvent on ne sait rien. On ne le fait que sur la base de ce qu'on imagine et non de ce qui est.

On brise la vie d'un autre sans culpabilité ni repentir, pour ne point briser le mensonge reflété sur notre propre miroir. Et un jour on nous tue sans savoir combien de temps aurait duré notre vie, sans nous laisser la vivre pleinement et librement jusqu'au bout.

S'il y a encore une chose que je dois à ma meilleure amie, au-delà du plus grand, doux et ému des mercis, au-delà de tout ce que je lui ai prouvé et dit, c'est la vérité.

Il y a une partie de l'âme nommée corps.

C'est cette partie que Mia sacrifia pour trouver sa liberté et sa voie. Pour sauver son histoire personnelle et lui offrir l'éclat qu'elle souhaitait, elle alla jusqu'à louer son corps. Elle dévoua cette partie de son âme, qui garda des blessures profondes dont elle ne parla qu'à Andrew et à moi, et encore, si peu et si doucement, que nous ne pouvions que deviner l'ampleur des dégâts…

Souvent on voyait qu'elle avait pleuré… mais on ne voyait pas combien. La petite fille au cœur si pur et sage qui priait sur le rivage, demandant à la mer de lui offrir de la magie, se retrouva d'abord jeune femme prisonnière des sévices, des coutumes et des familles.

Elle se serait sûrement pliée et aurait accepté la vie de misère qu'on continuait de lui imposer, comme le font bien des filles, bien des femmes, toutes otages des croyances et des connivences, pour leur plaire, pour les voir sourire, pour se faire *peut-être* aimer… si elle n'avait pas eu cette certitude de mourir jeune. En prenant bien des risques, elle se libéra avec bravoure de ses chaînes, de sa prison, de sa galère, en puisant en elle toutes les forces qu'elle possédait, et Dieu sait si elle en avait. Elle alla jusqu'à se prostituer, c'est dire l'urgence, le tourment, le désespoir. Le désespoir, oui, car on ne peut diviser l'âme et le corps et, en se prostituant, c'est cette partie de son âme qu'elle a touchée. Cette partie qui est restée blessée. Parfois, pour fuir le mal, on est amené à se faire du mal.

Sa liberté avait eu un prix. Elle l'avait payé. Et elle l'avait gagnée, si sacrément gagnée.

Avec héroïsme, elle mérita son argent, quitta son mari, fit face aux deux familles et à tous ces faux « amis », tous la pointant du doigt, la jugeant, la critiquant, la malmenant, et les femmes en première ligne, sûrement celles qui n'avaient eu ni son courage ni son honnêteté, ni sa vaillance ou sa force. Celles aigries par les mensonges de leurs vies. Elle fit face aux menaces et aux insultes aussi, toujours masquées sous des airs de « plaisanteries », de ces airs auxquels on ne peut répondre, sans être accusé d'agresser. Elle reçut tous les jours leurs petits venins enrobés de guimauve.

On la tua tant de fois, avant de la voir mourir.

Mais elle ne céda pas.

Elle avança et trouva non seulement la liberté, mais aussi l'amour, l'amour le plus grand, beau et généreux qui soit, un amour immense qui a porté son cœur dans la puissance, l'émerveillement et la gloire. Un amour pour lequel elle s'était tant battue et sacrifiée, pour lequel elle s'était même morcelée, juste convaincue qu'il arriverait, mais sans avoir aucune garantie de le recevoir en retour.

Quand il arriva, il tint les plus belles promesses.

Il fut le plus beau cadeau de sa vie.

Il fut de la grande magie.

Avec vertiges mais sans limites, libre comme le vent jusqu'à ce qu'on l'arrête, Mia avait porté haut les plus belles valeurs de la femme et de la féminité, courage, vaillance, détermination, astuce, douceur, sensualité, sacrifice, puissance et aussi force et fragilité, cœur et pouvoir. Mais non pas un petit pouvoir de domination, simplement le plus grand de tous les pouvoirs, celui de rêver et d'y croire.

Elle avait fait ses choix. Elle avait mené ses combats. Elle avait bouleversé son histoire personnelle. Elle avait suivi son cœur.

Ainsi elle avait trouvé sa Vie… avant sa mort.

Certains acceptent leur destin comme une fatalité. D'autres se démènent de toutes leurs forces pour le changer. Ce n'est pas une question de tort ou de raison, c'est une question de choix.

Et de combats, que l'on mène, ou pas.

Mais on ne revient pas indemne de certains endroits, on en revient changé.

Et on doit vivre avec nos choix.

Quand on rencontre trop jeune les chasseurs de papillons, les malfaiteurs de vies, les briseurs de rêves, on n'a pas de bagages, pas d'expérience, pas de connaissances, mais on se bat de son mieux, on se démène avec tout ce qu'on a, pour trouver notre liberté, en suivant toujours notre cœur qui seul nous permet de nous émanciper dans ce qu'il y a de plus sacré… La liberté de vie, de choix et d'amour.

La liberté de trouver notre bonheur.

Mia y parvint grandement. Elle a réussi.

La mort la trouva en vie.

Elle vécut avec Andrew une superbe récompense, six années fabuleuses de bonheur intense. Six années merveilleuses parmi les champs de mirabilis... que la Lune n'a créés, comme nous le dit la légende, que pour permettre au prince des lucioles de luire sur une fleur aux mille couleurs.

Ce pauvre prince qui se savait mourant émut tant la Lune, en l'implorant de créer une superbe fleur qui ne s'ouvrirait que la nuit, pour son peuple et pour lui. Avant de mourir, il souhaitait reluire sur des corolles éclatantes de beauté, et laisser en héritage le plus beau des présages.

Ainsi la Lune créa la mirabilis, qu'elle appela belle-de-nuit, pour que le prince puisse illuminer l'obscurité... des plus splendides tonalités.

La belle de nuit ne fleurit que du soir à l'aurore, parce qu'elle est timide, parce qu'elle est fragile aussi et éphémère, mais forte et courageuse et volontaire, puisqu'elle seule amène à la nuit mille éclats de lumière...

Ainsi Andrew connut Mia, parce qu'elle avait pris ce chemin-là. Parce qu'elle avait fait ce choix. Le prince des lucioles, seul capable d'illuminer la nuit, et la princesse des fleurs, seule capable de la colorer.

Ensemble pour l'éternité.

Quand on m'annonça la mort d'Andrew, j'en eus le cœur éclaté. Il n'avait pas péri lors du séisme.

Quand la Terre Mère avait tremblé, il fut écrasé sous les constructions des humains, il fut violemment blessé, mais il ne mourut pas. Il s'était accroché à la vie, il avait lutté. Pour ne succomber à ses blessures que quatre jours plus tard, le jour de la mort de Mia, durant mon coma…

Alors, finalement, peut-être n'a-t-il succombé qu'à une seule terrible insurmontable blessure…

Et souvent je me demande, si Mia était restée en vie, aurions-nous pu tous nous en sortir ?

Je ne sais pas, mais je sais ceci…

Lorsque du mal est fait à une personne, son onde de choc atteint bien des rivages… pour détruire bien des vies.

La portée du mal, comme celle du bien, ne peut jamais être définie. Les dallages qui mènent à la souffrance de l'enfer sont toujours entretenus par la laideur ou l'indifférence. Si l'amour est bien ce qui nous unit, la médisance est ce qui nous détruit… pour ne nous laisser qu'en errance dans un monde d'inconsciences.

Mais la dévotion, l'affection, la tendresse, la passion sont des flammes bien plus puissantes que celles de tous les enfers réunis. Et si l'amour est infini, si sa flambée est beaucoup plus ardente, c'est parce qu'il est partage, fusion et alchimie.

La lumière de certains est si forte que, lorsqu'elle s'éteint, elle nous laisse dans le plus grand des chagrins, dans le désarroi et la douleur aussi. Mais ils ne nous laissent pas dans le noir, car en notre cœur ils ont laissé de leur admirable lueur, qui jamais ne s'éteint.

La mort rend éternel ce qui est éphémère.

Et moi j'aime croire en ce que je ressens.

J'aime à croire qu'ils sont aujourd'hui devenus des amants éternels. J'aime à croire qu'ils sont toujours ensemble dans la poésie infinie de l'âme universelle. Et qu'ils nous regardent et nous protègent et nous aiment, en nous envoyant chaque jour des rayons de bonheur.

Chapitre XXIV

« Parfois il faut penser à soi, revenir à soi, pour pouvoir
briller de mille lumières. »
Lisa Frisco

Si une partie de l'âme est nommée corps, une autre est éthérée et demeure à jamais.

Elle est immortelle. Elle est cette partie invisible mais réelle qui nous relie aux autres, aux mondes et à la vie. Elle est cette partie qui parle plus fort que tout, qui souffre plus fort que tout et qui rit plus fort que tout, car elle est la part la plus véritable, profonde et insaisissable de nous.

Elle est indissociable de notre corps, on ne peut les diviser, car tous deux contiennent notre cœur et notre esprit... Mais quand l'un s'arrête, l'autre continue et nous survit.

Quand une étoile meurt, c'est la galaxie entière qui en ressent la perte. Elle en garde le souvenir et en devient le gardien. Ainsi une étoile jamais ne meurt. Elle demeure dans la mémoire de l'Univers. Et les lois qui régissent cet univers sont les mêmes que celles qui dirigent notre cœur et notre terre... Lorsqu'une personne spéciale s'en va, elle nous laisse un rêve, un sourire dans l'âme, des souvenirs plein le cœur et un monde d'amour tout en couleur. La mémoire de cette personne est partout.

N'avez-vous jamais ressenti cette douce mélancolie qu'arrive à placer dans nos cœurs la beauté d'un paysage ? Quand on admire un coucher de soleil, l'étendue d'une mer, la luxuriance des monts ou des vallées, quand on est face à des canyons, à des cascades, à des forêts ou à la douceur d'une aube, on ressent dans notre cœur ce petit espace de nostalgie. C'est parce que les paysages et les phénomènes autour de nous cachent une réalité profonde, qui a un écho immense en notre âme, un écho dans lequel les choses perdent leur sens habituel, un écho dans lequel on devient l'espace, on devient le temps.

Le sens habituel des choses est bouleversé, parce qu'on n'en voit plus la surface... mais bien la profondeur, la substance, la valeur.

Et si cet espace est souvent habité par la mélancolie ou la nostalgie, c'est parce qu'on sent que notre bonheur devant ces beautés est accompagné de la bienveillance de ceux que l'on a aimés, on sent leurs sourires, tous ces souvenirs qu'ils nous ont laissés. Ils nous manquent tellement, mais leur présence est toujours à nos côtés, parce qu'ils habitent notre cœur comme l'infini.

Parce que notre cœur est l'infini.

Ainsi on les voit dans l'or du jour, dans la préciosité d'une fleur, dans un clair de lune magistral ou dans la splendeur d'un coucher de soleil, dans le flux et le reflux de la mer qui vient toujours nous en parler…

On les voit dans la spontanéité d'un sourire, dans les nuits étoilées, dans l'éclat d'un regard, la gentillesse d'une caresse, la bonté d'un échange. On les voit partout dans l'immensité de nos sentiments, avec nous, en nous et tout autour de nous.

Chaque fois qu'on regarde un paysage, on allume un rêve. Et ce regard nous voit souvent pleurer de l'intérieur, car c'est un regard accompagné de la douceur de ceux que l'on a aimés, car il est la parole des profondeurs, l'appel de notre âme, la larme de notre cœur... Car c'est un regard sur un rêve inexprimé. Nos rêves sont nos premiers espaces de liberté. Et notre âme est notre part d'éternité.

Quand on regarde un paysage, il nous regarde aussi.

Camilla, ma Mia, a été ma plus merveilleuse amie, celle du cœur qui, comme une sœur, m'a enseigné beaucoup de la vie. Elle a fait partie de mon destin, l'a embelli, émerveillé, sublimé. Et ce livre je le lui dédie pour m'avoir secourue, en me sortant de ma nuit, avant de s'envoler dans le monde des rêves, de là où elle a peut-être été tirée.

Par un matin de printemps, elle s'est envolée comme un splendide paradisier, aux couleurs aussi chatoyantes que tous les plus beaux soleils de tous les matins du monde. Libre, seule et courageuse, elle est partie… aussi soudainement qu'elle était apparue, tel un mirage de palmeraie dans un désert de boue.

Nous portions le même prénom, nous sommes nées le même jour, le même mois, de la même année, dans la même ville. Nous étions originaires de la même région et toutes deux orphelines de père, vivant dans des milieux austères. Nous nous sommes connues à l'adolescence, soutenues, aidées, aimées et ne nous sommes jamais quittées depuis.

Cela peut paraître incroyable. Mais parfois la réalité peut prendre l'allure de la fiction. Parfois, on rencontre des personnes impensables qui rendent notre vie extraordinaire...

Mia était mon âme sœur, ma bonne fée, mon ange sur terre. Elle était mon rayon de soleil, mon alliée.

Mia, c'était mon secret... mon âme jumelle, ma poudre d'étoile, ma meilleure et plus belle amie.

Et par un matin de printemps on lui ôta la vie.

Nos histoires si semblables s'arrêtaient là, comme un coup de glaive monstrueux venu briser nos existences. Nous étions arrivées à la croisée de nos chemins, en bordure de nos destins... en ce lieu où nous nous sommes dit non pas un adieu, mais notre dernier au revoir. Et elle s'en est allée. Loin d'eux, loin de moi, loin de nous. Comme disait un chanteur, « Ramassons toutes les fleurs, car elle aime les couleurs »...

Belle de nuit un temps, belle vraiment, mais pas belle sans âme, la jeune fille habillée si souvent de noir avait un monde infini de couleurs à l'intérieur, un monde qui, pour se préserver, devait de sombre se masquer.

Un monde que peu purent admirer. Radieuse oui, froide et chaleureuse aussi, accueillante et fière, et surtout généreuse, la beauté de son paradis et les feux de son enfer, elle était tout cela Mia, l'amour et son revers, l'invraisemblable contraire.

Jeune fille peu ordinaire au grand beau caractère, tu as déposé dans mon cœur un souvenir, une perle, une fleur... qu'aujourd'hui encore je regarde s'épanouir durant mes jours de bonheur.

Mia ma sœur, mon alliée, mon amie, c'est avec une émotion et une reconnaissance infinie que, pour raconter ton histoire, je t'ai prêté la scène de ma vie.

J'ai brouillé les pistes et mélangé nos vies, comme du temps où tu étais encore ici. Je t'ai prêté mon décor pour raconter ton histoire, pour te protéger, et protéger ma famille, pour qu'on ne te nuise plus, pour qu'on te laisse dans la paix, enfin et pour toujours, comme je te l'avais promis.

J'espère avoir été à la hauteur... Je l'espère vraiment. J'espère que tu seras fière. J'y ai mis tout ce que j'avais, et sûrement plus encore, toute mon âme, tout mon cœur, ce cœur que tu as su serrer si fort... et que tu n'as finalement jamais quitté depuis. Ce cœur où habite toujours le doux et fort souvenir de ton merveilleux rire, et où je te retrouve chaque fois que j'ai besoin du jour et de ton amour.

J'ai partagé tes souvenirs pour leur donner un avenir, tes sourires, tes tristesses, tes messages et ta dose phénoménale d'espoir, que j'ai sentie à mes côtés tout au long de ces pages que tu as habitées.

Et je termine ces lignes à la lueur d'une bougie, comme un phare dans la nuit, comme la plus belle des étoiles, les yeux emplis de larmes pour ce dernier hommage... mais croyant encore, avec toi, que l'aube vient toujours après la nuit.

Comme un dernier témoignage, que je souhaite laisser en gage d'amour et d'amitié... à cette humanité qui ne se serait endormie que pour mieux se réveiller.

Mia, ma douce Mia, tu m'as fait rire, tu m'as fait rêver, tu m'as fait voler. Tu as beaucoup donné et tu as été énormément aimée. Tu as su toucher tous ceux qui t'ont connue et émouvoir le peu qui t'ont vraiment vue. Je ne te l'ai jamais dit mais, dans l'antre noir où tu m'as rencontrée, il y avait une tendre lueur. Sans m'aveugler, sans me faire peur, elle m'a permis de m'accrocher, d'avancer et d'espérer, et tout ce noir elle a fini par l'illuminer pour me permettre de naître au monde et à la vie.

Cette lueur était une amie que j'ai immensément aimée. C'était toi. Merci.

Avec toi à mes côtés, j'ai appris que perdre c'est aussi gagner, que hurler peut vouloir dire se taire, que rire peut signifier pleurer.

Main dans la main, toujours ensemble, pour affronter ce monde qui ne nous voulait pas, seules jusqu'à ce que tu trouves ton amour et que moi je trouve le mien. Cœur à cœur, pour se sortir des peines et des douleurs, en rêvant, ensemble toujours, de rendre à ce monde la splendeur de ce qui compte le plus, de ce qui compte le mieux, la gentillesse et la chaleur. Âme dans l'âme, pour avancer sur ces chemins que nous savions ceux de la délivrance et marcher, pleines d'espérance, vers ces lendemains dans lesquels on voyait tant de bienveillance. Dans lesquels on croyait pleinement.

Croire en son futur, croire en soi, croire en l'amour, c'est croire en la vie, en ses rêves et en sa magie. Croire est un verbe puissant, un levier, un diamant.

Croire est croître et finalement éclore. Croire, c'est continuer de semer, envers et malgré tout, toujours et encore, les graines de l'espoir, les fleurs du bonheur, et cueillir quand il est temps les fruits de l'amour.

Croire est permettre à la vie d'exister en révélant sa mirobolante splendeur. La vie est unique pour chacun, mais ensemble nous foulons ses plus beaux chemins.

Yeux dans les yeux, mon alliée, de ce premier regard que nous avons échangé à ce dernier où nous nous sommes dit au revoir, nous avons vu l'une dans l'autre cette parcelle de folie, à laquelle nous nous sommes amarrées pour changer nos réalités en vies. Et toujours nous avons voyagé, nous nous sommes sauvées, délivrées, secourues, battues et envolées, dans les ailes d'un ange ou celles d'une fée, pour tenter de trouver nos présents...

Pour oublier un peu qu'on nous volait le Temps.

Pour oublier un peu qu'on nous volait la Vie.

Puis quand on a regardé dans nos émotions, quand on a plongé dans nos sentiments, on a vu pourquoi on ne commande pas le cœur. L'amour a sa propre vie. Il s'étend dans l'éternel et l'éthéré, c'est pour cela qu'on ne peut l'arrêter. Il voyage toujours, à l'infini. Il défie le temps et survit à son origine comme à sa cause. L'amour est puissant dans de petits espaces, a de profonds effets sur la distance, il défie toutes les lois et n'existe que pour relier des vies.

L'amour est immortel, comme l'amitié. Parce que l'amitié, c'est de l'amour aussi, c'est de l'or pur, une merveilleuse aventure, et ça vous fait fondre le cœur et rêver et croire et voler.

Alors ne laissez jamais personne vous voler ni le temps ni l'amour, parce que ce serait permettre de vous voler la vie.

Rêvez, découvrez, aimez, ne vous arrêtez jamais, jamais plus d'un instant. Reprenez votre souffle, retrouvez vos couleurs, pansez vos plaies, soignez vos douleurs, prenez votre temps, et recommencez. Un peu estropiés parfois, un peu écorchés, brûlés ou meurtris, mais toujours en vie.

Foulez les parterres de fleurs, survolez les vallées du bonheur et les océans d'insouciance, gravissez les montagnes de l'espoir et sentez ses airs de bienveillance. Emplissez vos cœurs de couleurs, emplissez-les de tout l'amour que vous trouverez, et vivez. Car l'amour que nous avons connu est notre plus beau souvenir sur terre, comme notre amour reste le plus beau souvenir de la Terre.

Et je peux dire aujourd'hui, malgré les revers et les torrents d'ennuis qui dans mes landes ont été déversés, que je possède aussi un somptueux monde de beaux souvenirs. Ils sont ma force et mes alliés pour tous mes demains, ceux qui vont m'aider à traverser encore des chemins. Et quand je dis qu'ils sont ma force, ils sont celle de mon esprit, qui garde ce qui le renforce, pour me permettre de vivre une vie.

Aussi, quand je regarde en arrière, je vois la beauté de ce monde en lisière. La beauté, voyez-vous, ne nécessite point une belle fin. Elle est faite de petits riens qui s'unissent et s'épanouissent au sein d'une même histoire, celle de tout un chacun.

Nous sommes maîtres de nos vies tant que rien ni personne ne décide à notre place. Alors prenons les décisions que nous devons, ayons le courage de nos rêves et soyons heureux de nos existences, de nos combats, de nos choix, car même s'ils sont durs et pas toujours les bons, ils sont les nôtres et ouvrent nos chemins… de ces chemins sur lesquels nous accueillons aussi de merveilleuses personnes.

De ces personnes qui viennent éclairer nos vies. De ces personnes qui viennent vivre librement, à l'infini.

Chacun a le droit de trouver sa voie, de vivre heureux, en accord avec les lois de son cœur, en harmonie avec son âme et sa vie, dans le respect des uns pour les autres, dans ce monde rendu un peu plus beau par ceux qui se sont battus pour lui, par ceux qui se sont battus pour nous, par ceux qui se sont battus pour nous le rendre plus chaleureux.

Alors portons haut et fort les valeurs de ceux qui nous ont aimés et que l'on a aimés en retour. Parce que le bonheur de chacun est le bonheur du monde, la lumière qui l'éclaire, la musique qui le fait danser, le feu sacré qui le réchauffe.

Parce que le bonheur de chacun s'inscrit dans l'âme éternelle de l'infini.

Un monde nous a été offert, à nous enfants de la terre… Pour planter et cueillir, pour donner et recevoir, pour explorer, s'émerveiller et partager, pour rire et s'émouvoir, pour rêver et grandir aussi. Un monde nous a été offert pour aimer et être aimés… de cet amour qui vit toujours, par-delà la vie et la mort. De cet amour qui enfle les cœurs, comme le vent peut enfler les voiles d'un navire pour l'emmener à bon port.

Un monde entier nous a été offert, pour un jour et pour toujours. Dans la poésie de nos vies.

Certes la vie comporte aussi sa part de douleur, mais peut-être que chaque goutte de pluie n'existe que pour faire naître… une fleur.

Quiconque a été aimé ne serait-ce qu'une seule fois demeure à jamais dans l'éternité.

Je vous souhaite beaucoup d'amour

* *
*

Mille Mercis

À Véronique Gass, toujours, pour votre confiance et pour m'avoir ouvert grand les portes de l'arène littéraire. Et à la merveilleuse Caterina Da Silva, mon premier sourire littéraire qui, en m'ouvrant les bras, m'a permis d'entrer dans ce monde rêvé. Je me souviens encore de notre premier coup de fil, de votre gentillesse et générosité, de votre humour, et je garde cela précieusement, avec une reconnaissance éternelle.

Mesdames, à vous le plus doux des mercis.

À vous mes lecteurs adorés, pour les émotions que vous m'offrez, la gentillesse que vous me témoignez, nos partages si précieux et tous vos mots doux. Et plus spécialement à des filles fantastiques, Nadine, Sonia, Cindy et Marijke, Ève, Lydia, Fanfan, Corinne, Faustine, Carole, Dominique, Valentine, et à une licorne aux conseils fabuleux, parce que, souvent sans le savoir, vous m'avez émue et tant aidée... que de mercis je vous dois.

Mes si chers lecteurs, vous êtes mon cadeau merveilleux. Pour tout ce que vous êtes et vous représentez, à vous tous, de tout cœur, mes mercis les plus chaleureux.

À ma Mia, mon artificier, mon miracle, mon archée...

À mon Sébastien, pour ton humour et ton amour, pour les meilleurs cafés de tous mes matins... Et parce que, quand je me perds, tu me retrouves toujours.

À mon extraordinaire Lisa, ma merveille, ma plus belle muse, ma poudre de fée, mon incroyable trésor et plus encore, pour le bonheur de chaque jour et tous les j'aime au cœur.

À vous, ma magie, ma famille, le plus ému des mercis.

Un immense merci tendre et infini.

« *Arriverà*

Piangerai, come pioggia tu piangerai.
E te ne andrai, come le foglie col vento d'autunno,
Triste tu te ne andrai,
Certa che mai ti perdonerai…
Ma si sveglierà il tuo cuore in un giorno d'estate rovente
In cui sole sarà.
E cambierai la tristezza dei pianti
In sorrisi lucenti
Tu, sorriderai.
E arriverà il sapore del bacio più dolce
E un abbraccio che ti scalderà.
Oh arriverà, una frase e una luna
Di quelle che poi ti, ti sorprenderà…
E tu sorriderai. »

Emma e Modà

« *La Gente Parla*

Ti amo tanto come sei,
Per le incertezze che mi dai,
Perché sei il mio portafortuna,
Perché sei il vento e poi la luna.

La gente parla
Dei tuoi modi strani,
Camicie che non t'abbottoni,
La gente parla…
Non è mai annegata nei tuoi sogni fragili,
Nello spazio immenso dei tuoi occhi limpidi.

La gente parla e ci fa del male
La gente un po' convenzionale…
La gente parla.
Se ti scopri il petto,
E poi ti immagina nel suo letto.
La gente parla
Ed a fari spenti nella nebbia
Neanche sa
Che la maldicenza fino al cielo non ci va. »

Collage

www.ingramcontent.com/pod-product-compliance
Lightning Source LLC
LaVergne TN
LVHW091657190726
843493LV00001B/38